2019年国家级一流本科专业建设点——档案学

（项目号：CZ21622102；分项项目编号：5）

陈子丹 ○ 编著

「中外档案事业史」学习指导

ZHONGWAI DANGAN SHIYESHI
XUEXIZHIDAO

中国社会科学出版社

图书在版编目（CIP）数据

"中外档案事业史"学习指导 / 陈子丹编著. —北京：中国社会科学出版社，2022.12
ISBN 978-7-5203-9848-0

Ⅰ.①中… Ⅱ.①陈… Ⅲ.①档案事业—文化史—世界—高等学校—教学参考资料 Ⅳ.①G279.1

中国版本图书馆 CIP 数据核字（2022）第 038364 号

出 版 人	赵剑英
责任编辑	刘　艳
责任校对	陈　晨
责任印制	戴　宽
出　　版	中国社会科学出版社
社　　址	北京鼓楼西大街甲158号
邮　　编	100720
网　　址	http://www.csspw.cn
发 行 部	010-84083685
门 市 部	010-84029450
经　　销	新华书店及其他书店
印　　刷	北京明恒达印务有限公司
装　　订	廊坊市广阳区广增装订厂
版　　次	2022年12月第1版
印　　次	2022年12月第1次印刷
开　　本	710×1000　1/16
印　　张	23
字　　数	382千字
定　　价	128.00元

凡购买中国社会科学出版社图书，如有质量问题请与本社营销中心联系调换
电话：010-84083683
版权所有　侵权必究

前　言

　　本书是全国高等院校档案学专业核心课程"中外档案事业史"的支持性、辅助性、指导性学习参考书。编者在 30 余年本科教学经验的基础上，参考了教学过程中积累下来的大纲、讲义、教案、习题、课件等材料，精心编写了这部学习指导用书。各章节的内容要点及分析以《中国档案事业史》（周雪恒主编，中国人民大学出版社 1994 年版）和《外国档案事业史》（黄霄羽主编，中国人民大学出版社 2004 年版）两部教材为依据，并配有相应的练习题以供学生思考。设计思路旨在使档案学专业的学生加深对各个章节基本知识和理论的理解以及对内容要点的掌握。全书体例、格式面向教学和学生，以自学为主。主要目标是帮助在校大学生、参加研究生入学考试的档案管理学科的考生以及广大档案工作者等更好地学习和建设"中外档案事业史"这门课程。

目 录

上篇 中国档案事业史

绪 论 ………………………………………………………… (3)

第一章 档案的产生与夏、商、西周的档案工作 ……………… (7)
  第一节 档案的起源与夏朝的档案工作 …………………… (8)
  第二节 商朝的档案和档案工作 …………………………… (15)
  第三节 西周王朝的档案和档案工作 ……………………… (22)

第二章 春秋战国、秦汉、魏晋南北朝的档案和档案工作 …… (30)
  第一节 春秋战国时期的档案和档案工作 ………………… (31)
  第二节 秦朝的档案和档案工作 …………………………… (39)
  第三节 两汉时期的档案和档案工作 ……………………… (46)
  第四节 魏晋南北朝的档案和档案工作 …………………… (56)

第三章 隋唐、宋、元的档案和档案工作 ……………………… (61)
  第一节 隋唐时期的档案和档案工作 ……………………… (62)
  第二节 宋朝的档案和档案工作 …………………………… (75)
  第三节 元朝的档案和档案工作 …………………………… (84)

第四章 明、清档案和档案工作 ………………………………… (91)
  第一节 明朝的档案和档案工作 …………………………… (92)
  第二节 清前期的档案和档案工作 ………………………… (102)
  第三节 清后期的档案和档案工作 ………………………… (113)

目录

第四节　太平天国的档案和档案工作 …………………………（120）

第五章　辛亥革命、北洋军阀、国民政府的档案工作 …………（127）

第一节　辛亥革命的档案工作 ……………………………………（128）

第二节　北洋政府的档案和档案工作 ……………………………（133）

第三节　国民政府的档案和档案工作 ……………………………（140）

第六章　新民主主义革命时期、新中国成立初期的档案工作 …（152）

第一节　新民主主义革命时期我党领导的档案工作 ……………（153）

第二节　新中国成立后国家档案事业的初步建设 ………………（160）

第七章　开始全面建设社会主义时期、社会主义建设新时期的档案工作 …………………………………………………（170）

第一节　开始全面建设社会主义时期的档案工作 ………………（171）

第二节　社会主义建设新时期的国家档案事业 …………………（177）

下篇　外国档案事业史

绪　论 …………………………………………………………………（191）

第八章　档案产生、档案机构出现、档案管理萌芽与档案法规、档案教育起源 …………………………………………（195）

第一节　档案的产生 ………………………………………………（196）

第二节　档案机构的出现 …………………………………………（208）

第三节　档案管理活动的萌芽 ……………………………………（213）

第四节　档案法规和档案教育的起源 ……………………………（218）

第九章　档案载体变革、档案机构丰富、档案管理发展与档案学萌芽 ……………………………………………………（221）

第一节　档案载体的第一次变革 …………………………………（222）

第二节　档案机构的丰富 …………………………………………（224）

第三节　档案管理活动的发展 ……………………………………（228）

第四节　档案学理论的萌芽 ………………………………………（233）

目 录

第十章 档案、档案机构、档案管理、档案法规、档案教育变革与档案学形成 …………………………………………………… (237)
 第一节 法国档案工作改革的背景、进程、意义和影响 ……… (239)
 第二节 档案机构与档案管理活动的变革 …………………… (245)
 第三节 档案法规和档案教育的变革与档案学的正式形成 …… (251)

第十一章 档案事业格局定型与档案机构、档案管理、档案法规、档案教育、档案学的发展 ……………………………………… (260)
 第一节 档案事业格局的定型与档案机构的发展 …………… (262)
 第二节 档案载体的第二次变革与档案管理活动的进一步发展 ……………………………………………………………… (270)
 第三节 档案法规建设的成熟与档案教育、档案学的发展 …… (279)

第十二章 文件管理的成熟与完善 ……………………………………… (292)
 第一节 文件管理概述 …………………………………………… (293)
 第二节 文件管理的理论基础——文件生命周期理论 ……… (294)
 第三节 文件管理的机构设置——文件中心 ………………… (297)

第十三章 欧洲、美洲代表性国家档案事业的现实特色 ……………… (302)
 第一节 西欧国家档案事业的现实特色 ……………………… (304)
 第二节 东欧和中欧国家档案事业的现实特色 ……………… (308)
 第三节 南欧国家档案事业的现实特色 ……………………… (312)
 第四节 北欧国家档案事业的现实特色 ……………………… (314)
 第五节 北美国家档案事业的现实特色 ……………………… (315)
 第六节 拉美诸国档案事业的现实特色 ……………………… (321)

第十四章 亚洲、非洲、大洋洲代表性国家档案事业的现实特色 …… (325)
 第一节 东亚国家档案事业的现实特色 ……………………… (326)
 第二节 南亚国家档案事业的现实特色 ……………………… (329)
 第三节 东南亚国家档案事业的现实特色 …………………… (332)
 第四节 非洲诸国档案事业的现实特色 ……………………… (334)
 第五节 澳大利亚档案事业的现实特色 ……………………… (339)

第十五章 国际档案合作的成熟与完善 …………………………（342）
  第一节 国际档案合作的起步 ………………………………（343）
  第二节 国际档案合作的发展与成熟 ………………………（344）
  第三节 国际档案合作的主要活动和项目 …………………（346）
  第四节 国际档案合作的主要成就 …………………………（349）

附录 "中外档案事业史"课程方案 ……………………………（352）

后　记 ……………………………………………………………（359）

上篇　中国档案事业史

绪　　论

中国档案事业史是研究我国档案历史现象的产生、发展过程及其客观规律与特点的档案学科目。它以历史时期为序，以史料文献为依据，阐述从古至今数千年中国档案、档案工作和档案事业的历史发展过程，探索档案事业的发展规律和特点。目的在于提高人们对档案和档案工作重要性的认识，了解和借鉴我国档案工作的优良传统和历史经验。

一　中国档案事业史的研究范围

中国档案事业史通过对中国古代、近代、现当代档案、档案机构、档案官吏、档案管理制度、档案编纂和利用、档案工作整顿和改革、档案遭受的掠夺和破坏、档案理论研究和档案教育的系统讲授，使学生全面了解中国各个历史时期档案和档案工作的历史发展进程，掌握中国档案事业发展变化的规律和特征。

从纵向上可分为：

（一）古代部分

1. 奴隶社会（公元前21世纪—公元前221年）

2. 封建社会（公元前221年—公元1840年）

（二）近代部分

半殖民地半封建社会（1840—1949年）

（三）现当代部分

社会主义社会（1949年至今）

从横向上可分为：

（一）文书档案

（二）文书档案机构

（三）文书档案官吏

（四）文书档案工作
（五）文书档案管理制度
（六）文书档案工作的整顿和改革
（七）文书档案遭受的掠夺和破坏
（八）档案的编纂、公布和利用
（九）档案理论研究
（十）档案专业教育

二 中国档案事业史的学习目的

（一）总结中国档案事业发展的历史经验，探求其发展规律，为当前建设有中国特色的档案事业提供历史借鉴。

（二）完善档案学的学科体系和档案专业的知识结构，丰富专业史知识。

（三）提高专业水平和政治素质，增强专业意识和对档案事业的热爱。

三 教材和参考书

（一）教材

《中国档案事业史》，周雪恒主编，中国人民大学出版社1994年版。

（二）参考书

1. 《中国档案事业简史》，邹家炜、董俭、周雪恒编著，中国人民大学出版社1985年版。

2. 《中国档案事业概述》，刘国能、黄子林主编，档案出版社1993年版。

3. 《宋代档案管理研究》，王金玉著，中国档案出版社1997年版。

4. 《当代中国的档案事业》，裴桐主编，中国社会科学出版社1998年版。

5. 《体系论：中国档案事业体系》，刘国能著，中国档案出版社2001年版。

6. 《中国档案管理史》，杨毅著，云南大学出版社2001年版。

7. 《中国档案史》，杨小红编著，辽宁大学出版社2002年版。

8. 《中国档案史专题研究》，赵彦昌、戴喜梅著，黑龙江人民出版社2009年版。

9.《中国档案史专题研究编余录》,赵彦昌著,中国档案出版社 2009 年版。

10.《中国档案史研究史》,赵彦昌编著,世界图书出版公司 2012 年版。

四 练习题及参考答案

1. 档案史学的研究范围包括哪三个部分?
（中国档案事业史、外国档案事业史、档案学史）

2. 档案事业史是什么学科的部门史?
（历史学）

3. 档案事业史要利用哪些学科的研究成果?
（历史学、史料学、考古学）

4. 档案事业史研究的起点是什么?
（关于档案起源的问题）

5. 中国档案史的姊妹学科是什么?
（外国档案工作）

6. 中国档案史的时间和空间是什么?
从古至今的数千年（中国五千年文明史或三千年汉字书写史）；中国版图之内。

7. 中国档案史的研究对象是什么?
我国档案、档案工作和档案事业的形成发展过程及其规律特点。（1）中国档案和档案工作的历史过程；（2）中国档案事业的发展规律；（3）中国档案学的发展特点。

8. 中国档案史的研究范围是什么?
（我国档案和档案工作产生和发展的历史过程及其规律性。）

9. 中国档案史的学习目的是什么?
（了解我国档案和档案工作的悠久历史,借鉴我国档案管理活动的历史经验。）

10. 学习中国档案史必须以什么为基础?
中国历史（中国通史）

11. 中国档案史内容结构的体例分为哪两类?
（一类是以历史时期为纲,另一类是以专题为纲。）

12. 我国第一部正式出版的中国档案史教材是什么？出版于何时？

（《中国档案事业简史》，邹家炜、董俭、周雪恒编著，中国人民大学出版社1985年3月出版）

13. 《当代中国的档案事业》开创了什么研究领域？是研究什么的一大成果？

（开创了对中国档案事业断代史的研究，是研究有中国特色档案事业的一大成果。）

14. 刘国能的《体系论：中国档案事业体系》被誉为什么？

（该书首次把国家档案事业作为一个完整的体系来研究，被誉为"档案事业发展道路上的一块'铺路砖'"。）

15. 杨小红编著的《中国档案史》在设计上有什么新意？

（专著与教材兼顾、已有成果与新知识相融、综合与专题并重）

第一章

档案的产生与夏、商、西周的档案工作

教学目标和要求：本章主要阐明我国档案的起源和夏、商、西周的档案工作。使学生了解和掌握我国档案产生于夏朝的两个条件和史料依据，商朝的档案官员和甲骨档案，西周的档案机构、档案官员、金文档案及管理制度。

教学重点：文字产生与档案形成、殷商甲骨档案、西周金文档案

教学难点：档案产生的社会历史条件，甲骨档案的形成过程、形式、内容和保管，西周王朝的主要档案及管理制度

基本概念：结绳、刻契、夏书、甲骨档案、殷商甲骨档案、现存商朝甲骨档案、占卜刻辞、简、牍、策、太史寮、大史、版图、天府、金文档案、毛公鼎铭、大盂鼎铭

本章思考题：

1. 试述档案产生的社会历史条件。
2. 简述西周王朝的主要文书档案。
3. 试述甲骨档案的形成过程、体式、内容和保管。
4. 试述金文档案的特点、内容及史料价值。

参考书目：

王宇信：《建国以来甲骨文研究》，中国社会科学出版社，1981年。

陈汉平：《西周册命制度研究》，学林出版社，1986年。

陈梦家：《殷墟卜辞综述》，中华书局，1988年。

王宇信、杨升南：《甲骨学一百年》，社会科学文献出版社，1999年。

张亚初、刘雨：《西周金文官制研究》，中华书局，2004年。

丁进：《西周铭文史》，文物出版社，2022年。

第一节　档案的起源与夏朝的档案工作

一　本节内容要点
（一）原始记事的形式、特点与作用
（二）传说记事、实物记事（结绳、刻契）、图画记事
（三）原始记事是档案的起源
（四）档案产生的社会历史条件
（五）我国档案产生于夏朝

二　要点内容分析
（一）原始记事的形式、特点与作用
1. 原始记事的形式

（1）传说记事：远古最原始的记事是"传说"，即用口耳相传的方法流传。上古人把这些传说用固定语言，编成口诀、歌谣，因韵语是最便于记诵和流传的。这些远古的历史传说尽管是"传说"，然而确有其历史的内核和要素。远古的历史就是这样世代相传下来的。

（2）实物记事：即在物件上做出一些标记或符号以表达思想或记事，我国历史上主要有结绳和刻契等原始实物记事方法。①结绳：结绳记事就是在绳子上打上大小不一、式样各异的结子，以结子的大小、多少以及涂抹不同颜色等来表示不同的意思。从《周易》《庄子》等战国时学者的著作以及某些金文的数字字形如同打结之绳的文字演变，说明我国历史上是确有过此时代的。②刻契：刻契记事比结绳更进一步。所谓刻契，即在木片、骨片或玉片上刻上符号以记事。刻木的行为称"契"，因之，所刻之木称契。《周易》《尚书》等古籍中指出：伏羲氏画八卦，代结绳之政。说明八卦是继结绳之后的记事方法。可知使用符号比打结表示的意义要广泛丰富。

（3）图画记事：采用实物记事是一个历史阶段，然而，实物记事不可能发展成文字。原始人逐渐利用图画来记事，这比实物记事更进一步，因为图画是文字的先驱。我国远古传说中就有"龙书""鸾书""穗书"之类的记录祥瑞的记载，大概就是画鸟兽或禾穗的形状来记录当时发现的新奇或吉祥事物。

2. 原始记事的特点和作用：结绳、刻契、图画等原始记事总的特点是其记事形式都是标记或符号。其作用体现在：（1）代替了部分语言，与一定的思想联系了起来。（2）在一定范围内有约定俗成的作用，可以保存和传递。（3）可以帮助人们唤起某些具体事物的记忆。总之原始记事在一定范围内已有备忘、信约和凭证作用。

3. 原始记事是档案的起源：要了解原始记事是档案的起源，而不是档案，必须明确什么是档案这一概念。档案最本质的属性是社会活动的原始记录。根据这样的认识，原始记事就不是档案意义上的历史记录。因为：（1）人们的社会活动有言有事，所谓历史记录，必须明确地反映思想，完整地记录事件，而原始记事不能表达确切、完整、抽象的意思。（2）语言是人类特有的表达和交流思想的工具，但所有原始记事有一个共同点，即都是脱离语音的，它没有记录语言，和有声语言不相联系。因此，都具有记事人的随意性，其意义是不确定的。（3）原始记事主要依靠尚存贮在人的大脑中的历史事实。综上所述，这些原始记事方法只能帮助当事人记忆，不能成为普遍的社会交往工具。故历史学家、语言学家把这一时代称为"助记忆时代"。总之，野蛮人的原始记事和文明人的档案要区别开来。可知，档案起源于原始记事，但结绳、刻契、文字画等原始记事并不等于档案。

（二）档案产生的社会历史条件

1. 文字的产生是档案产生的前提条件：学习这一问题要明确文字的产生与档案产生的关系，其关系可理解为：只有文字才是语言的记录符号，才是人类表达思想、交流经验最直接、最确切的工具。因此，文字的产生为档案的形成提供了社会的客观可能性。同时还要了解，文字既是档案产生的前提条件，文字又产生于何时？从一般原理说，文字的产生和文明的诞生是同步的。故文明社会始于文字的使用；文明时代也是国家产生的时期，因为有了阶级，出现了国家的萌芽，随着"共同语"的形成，早期大同小异的图画文字逐渐整齐划一，从而形成系统。因此，文字的出现、国家的产生，即文明的诞生与档案的产生也是同步的。

2. 国家的产生是档案产生的社会条件：学习这一问题要明确：文字作为记录史事的工具，是档案产生必不可少的条件，而档案的产生是直接和国家的产生联系在一起的。因为在阶级统治过程中，需要有一种权威来发号施令，以调节矛盾纠纷，作为管理众人之工具。文字之所以产生，就是因为国家管理的需要,因此,"最初的文字,是书契"。总之,"大道衰,而有书,利害萌,而有契",正说明文书档案产生的社会历史因素。即原始社会瓦解,有了剥削和压迫,人们之间有了根本的利害冲突,国家要进行管理工作,才有了文书档案产生的社会需要。

还要着重了解:为什么说档案最先是国家机关的产物?因为只有当人类社会出现脑力劳动和体力劳动的分工后,才有可能形成关于生产的、阶级关系等方面的成文系统的记录,如组织农业生产是早期国家的基本职能,同时,国家必须掌握与农业生产相关的天文、历象等知识。国家还要管理大规模的水利工程,也就必然会产生这类生产记录。因此,早期社会的文字、知识、技术等一切文化都为统治者所掌握,并作为统治的工具。诚然,与文字产生一样,有关生产技术记录的积累,是由先民群体创造的,但作为真正意义上的档案则是国家机关的产物。

(三)我国档案产生于夏朝

这一问题要求以档案产生的两个条件的基本原理和史料依据来说明。

1. 从当时中国社会发展看,夏朝已产生了阶级、出现了国家。夏朝是我国原始公社瓦解,进入阶级社会后建立的第一个奴隶制国家。随着私有制、阶级的出现,大同社会的禅让制度被传子制度替代。从此,一个家族世代承袭王位的制度开始出现。与此同时,出现了以下一系列社会现象。(1)夏朝设置了国家机关和官吏集团;(2)出现了固定的武装力量——军队;(3)产生了刑法和监狱;(4)夏代礼制已有一定规模。此外,1959年开始发掘的河南偃师二里头文化也明显说明夏国家的存在。上述夏代的国家机器和礼制以及地下考古发掘,说明夏代已经出现了阶级和国家,国家在统治活动中必然产生系统的文书档案。

2. 夏朝已经产生文字。可从两个方面推论和考证:(1)商代甲骨卜辞和一些器物上出现的文字约有五千个,它已经是具有严密规律的文字体系,据文字学家推断,中国文字到甲骨文时代至少经过了两三千年的发展。而夏朝共四百多年的历史,商朝往前推四五百年就是夏朝,故夏朝有文字是肯定的。(2)据考古发掘,二里头文化的陶器上发现有24种刻划符号,有的学者认为二里头文化的刻符即为夏代文字。

3. 古史记载中夏朝已有档案。可从下列几方面史料看:(1)《左传》《国语》等古籍中多处引证了"夏书",《左传》中引证"夏书"就有15处。(2)《尚书》中的《夏书》,其原始材料可能取之于夏代档案。其中的《甘誓》和《禹贡》，学术界认为比较可信，基本上有真实的夏代文书原始素材作为依据。(3) 除政务文书外，有关天文、历象、生产方面的记录，史籍上也有记载，如夏代发生日食、流星雨的记载，这些都是世界上最早的记录。夏代还有成文历书《夏小正》，应视为有关天文、历象的技术档案汇集。(4) 据《吕氏春秋》载：夏代已有管理档案的史官，称"太史令"。

三 练习题及参考答案

（一）填空题

1. 远古时代，人们是通过＿＿＿＿和＿＿＿＿记载语言和事物的。

（结绳，刻契）

2. ＿＿＿＿、＿＿＿＿、＿＿＿＿等原始记事的记事形式都是＿＿＿＿或＿＿＿＿，它们代替了部分＿＿＿＿，与一定的＿＿＿＿联系起来，在一定范围内有＿＿＿＿、＿＿＿＿和＿＿＿＿作用，可以＿＿＿＿和＿＿＿＿。

（结绳，刻契，图画，标记，符号，语言，思想，备忘，信约，凭证，保存，传递）

3. 原始记事是档案的＿＿＿＿，即档案＿＿＿＿的形态。

（前身，起源）

4. ＿＿＿＿、＿＿＿＿等古籍中多处引证了＿＿＿＿，出现了＿＿＿＿、＿＿＿＿、＿＿＿＿等词，很可能指夏朝的＿＿＿＿。

（《左传》，《国语》，"夏书"，夏书，夏令，夏训，档案）

5. ＿＿＿＿和＿＿＿＿学术界认为比较可信，基本上有夏代文书的原始素材作为依据。

（《甘誓》，《禹贡》）

（二）判断题

1. 古代历史记载中有许多远古时期的传说，因此传说就产生了档案。

（错。虽然古代历史记载中曾有许多有关远古时期的传说，但不能说产生了传说就是产生了档案。）

2. 原始记事是档案的前身，即档案起源的形态。

（对。原始记事在一定范围内已有备忘、信约和凭证作用，故可称为档案的前身，即档案起源的形态。）

3. 一般来说，文字应是国家出现之前产生的。

（错。因为有了阶级，出现了国家的萌芽，随着"共同语"的形成，早期大同小异的图画文字逐渐整齐划一，形成系统，因此文字的出现、文明的诞生和国家的产生应该是同步的。）

4. 档案首先是国家机关的产物。

（对。）

（三）名词解释

1. 原始记事：即在物体上做一些标记或符号以表达某种意义。主要形式有结绳和刻契。这种记事方法只能帮助记忆或传递有限的信息，不能准确表达思想和语言，不能满足记录语言的需要。

2. 结绳：即在绳子上打出大小不一、各种式样的结，以结的大小、多少及涂抹不同颜色等表示不同的意思。

3. 刻契：我国远古时代的记事方法，即在骨片、木片、竹片、玉片或其他材料上刻画出各种标记或符号，用以记录事物或作信约。

（四）问答题

1. 远古最原始的记事方法是什么？

（传说）

2. 我国最早的记事方法是什么？

（结绳）

3. 原始记事时期又被称为什么时代？

（助记忆时代）

4. 上古记事的局限性是什么？

（不记录语言，与有声语言不相联系。）

5. 原始记事的一个共同点是什么？

脱离语音（它没有记录语言，和有声语言不相联系。）

6. 我国传说中的文字创造者是谁？担任何职？

仓颉（jié，音"节"），黄帝的史官

7. 文字产生的两个主要源泉是什么？

（陶器刻符、图画文字）

8. 二里头文化发现于何时何地？其陶器刻符有几种？

1959年河南偃（yǎn，音"演"）师二里头村，24种

9. 山东大汶口文化的陶器刻符距今多少年？

第一章　档案的产生与夏、商、西周的档案工作　　　13

（距今大约四、五千年）

10. 在三峡出土的刻划符号距今多少年？比甲骨文还早多少年？

（距今 6000—7000 年，比甲骨文还早 3000 年左右。）

11. 三峡出土的刻纹符号共有多少个？分为多少种？

（共有 232 个符号，分为 63 种。）

12. 在宁夏中卫大麦地岩画区发现了多少个图画符号？

（1500 多个）

13. 世界上唯一完整存活的象形文字叫什么？约有多少字？

（东巴文，1400—1600 字）

14. 中国文字博物馆位于何处？何时开馆？

（河南省安阳市，2009 年 11 月 16 日）

15. 档案起源的观点大致有哪三种？

（1）原始社会说：认为档案是原始社会的产物；（2）阶级社会说：认为档案是阶级社会的产物；（3）历史过程说：认为档案的产生经历了从原始社会萌芽到阶级社会逐渐发展成熟的过程。

16. 现存记载夏史较详的一篇文献是什么？

（《禹贡》）

17. 中国古代流传下来的两幅神秘图案是什么？被誉为什么？

（《河图》《洛书》，"宇宙魔方"）

18. 中国古代最早的文书是什么？

（公元前 2000 年帝舜时期史官记注的《虞书》）

19. 五帝时期的档案文献选编是什么？

（《尧［yáo，音"摇"］典》）

20. 最早见于记载的史官名叫什么？

终古。据《吕氏春秋·先识览》记载："夏太史令终古出其图法，执而泣之，夏桀迷惑，暴乱愈甚。太史令终古乃出奔于商。"说明夏代不仅产生了档案（图法），而且还有保管档案的官员。当然这些记载多从古代传说中得来，其真实程度尚待考古材料的证实。

21. 中国文书档案工作的开端是什么？

（古代史官的设置）

22. 迄今留下的夏代文书有哪几种？

（典、谟、誓）

23. 《尚书》中最早的文书档案是什么？

（《禹书》）

24. "上古四誓"分别指什么？

（《甘誓》《汤誓》《牧誓》《秦誓》）

25. 上古三大奇书是什么？

（《山海经》《周易》《黄帝内经》）

26. 目前公认的三大传世古书是什么？

（《尚书》《周易》《诗经》）

27. 世界上最古老的三部经书是什么？

（《易经》《吠陀经》《圣经》）

28. 我国传世最早的史书是什么？

（《尚书》）

29. 我国流传至今最古老的地理文献是什么？

（《尚书·禹贡》）

30. 我国现存最古老的成文历书是什么？分为哪两部分？

（《夏小正》，分经文和传文（注文）两部分，经文记载的内容是夏朝的历法和生活情况，传文即注释部分，是战国至秦汉间的学者加上去的。）

31. 我国最早的一部诗歌总集是什么？又称为什么？分为哪三个部分？

（《诗经》，收录了从西周到春秋时期的诗歌305篇，也称"诗三百"；分为《风》《雅》《颂》三部分。）

（五）论述题

试述档案产生的社会历史条件。

首先，我国档案起源于原始记事。我国历史上主要有结绳和刻契等原始记事方法。原始记事在一定范围内已有备忘、信约和凭证作用，故可称为档案的前身，即档案起源的形态。

其次，文字的产生是档案产生的前提条件，为档案的形成提供了社会的客观可能性。

最后，国家的产生是档案产生的社会条件。档案的产生是直接和国家的产生联系在一起的，原始社会的瓦解，有了剥削和压迫，人们之间有了根本的利害冲突，国家要进行管理工作，才有了文书、档案产生的社会需要。

综上所述，档案是进入阶级社会时产生的，是在这一历史时期特定生

第一章　档案的产生与夏、商、西周的档案工作　　　　　　　　15

产力水平、特定的社会需要诸因素作用下的产物。

第二节　商朝的档案和档案工作

一　本节内容要点

（一）商朝档案官员的名称、地位和作用
（二）甲骨档案的形成过程、体式、内容和史料价值
（三）商代甲骨刻辞的存贮和保管
（四）甲骨档案的发现、发掘、研究及公布
（五）《铁云藏龟》和《甲骨文合集》
（六）商朝已产生简册档案的史料依据

二　要点内容分析

（一）商朝档案官员的名称、地位和作用

1. 商代档案官员的名称：要了解商代史官不仅是重要的执政官员，而且是商代档案的形成者和保管者。商代史官见于甲骨刻辞和史籍的名称很多，统称为巫和史。

2. 巫史与甲骨档案的关系

学习这一问题首先要了解商朝政治的特点。我国奴隶社会政治的最大特点是神权政治，商朝是我国奴隶社会神权政治的最盛时期。商朝神权政治的基本内容是上天或神祖是天地的最高主宰，即商代一切大政不是由商王个人专断，更不是由奴隶主贵族共同议定，而是请示神祖命定。这种政治是早期社会生产力低下在国家政治制度中的必然反映，当时人们对于自然、社会、人各自的意志是分不清的，只能视为天神和先祖的作用。那么，神权政治如何实现，即神、人如何沟通？怎样把神的意志变为人的意志？占卜就成为向神祖请命的最好形式，即沟通神、人的最好媒介，史官正是司掌占卜的宗教官员。占卜需要传达神祖意志的材料，龟被殷人视为通神灵物，所谓"麟凤龟龙，谓之四灵"。奴隶社会发达的畜牧业，为占卜提供了大量的动物骨头，且龟甲和牛的肩胛骨受热后均易显现裂纹，自然就成为占卜的最好材料，甲骨档案由此产生。因此巫和史就成为甲骨档案的形成者和保管者。

3. 商朝巫史位高权重的原因：（1）巫史是神权的代言者。他们的主要职掌是一种古老的"天人之学"，即代天传达其意志，代王向天有所请求，是人、神之间的媒介，故是神权的传达者或代言者。因此，商代王命大政由他们决策、记载、下达，并由他们掌管。（2）巫史是商代文化的代表者和垄断者。巫史能成为神权代言者，和他们掌握知识，是当时最高的知识分子分不开。在奴隶劳动的基础上，商文化比夏朝有极显著的进步，培养出了一批拥有较高知识的史官，巫史是这一时代文化的代表人。他们运用自己垄断的文化知识记载政事、制作策命。因此，巫史既是神权代言者，又是文化垄断者。一身二任，两者相互联系、相互促成，更凸显了他们地位的显贵。

（二）甲骨档案的形成过程、体式、内容和保管

1. 首先明确甲骨档案、殷商甲骨档案和现存商朝甲骨档案三个概念。（1）甲骨档案：是以龟甲和兽骨为材料形成的古代档案。（2）商朝甲骨档案：是商王朝档案的一个重要组成部分。甲是指龟的背甲和腹甲，骨指牛的肩胛骨和其他兽骨。甲骨是商朝的占卜材料，也是当时档案的主要载体。商代甲骨档案是殷商统治者在占卜活动和其他政务活动中形成的文字记录。因其多数发现于殷墟，故又称殷墟卜辞。然因其制成、体式、用语、内容、保管均有规律性的程式，故按其性质而论，应称为甲骨档案。（3）现存商朝甲骨档案：是我国现存最早的系统的官府文书，近代发掘的商代甲骨档案是公元前13世纪至公元前11世纪，即商朝后期武丁以后九个王统治时期形成的档案，总数达15万片以上。

2. 从甲骨档案的形成过程、体式、内容、保管等方面说明是商朝的王家档案

（1）甲骨文书形成过程是商王行事和国政决策的过程。在神权政治下，凡商王活动和国家大政都要请命神祖，卜问吉凶，占卜成为商王朝国政大事的先导。

（2）甲骨档案有文书的一定体式和专门用语。一篇完整的殷商卜辞文书，通常包括以下四个部分：一是叙辞，记载卜问的时间以及卜官的名字；二是命辞，记述向神祖卜问求告之事；三是占辞，记载卜兆之结果；四是验辞，记述卜问以后应验的情况。占卜文书及记事文书有其特殊的文书句式和用语。占卜文书中有正反两问，左右成对，称为"对贞"的句式和用语。非卜辞文书也有特殊用语。

(3) 甲骨档案的内容是商代社会各种情况的真实记录和反映。甲骨档案按其记载内容可分为四大类：①占卜刻辞，这是甲骨档案的最大部分，现存殷墟卜辞记载了武丁以后九个王统治时期的生产、政治、军事活动及意识形态等多方面的内容；②卜事刻辞，即关于准备占卜材料的记事刻辞；③记事刻辞，关于职官、制度以及王朝日常政务的记载；④表谱刻辞，包括干支表、祀谱和家谱。

(4) 甲骨档案是有意识存贮以备查考利用的。甲骨档案是有意识集中保管的：①出土的集中反映了保管的集中。甲骨档案主要出土于殷都宗庙建筑左右半穴居式地下室的圆窖和方窖中。②窖藏的集中反映了保管的集中。各窖发掘出来的甲骨，大体上有朝代可循，多数窖集中贮存一个王统治时期的甲骨。③有集中归档的做法。卜辞集中出土于殷都安阳，而卜辞所记占卜地往往在殷都以外，可见这些在外地占卜过的甲骨，仍旧归档于殷都。④有初步的整理方法，如：原始的归档登记制度；把龟甲编连成册或按包保管或粘贴保管；甲和骨分别贮藏；还有原始的目录索引；等等。

综上所述，商代甲骨刻辞是王家档案。

(三) 甲骨档案的发现、发掘、研究及公布

1. 发现年代、发现者：光绪二十五年（1899年），清国子监祭酒、古文字学家王懿荣最先发现刻在"龙骨"上的甲骨文。

2. 迄今发掘数：国内外总共收藏 154604 片。

3. 研究甲骨档案的知名学者：世人将早期研究甲骨成绩最大者号称四堂，即罗雪堂（罗振玉）、王观堂（王国维）、董彦堂（董作宾）、郭鼎堂（郭沫若）。

4. 甲骨档案的首次公布及 1978 年起出版的《甲骨文合集》

(1) 甲骨档案的首次公布：我国第一部著录甲骨文的书籍是《铁云藏龟》，作者刘鹗。

(2)《甲骨文合集》：1978—1982 年中华书局出版，珂版影印 13 册，郭沫若主编、胡厚宣总编辑，该书选录 80 年来已著录和未著录殷墟出土甲骨拓本、照片和摹本，是集大成的鸿篇巨制，同时也是一次最大规模的甲骨档案的公布，共著录甲骨 41956 片。

(四) 商朝简册档案产生的史料依据：《尚书·多士》："惟殷先人，有册有典。"

三 练习题及参考答案

（一）填空题

1. 甲骨档案是以_____和_____为材料形成的古代档案。因其多数发现于_____，故又称_____。

（龟甲，兽骨，殷墟，殷墟卜辞）

2. 占卜者根据_____来判断和解释_____，最后把卜问的_____、_____、_____以及_____，用_____或_____契刻在甲骨的_____或_____。

（卜兆，吉凶，原因，时间，卜官名，日后应验情况，青铜刀，玉刀，正面，背面）

3. 根据"龟甲_____，兽骨_____"的原则，治者将_____和_____分开保存，以便_____，这应当是我国_____的源头所在。对甲骨刻辞，要将_____的和_____的分开。

（占卜，记事，卜辞，记事文书，查找利用，档案分类法，有用，无用）

4. 甲骨档案除_____和_____外，还有_____、_____、_____，它们记载了殷代的_____、_____、_____和_____等。

（占卜刻辞，卜事刻辞，记事刻辞，表谱刻辞，历法刻辞，官制，世系，祭祀表谱，贵族家谱，年月日历）

5. _____是商代掌管_____的史官，常被用作甲骨文_____的重要标准，当时又被称为_____和_____，他们既是神权的_____或_____，又是商代文化的_____和_____，还是甲骨档案的_____和_____。

（贞人，占卜祭祀，分期断代，巫，史，传达者，代言者，代表者，垄断者，形成者，保管者）

6. _____年（1899年），清国子监祭酒、古文字学家_____发现一些刻有文字的_____乃是我国珍贵的古文书。

（光绪二十五，王懿荣，甲骨）

7. 我国第一部著录甲骨文的书籍是_____，计有_____册。

（《铁云藏龟》，6）

第一章　档案的产生与夏、商、西周的档案工作　　19

8. 刘鹗首次提出甲骨文是"_____"的看法，并辨识出甲骨文_____余字。

（殷人刀笔文字，40）

9. 研究甲骨文字的第一部著作是_____写的_____。

（孙诒让，《契文举例》）

10. 存世的商代原文献仅有_____篇保存在_____中。

（5，今文《尚书》）

11. 因甲骨文字的出土而兴起的新学问是_____、_____。

（古汉字学，甲骨学）

（二）判断题

1. 甲骨刻辞是商代特有的文化现象。

（错。甲骨刻辞不是商代特有的文化现象，也不是商代首创，商代前后均曾出现过甲骨刻辞。）

2. 甲骨档案为一文一事的凭证式记录。

（错。甲骨档案为一文一事的计帐式记录。）

3. 目前发现的商代档案有甲骨档案和简册档案。

（错。目前发现的商代档案只有甲骨档案。）

4. 为了利用的方便，所有出土的甲骨都归国家档案局统一保管。

（错。出于利用的方便和历史的情况考虑，所有出土甲骨还没有归国家档案局统一保管。）

（三）名词解释

1. 甲骨档案：是以龟甲和兽骨为材料形成的古代档案。一份完整的甲骨档案大体上包括叙辞、命辞、占辞、验辞等几部分。

2. 殷商甲骨档案：是殷商统治者在占卜活动和其他政务活动中刻写在甲骨上的文字记录。

3. 现存商代甲骨档案：是我国现存最早的系统的官府文书。

4. 占卜刻辞：即卜辞，商代甲骨档案的最大部分。现存殷墟卜辞记载了商朝后期武丁以后九个王统治时期的政治、军事、生产活动及意识形态等多方面内容。

（四）问答题

1. 商朝的占卜有哪两种方法？

一是用筮（shì，音"是"，即蓍草，俗称"锯齿草"，多年生草本植物，古人用它的茎占卦）；二是用龟甲询问天意。

2. 甲骨档案主要出土于何处？

河南安阳（后人习称殷墟，今小屯村庄）

3. 商代甲骨档案又称为什么？

因多数发现于殷墟（今河南安阳小屯村），故又称殷墟卜辞。

4. 甲骨档案有哪五种刻辞？

（占卜刻辞、卜事刻辞、记事刻辞、表谱刻辞、历法刻辞）

5. 甲骨档案中的绝大部分是什么？

（占卜刻辞）

6. 占卜文书的句式和用语称为什么？

（"对贞"）

7. 殷商甲骨档案的突出特点是什么？

（有集中归档的做法：在外地占卜过的甲骨，仍集中归档于殷都。）

8. 最早最朴素的档案分类方法是什么？

（按时间或制成材料分别存放的方法。）

9. 甲骨档案的管理方法是什么？

（大体上按朝代排列。）

10. 最先发现甲骨档案的人是谁？他被誉为什么？

王懿荣（清朝国子监祭酒、金石学家），"甲骨文之父""甲骨学的开山鼻祖"

11. 一百多年来甲骨档案累计出土多少片？（国内外收藏的甲骨共有多少片？）

（总数达 154604 片。）

12. 近现代史料的五大发现是什么？

（甲骨卜辞、居延汉简、敦煌经卷、明清档案、长沙吴简）

13. 世界四大古老档案分别是什么？

（两河流域的泥板档案、古埃及的纸草档案、古巴比伦的石刻档案、中国的甲骨档案）

14. 商朝职官大致分为哪三大类？

宗教官员（也称神职官员）、事务官、武官

15. 商代最显赫的执政官员是什么？

（宗教官员，这类官员后世统称为史官）

第一章　档案的产生与夏、商、西周的档案工作

16. 商代史官统称为什么？

（巫和史）

17. 商朝的史官大致可分为哪四类？

（贞卜史官、祭祀史官、作册史官、记事史官）

18. 商代保管甲骨档案的官员称为什么？

（卜辞贞人）

19. 史官最初的职责是什么？

（记言记事、起草文书和保存档案。）

20. 1899—1928 年私人发掘甲骨档案共几次？所得甲骨多少片？

（9 次，8 万多片）

21. 甲骨何时才进入科学发掘阶段？

（1928 年）

22. 首次公布甲骨档案的开山之作是什么？作者是谁？

（《铁云藏龟》，刘鹗）

23. 我国大规模公布甲骨档案的出版物是什么？共著录甲骨多少片？

（郭沫若主编的《甲骨文合集》13 册，1978—1982 年中华书局影印出版；41956 片）

24. 何谓"四堂"？

指在甲骨文的早期研究中成就最大的四位知名学者：罗雪堂（罗振玉）、王观堂（王国维）、董彦堂（董作宾）、郭鼎堂（郭沫若），号称"四堂"。

25. 认为商朝产生简册档案所依据的文献是什么？

（《尚书·多士》："惟殷先人，有册有典。"）

（五）简述题

1. 商朝的国家制度和档案官员是什么？

商朝的职官大致可以分为三类：一类是宗教官员，也称神职官员，后世人统称为史官；第二类是事务官；第三类是武官。史官运用自己垄断的文字知识，记载政事，制作策令，下达王令，掌管档案。从这些意义上看，他们不仅是商代重要的执政官员，同时又是商代档案的形成者和保管者。

2. 甲骨文书的体式是什么？

甲骨档案有文书的一定体式。一篇完整的殷商卜辞文书，通常包括以

下四个组成部分：一是叙辞；二是命辞；三是占辞；四是验辞。

3. 甲骨档案有哪些内容？

甲骨档案的内容是商代社会各种情况的真实记录和反映。甲骨档案按所记载的内容可分为五大类：（1）占卜刻辞，这是甲骨档案的最大部分。（2）卜事刻辞，即关于准备占卜材料的记事刻辞。（3）记事刻辞，关于职官、制度以及王朝日常政务的记载。（4）表谱刻辞，包括祀谱和家谱。（5）历法刻辞，有干支年表。

（六）论述题

1. 试述甲骨档案的史料价值。

甲骨档案的出土，为研究商代历史提供了丰富的最直接可信的原始材料。不但可据以研究商史，就是商以前和以后很多古史上的问题，也可以从这里探求获得解决。不仅为史学，而且为古文字学、古代自然科学、宗教等研究也提供了非常重要的材料。

甲骨档案的发现可以说是对商代史料空前惊人的大发现。所以史学界称甲骨档案的出土是近代史料的四大发现之一。

2. 试述商代对甲骨档案的保管。

商代甲骨档案是有意识集中保管的。（1）出土集中。甲骨档案主要出土于殷都宗庙建筑附近，藏于半穴居式地下室的圆窦和方窖中。（2）窖藏集中。各窖发掘出来的甲骨，大体上有朝代可循，多数窖集中存贮一个王统治时期的甲骨。（3）有集中归档的做法，在外地占卜过的甲骨，仍然归档于殷都。（4）有初步的整理方法，如：原始的归档登记制度；把龟甲编连成册或按包保管或粘贴保存；甲和骨分别贮藏；还有原始的目录索引等。（5）有专门经管人员，卜辞贞人不仅是甲骨档案的形成者，同时又是专门的经管官员。

第三节 西周王朝的档案和档案工作

一 本节内容要点

（一）西周王朝中央档案机构

（二）档案官员的名称、职任和地位

（三）西周王朝的主要档案（版图、盟约、谱牒）

第一章　档案的产生与夏、商、西周的档案工作　　23

（四）西周王朝档案管理制度（登于天府、制作副本、藏于金匮）
（五）金文档案的特点、内容及史料价值
（六）金文档案的出土和研究

二　要点内容分析

（一）西周王朝中央档案机构及档案官员的名称、职任和地位

首先要明确西周王朝中央档案机构称太史寮，这是一个以大史为首与其属官组成的官署。其职任：主要掌管起草文书，策命诸侯、卿大夫，记载史事，保管国家典籍以及天文、历法、祭祀、教育等事务。

其次要了解西周史官的地位和作用，并要分析这种地位、作用与档案工作的关系。周代史官是仅次于太师和太保，与卿事寮官员有着平行地位的职官。这说明西周史官虽然比殷代史官地位有所下降，对国家所起作用较商朝史官逊色，但仍不失为周王朝中职权显赫的重要官职。西周史官的地位与作用和档案工作是密切相关的。西周史官的职任首先是保管典籍，且已有明确的分职。除典守重要典籍外，他们还负责记录统治者的言论和事迹，我国历史上的史官记注制度就是奠基于西周的。西周史官和殷商史官一样是王朝高级知识分子，由于他们不仅掌本朝文字记注，也掌前朝典章文物，故典章、占卜、天文、历象各种知识无不通晓，所以，他们可以参与国家大政，作为周王的重要顾问。又由于档案是知识的总汇，史官就是知识中枢，他们所掌之典籍也就成为教育贵族子弟的教本，史官亦即最早的教师，收藏典籍的史官机构——太史寮，则是当时的最高学府，"学在官府""官师合一"，即政教合一就是早期社会统治阶级垄断精神财富的写照。可见，史官的显赫地位与档案工作是有密切关系的。

（二）西周王朝的主要档案及管理制度

周王朝中央保存的档案主要有版图、盟约、谱牒以及史官保管的诰、誓、政典和记注。

以下重点要明确几种主要档案的性质和作用。1. 版图：版是户籍，记载周王的统治人数。图是地图，象征周王的统治范围。这类档案是周王朝进行经济剥削和政治统治的重要依据。2. 盟约：盟书和约剂的统称。盟书为周天子和诸侯之间，各诸侯国之间，以及诸侯和卿大夫之间的约誓记载。约剂即维护统治秩序的各种制度和规定，为周王维系内外上下各种关系的法律性文书，故盟约为周王驾驭臣属和万民的工具。3. 谱牒：周王室

和贵族的世系记载，是宗法制度下世袭王位和各种爵位的特殊权利的文字凭证。

西周王朝档案管理有三种基本做法：1. "登于天府"：天府是西周王朝宗庙保存重要档案正本的处所。西周王朝重要档案的正本都要上呈天府，以祭告神灵，祈求庇佑赐福，也是周王处理政事、稽查官员、统治臣民的凭证和依据。而宗庙是周王室最高神圣所在，建筑坚固，便于保密和保卫，这是神权时代档案保管机构的共同特点。2. 制作副本：我国历史上的档案副本制度是从西周开始建立的。为便于日常政务利用，也为了更好地保存正本，开始制作稽查利用的档案副本，这类副本由各类文书主管部门和有关部门保存。可知西周王朝归档制度是多套制的。3. 藏于金匮：西周统治者重视档案的保管，古代典籍中还有藏于金匮的记载，即把档案存放在用金属封缄的匣子中。我国历史上"石室金匮"保管传统始于西周。

（三）金文档案的特点、内容及其出土和研究

这一问题首先要明确金文档案概念：金文档案是具有书史性质的青铜器铭文。其特点是周王和各级奴隶主贵族的重要记事档案。即不是王朝政务文书，而是王和各级奴隶主贵族的传家宝，是保存于家族或宗庙的重要历史记录。凡王和贵族有重要文件需长期保存，或重大事件需永远留作凭证或纪念时，就铸一件器物，或钟鼎，或盘盂。其次要了解西周铸器铭文的目的：一为告慰祖先；二为留传后代子孙，永世保存。

西周金文档案的内容可以毛公鼎、大盂鼎铭文内容举例来说明。据存世青铜器铭文看，其内容广泛而详细，西周统治阶级凡册命、赏赐、志功、征伐、诉讼等重大事件都要在青铜器上勒铭记载。关于册命的如毛公鼎，其内容为周宣王册命毛公为正卿的诰命铭文。关于赏赐的如大盂鼎，这是周康王时对贵族盂的赏赐。

关于金文档案出土和研究要掌握的是：1. 迄今铭文青铜器出土数在五千件以上；2. 宋代研究金文的著名学者和著录：欧阳修的《集古录》、赵明诚的《金石录》；3. 郭沫若著《西周金文辞大系图录及考释》的著录特点：一反过去以器为类聚的方法，用历史唯物主义观点，以年代、文字、体例、文辞、格调结合社会历史情况分析考释，为金文整理研究开拓了新途径。

第一章　档案的产生与夏、商、西周的档案工作

三　练习题及参考答案

（一）填空题

1. 西周的版图是指_____和_____。
（户籍，地图）

2. 西周的盟约是_____和_____的统称，由_____掌管。
（盟书，约剂，司盟）

3. 据_____记载，西周的正本存于_____，即_____，藏于_____，副本分存于_____、_____、_____及_____处。
（《周礼》，宗庙，天府，金縢之匮，大史，内史，司会，六官）

4. 周王在_____、_____、_____中形成的_____、_____、_____，以及_____和_____等，都是当时的重要档案。
（征伐，赏赐，任命，誓，诰，命，政典，记注）

5. 天府为_____之一，相当于现代的_____单位，主要收藏_____、_____、_____，统称为_____，府中的档案官员称_____。
（九府，部级，版图，谱牒，盟约，天府之藏，"守藏史"）

6. 周王朝专门设置集诗问俗之官，到民间采集_____和_____。
（诗歌，民谚）

7. 留传至今的西周档案一类是_____；一类是_____。
（《尚书》中的《周书》，铜器铭文）

8. 出土的西周铭文中最长的是_____，共有_____字。
（《毛公鼎铭》，497）

9. 散氏盘上的铭文共_____字，记载的是西周晚期的_____。
（357，土地契约）

10. 金文的字数共计_____个，其中可识别的有_____个。
（3722，2420）

（二）判断题

1. 收藏大量档案典籍的史官机构卿事寮是当时的最高学府。
（错。收藏大量档案典籍的史官机构太史寮是当时的最高学府。）

2. 天府是西周王朝保存重要档案正本的处所。
（对。宗庙收藏机构称为天府，其收藏包括两大部分：一为王室权力

象征的镇国宝器；一为王室权力凭证的文书典册，以及记录王室世系的谱牒等重要档案。）

3. 牍用于国家重大政事和书写典籍。

（错。简与策用于国家重大政事和书写典籍。）

4. 简与策主要用于一般公文书。

（错。牍主要用于一般公文书。）

（三）名词解释

1. 简：狭长的竹片或木片，故有竹、木简之称。

2. 牍：方形的木片。

3. 策："册"的假借字，是若干片简编联在一起。

4. 太史寮：西周掌管起草文书，策命诸侯、卿大夫，记载史事，保管国家典籍以及主管天文、历法、祭祀、教育等事务的机构。

5. 太史：亦作"大史"，史官之长，是官位显赫的六卿之一。业务职能较多，保管档案是其重要职责之一。

6. 版图：版是户籍，记载周王的统治人数；图是地图，象征周王的统治范围。这类档案是西周王朝进行经济剥削和政治统治的重要依据。

7. 天府：西周王室宗庙，周王朝保存重要档案正本的处所。"登于天府"，以祭告神祖，这是神权时代档案保管机构的共同特点。

8. 金文：是铸刻在商周青铜器上的铭文，也叫"钟鼎文"。金文比甲骨文规范，对研究汉字的发展和书法艺术有重要价值。

9. 金文档案：专为记事铭文而铸的青铜器，这种具有书史性质的青铜器铭文称为金文档案，记事内容包括册命、赏赐、志功、征伐、诉讼等，为后人研究商周历史留下了宝贵资料。

10. 毛公鼎铭：是周宣王时册命毛公为正卿的诰命移录。有铭文32行497字，叙事完整，记载翔实，是研究西周历史的重要材料。

11. 大盂鼎铭：是周康王时的金文档案。有铭文19行291字，记载了康王对贵族盂的赏赐情况。清道光初年出土于陕西岐山礼村，现藏于中国国家博物馆。

（四）问答题

1. 西周中央政府分为哪两大部门？

（卿事寮、太史寮）

2. 西周起草文书保管典籍的中央机构是什么？

（太史寮）

3. 西周掌管王室档案的机构是什么？

（冢宰）

4. 西周政务文书称为什么？

（简牍或简册）

5. 西周王朝文书的书写材料有哪些？

（简、牍、策）

6. 西周王朝的主要文书有哪几种？

（王命文书、各级官府政务文书、谱牒、记注）

7. 西周铸器铭文的目的是什么？

（一是告慰祖先；二是留传后世子孙，永世保存。）

8. 留传至今的西周档案主要有哪两大类？

（一类是《尚书》中的《周书》；一类是青铜器铭文。）

9. 号称西周"四宝"的金文档案是哪四件？

（《散氏盘》《毛公鼎》《虢季子白盘》《大克鼎》）

10. 被誉为"晚清四大国宝"的西周青铜器是哪四件？

（大盂鼎、毛公鼎、虢季子白盘、散氏盘）

11. 出土西周铭文中最长的是哪一件？共有多少字？

（《毛公鼎铭》，497字）

12. 《毛公鼎铭》出土于何时何地？被誉为什么？

清道光二十三年（1843年）出土于陕西省岐山县（今宝鸡市岐山县），"抵得上一篇《尚书》"。

13. 散氏盘又称为什么？共有铭文多少字？

（矢人盘，375字）

14. 新中国成立前后出土的青铜器铭文各有多少件？

（新中国成立前四千件以上，新中国成立后一千一百件。）

15. 神权时代档案保管机构的共同特点是什么？

（档案收藏于宗庙）

16. 周王朝保存档案的重要处所是什么？

（大史府）

17. 周王室保存盟约的专门档案库称为什么？由什么官员管理？

（盟府，司盟）

18. 周代设有哪五种史官？

（大史、小史、内史、外史、御史）

19. 周代收藏保存档案史料汇编的官员称为什么？

守藏室史（柱下史）

20. 西周时的史官主要有哪两项职责？

（一是记注，二是保管典籍）

21. 西周开创了我国历史上的哪两项文档制度？

（一是史官记注制度，二是档案副本制度。）

22. 西周开创了我国档案的什么保管传统？

（"石室金匮"的保管传统）

23. 周朝特殊的档案典藏制度是什么？

（金匮制度）

24. 周朝的档案典藏原则是什么？

（将档案正本存放于中央，副本则保存于地方。）

25. 西周王朝档案文献的汇编是什么？

（《逸周书》，相传为孔子整理《尚书》后散佚的文献，故名。）

（五）简述题

1. 西周王朝的主要文书档案有哪些？

西周王朝的主要文书档案有：（1）王命文书，王和诸侯使用的命令性文书，如诰、誓、命等；（2）各级官府政务文书，具体有版图、盟约、人事文书、刑律，版是户籍，记载周王的统治人数，图是地图，象征周王的统治范围，盟约是盟书（载书）和约剂的统称；（3）谱牒，是周王室和贵族的世系记载；（4）记注，史官对统治者及国政大事的记录。

2. 西周王朝档案的管理方法有哪些？

西周王朝档案管理有三种基本做法：（1）登于天府；（2）制作副本；（3）藏于金匮。

3. 金文档案的特点有哪些？

西周金文档案是王和各级奴隶主贵族的重要记事档案。即不是王朝政务文书，而是王和各级奴隶主贵族的传家宝，是统治者保存于家族或宗庙的私有财产。

凡王和贵族有重要文件需长期保存，或重大事件需永远留作凭证或纪念时，就铸一件器物，或钟鼎，或盘盂。这些青铜器是西周重要文书和重大事件的真实历史记录。

西周金文档案的出现是西周经济、政治的必然产物，不仅与西周奴隶制经济的高度发展紧密相连，而且与西周的政治制度也有着直接联系。

4. 金文档案有什么史料价值？

西周金文档案记载丰富、叙事详尽，书史性质十分明显，是第一手的记事文字，故有极高的史料价值。论其真实性，则比《尚书》高出一筹。有的一篇铭文就抵一篇尚书，故这些铭文被称为"周书之逸篇"。史学家普遍认为甲骨、金文、经籍"鼎足而三"，可见金文价值之重要。

金文档案内容涉及商、周、春秋、战国的史事，是研究先秦史，特别是商周历史的珍贵资料来源；金文档案与先秦典籍有着密切联系，可以相互补充、互为印证，对解读、考订先秦文献具有重要意义。

第二章

春秋战国、秦汉、魏晋南北朝的档案和档案工作

教学目标和要求：本章介绍春秋战国、秦汉、魏晋南北朝的档案和档案工作。使学生了解和掌握春秋战国的新档案、档案官员和档案的广泛利用，秦朝的律法档案、石刻档案，以及汉朝的档案官吏、统治者对档案的收集、保管和利用。

教学重点：刑书、律法档案、萧何收集秦中央机关的档案、兰台

教学难点：春秋战国档案工作的变化与发展、秦代律法档案、两汉统治者对档案的收集

基本概念：刑书、计书、移书、《尚书》、《春秋》、制、议、律法文件、石鼓文、秦始皇刻石、里耶秦简、焚书、策书、戒书、石渠阁、兰台、东观、《史记》、《汉书》、居延汉简、汉代帛地图、谱牒、谱局、谱学

本章思考题：

1. 简述《尚书》《春秋》的编纂与档案利用的关系。
2. 简述秦代律法档案的保管和利用。
3. 简述萧何对秦代档案的收集。
4. 综述两汉统治者对档案的收集。
5. 概述魏晋时期档案制成材料的变革。

参考书目：

中华书局编辑部：《云梦秦简研究》，中华书局，1981年。

陈直：《居延汉简研究》，天津古籍出版社，1986年。

李均明、刘军：《简牍文书学》，广西教育出版社，1999年。

汪桂海：《汉代官文书制度》，广西教育出版社，1999年。

陈彦辉：《春秋辞令研究》，中华书局，2006年。

李浩：《天子文书·政令·信息沟通：以两汉魏晋南北朝为中心》，复旦大学出版社，2014年。

王会斌：《战国令书制作研究》，社会科学文献出版社，2020年。

第一节　春秋战国时期的档案和档案工作

一　本节内容要点

（一）新文书档案的产生及其名称（刑书、计书）、性质和作用

（二）档案官员职任、地位的变化

（三）档案的广泛利用与学术文化发展的关系

（四）"学在官府"和"学下私人"

（五）档案流散于社会的原因

（六）孔子搜集整理古代典籍的贡献

（七）《尚书》和《春秋》的编纂

二　要点内容分析

（一）新势力与旧势力为维护权力凭证的斗争

这一问题要掌握代表新兴势力的子产与代表旧贵族势力的子孔为维护权力凭证的斗争，说明在春秋战国社会大变革时期，档案在政治斗争中被毁弃。同时，在奴隶反抗奴隶主的阶级斗争中也有类此情形，如公元前550年晋国世卿范氏和栾氏的斗争，范氏利用奴隶裴豹去杀栾氏家臣督戎，说明有的奴隶利用奴隶主之间的矛盾，烧毁自己的奴籍，获得人身自由。

（二）春秋战国时产生的新档案的性质和作用

这一问题主要掌握春秋战国时产生的新档案的名称，有刑书、计书等种类。

1. 刑书（律法档案）。要掌握刑书的性质、作用及最早公布的成文法。刑书是春秋中叶后出现的以限制旧贵族特权、保护封建私有制为中心的成文法，它具有成文、公开和相对同等适用的特点。其作用是破坏和限制旧贵族特权，有利于新兴地主阶级和人民群众反对旧贵族的斗争。公元前536年郑国著名政治家子产作刑书，最先公布了成文法。

2. 计书：这一问题要掌握计书的性质和作用以及它与版图的区别和上

计制度的内容。计书，战国时的赋税档案，它是封建地主阶级政权进行经济剥削和政治统治的重要依据。可知与西周版图的作用相似，但版图是奴隶社会分封制下"授民授疆土"，国王向奴隶主收取贡赋的凭据，而计书则是封建国家向广大农民征收赋税的依据，这就出现了郡县根据人丁征收地方赋税的档案——计书。所谓上计制度就是郡县长官于每年年终将下一年度的民户和财赋数目写在木卷上送呈国君，国君把木卷一剖为二，王执右卷，臣执左卷，下一年度终了时，郡县将赋税上缴国君，称上计制度。

（三）档案官员职任、地位的变化

1. 春秋时著名良史的姓名与事迹。如春秋时晋国董狐，其事迹是：晋灵公十四年（前607年）晋卿赵盾因避晋灵公杀害而出走，未出境，其族人赵穿杀灵公。赵盾复回，拥立晋成公继续执政，大史认为赵盾出走而未越境，返国而不讨其杀君者，故杀灵公之责在赵盾，因此在简册上记道："赵盾弑其君。"孔子说："古之良史也，书法不隐。"又如春秋时齐国大史，其事迹是：齐庄公六年（前548年）齐大夫崔杼杀齐君，大史依据书法记"崔杼弑其君"。崔杼怒，杀大史，大史两个兄弟继续写同一句话，都被杀。最后一个兄弟仍依书法直书，崔杼不敢再杀。

2. 档案官员职任、地位变化的社会历史原因：（1）宗法制度的瓦解、世卿世禄制度的破坏是史官职任变化的重要社会原因。此后出现了国君任免官员的官僚制度萌芽，这是我国政治制度的重大发展。从此，在原有世卿世禄制度下，史官位尊爵显的地位完全消失。（2）天道观念的变化是史官职任、地位变化的又一社会原因。随着社会的进步和兼并战争的扩大，反映到社会思想上，对"天"的信仰也进一步动摇。当时统治者在频繁的战争中认识到，要想使自己立于不败之地，与其求助于神鬼，不如设法增强自己的军事、财政实力。因此，主管行政、财政、军事、司法等事务的政务官、军事官、事务官上升到首要地位，而管理祭祀鬼神和占卜的宗教官退居到次要地位，致使史官失势，地位下降，他们开始脱离对国家事务参谋顾问的高级管理工作，退居为次要官职，逐渐成为记注政事、典守档案的专职官员。

（四）档案的广泛利用和学术文化发展的关系

春秋战国时期学术文化的发展与档案的流散、收集和利用有直接的关系。实际上也是一个从"学在官府"到"学下私人"以后必然产生的社会现象。

第二章 春秋战国、秦汉、魏晋南北朝的档案和档案工作

1. 什么是"学在官府"和"学下私人"?"学在官府":三代时,由于史官是知识中枢,档案是知识总汇,档案也就成为教育贵族子弟的教本,太史寮则是最高学府。可知,早期社会知识、学术、文化都被官府垄断,这一社会现象称"学在官府"。"学下私人":春秋战国时期,由于档案典籍外流,通过士的搜求和学习,原来只被上层垄断的文化知识通过士这一阶层流传到了民间。从此,"学在官府"局面被打破,"官师合一"状况也消失,私人讲学、私人著述兴起。这实际上是一个对档案的搜集、保存、传播、利用的过程。

2. 接着要了解档案流散于社会的原因:(1)王室衰弱,不能养活众官,有专门知识技术的王官百工,陆续分散到诸侯国,他们同时也带去了王室的典册档案,扩大了文化的传播。(2)兼并战争。许多国家国亡之后,宗庙被毁,重器被迁,档案势必外传。(3)世卿制度的破坏。贵族失去原有官职,他们世守的档案也就流散到社会上。这种状况为士的搜求、学习和利用档案提供了可能。

3. 孔子搜集整理古代典籍的贡献。孔子在搜集、保存、传播、利用档案过程中做出了突出贡献。他收集鲁、周、宋、杞等故国流传下来的史官记注和官府文书,删订六经,实际上就是对档案的整理和编纂,因六经"皆先王之政典"。这说明孔子保持了原来的文辞,基本上是档案原件的编纂。

4. 《尚书》《春秋》的编纂与档案流散和利用的关系。(1)与档案流散的关系。孔子正是利用流散于社会的档案编纂了《尚书》和《春秋》。(2)与档案利用的关系。《尚书》是我国历史上最早的档案文件汇编,可从两方面说明:①从《尚书》成书看,其前身是按朝代分编的历史档案汇编。这种分编形式出现在西周,周代接收了殷代的档案,越积越多,于是史官就按朝代编在一起,这样就产生了《夏书》《商书》《周书》。②从《尚书》文体看,包括典、谟、训、诰、誓、命等文书种类。

《春秋》是我国第一部编年史。《春秋》的编纂从内容到文体都明显带有脱胎于档案的痕迹。从内容看,记载政治活动居多,如征伐、会盟、朝觐等,可见都是统治活动的国政大事记录,是公文书的汇纂。《春秋》文体类似大事记,一条记一事,不相联属,文句极其简短,每条最长不过四十余字,最短的一个字。看来基本上就是史官记载的汇纂,十分明显是原始档案排比年月的汇抄。

三 练习题及参考答案

（一）填空题

1. 战国新的_____确立后，形成了一批掌管_____、管理_____的职官，如齐国的_____，赵国的_____，魏国的_____，鲁国的_____，秦国的_____，他们侍从_____左右，协助处理_____，负责_____的保管。

（官僚制度，记注，文书档案，掌书，御史，主书，令正，尚书，国君，文书事务，档案典籍）

2. 公元前_____年郑国_____铸_____，后 30 余年_____刻_____；公元前_____年晋国铸_____，以后各国纷纷制定_____。据此，魏国人_____集各国法律之大成，著_____。

（536，子产，《刑书》，邓析，"竹刑"，513，刑鼎，成文法，李悝，《法经》）

3. 现存最早的战国刻石为秦国的_____，又称为"_____"，原石今藏_____。

（石鼓文，猎碣，北京故宫博物院）

4. 1965 年在山西_____出土了大批_____，称为_____，有_____多件，用_____、_____制成，大多呈_____形，是春秋晚期_____的_____。

（侯马，盟书，侯马盟书，五千，玉片，石片，圭，晋国，官方文书）

5. 现已出土的帛书有_____和_____。

楚帛书（战国帛书），汉帛书（马王堆帛书）

6. 我国第一部浪漫主义诗歌总集是_____，主要是屈原的作品，其代表作是_____。

（《楚辞》，《离骚》）

7. 我国历史上最早的档案文件汇编是_____，由_____编订。

（《尚书》，孔子）

8. 孔子编定的《春秋》，既是保存下来的我国第一部_____，也是现存最早的_____。

（编年体史书，大事记）

9. 孔子编纂历史文献坚持的一条重要原则是"_____，_____"。

第二章 春秋战国、秦汉、魏晋南北朝的档案和档案工作

（信而好古，述而不作）

10. 战国医学家托名_____，作《内经》_____篇，现存_____、_____就是内经的残余。

（黄帝，18，《素问》，《灵枢》）

（二）判断题

1. 盟书在商朝时就已产生，它是维系王和诸侯国关系的重要档案。

（错。盟书在西周时才产生，它是维系王和诸侯国关系的重要档案。）

2. 我国在秦朝开始出现文书用印制度。

（错。我国在西周开始出现文书用印制度。）

3. 西周时期是我国简策文字最盛时期。

（错。春秋战国时期是我国简策文字最盛时期。）

（三）名词解释

1. 刑书：法律档案。春秋中叶后出现的以限制旧贵族特权、保护封建私有制为中心的成文法。

2. 计书：是战国时郡县根据人丁征收地方赋税的档案。它是封建地主阶级政权进行经济盘剥和政治统治的重要依据。

3. 移书：又称遗书，是春秋战国时各国官吏或国与国之间的公务往来文书。

4. 《国语》：是我国最早的国别体史书，共21卷。又称《左氏外传》《春秋外传》，传为鲁国史官左丘明著。记载了从周穆王到周贞定王前后500余年的史事。

5. 《左传》：我国第一部叙事详细、完整的编年体史书。是对《春秋》的注释。原名《左氏春秋》，又称《春秋左氏传》《春秋内传》，相传为鲁国史官左丘明著。记载了春秋时期250多年的史事。

6. 《春秋》：我国最早的编年体史书。相传是孔子依据鲁国史官记载为蓝本，参阅其他诸侯国史官记载加以删订，按年月日编次而成。

7. 石鼓文：是我国现存最早的石刻记事文字。在10块鼓形石上各刻四言诗句一首，其内容是记述秦襄公伐戎救周有功以及歌咏当时游猎行乐的盛况，又称为"猎碣"。原在天兴县（今陕西宝鸡）之南，唐初被发现。十石传到今天，文字大多剥泐，其中一石全文无存。原石现藏于北京故宫博物院。

（四）问答题

1. 春秋中叶后出现的以限制旧贵族特权、保护封建私有制为中心的成文法是什么？

（刑书）

2. 战国时的赋税档案是什么？

（计书）

3. 春秋战国期间各国官吏或国与国之间的公务往来文书是什么？

（移书）

4. 我国最早公布的成文法是什么？何时何人所作？

（《刑书》，公元前536年郑国著名政治家子产）

5. 我国历史上第一部封建成文刑法典是什么？作者是谁？

《法经》，战国时魏国人李悝（kuī，音"亏"）

6. 战国时用于传令调兵的凭证是什么？

（符节）

7. 战国时考核官吏的依据是什么？

（计书）

8. 春秋战国时登记奴隶的名册称为什么？

（丹书）

9. 新中国成立后对盟书档案有过哪两次重大发现？（发现时间、地点、数量）

（一次是1965年在山西侯马市区东南的晋国遗址中出土了5000多枚玉石片，为晋国的祭祀文书；一次是1979年在河南温县出土了10000多片。）

10. 流传于世的战国时代石刻文书有哪三件？出土于何时？

（《巫咸石》《湫渊石》《亚驼石》，北宋）

11. 我国现存最早、最具代表性的石刻档案是什么？出土于何时何地？

（《石鼓文》［又称"猎碣"］，唐初在天兴［今陕西省宝鸡市］出土的秦国刻石。）

12. 我国奴隶制时代档案制成材料经历了哪三个发展阶段？

（甲骨、青铜、简册）

13. 图书从档案中分化出来（书契分流）的一个主要标志是什么？

（春秋战国时期简牍文献的出现。简牍被认为是图书的开端，当时的简［竹简或木简］主要用来抄写图书，而木牍主要用来记录档案内容。）

第二章 春秋战国、秦汉、魏晋南北朝的档案和档案工作

14. 我国现存最早的虎符实物是什么？现存何处？

（1973年在西安郊区北沈村出土的杜虎符，现存于陕西历史博物馆）

15. 国内现存年代最久远的简牍文书是什么？发现于何时何地？

（1978年在湖北随县［今随州］曾侯乙墓中出土的二百余枚竹简，制作于公元前433年，即战国初年。）

16. 我国最早的古地图是什么？出土于何时何地？

（《放马滩秦墓出土地图》，1986年在甘肃天水放马滩1号秦墓中出土，成图时间在战国末年，共有7幅地图。）

17. "三礼"是指哪三部经典？

（《仪礼》《周礼》《礼记》）

18. 何谓"春秋三传"？

（《左传》《公羊传》《穀梁传》）

19. 我国现存最早的档案文件汇编是什么？其前身是什么？包括哪四个部分？

（《尚书》，其前身是按朝代分编的历史档案汇编，包括《虞书》《夏书》《周书》《商书》。）

20. 《尚书》的体例分为哪六种？

（典、谟、训、诰、誓、命）

21. 我国较早、较为完整的谱牒出现于何时？名称叫什么？

（战国时的《世本》，记录了三皇五帝到春秋间事，内容涉及天子至诸侯大夫的世系、族系、名号及居住地等，带有古老氏族家谱的性质。）

22. 我国第一部编年体史书是什么？它依据什么编成？

（《春秋》，相传是孔子依据鲁国史官记注并参阅其他诸侯国记载删订而成。）

23. 《春秋》首创了我国档案编纂的什么先例？

（以史书的形式汇编一国档案。）

24. 春秋战国开创了我国历史编纂的什么先例？

（利用档案私人修史、著述、汇编档案史料。）

25. 我国最早的国别体史书是什么？作者是谁？

（《国语》21卷，相传为鲁国史官左丘明作。）

26. 《国语》与《左传》有什么不同？

（两书的明显区别是：《国语》按国别编写，属于国别体史书，以记言

为主;《左传》则按年代编写,属于编年体史书,以记事为主。)

27. 战国时魏国、晋国、郑国、楚国、鲁国的编年体史书分别叫什么?

(魏国《竹书纪年》、晋国《乘》、郑国《志》、楚国《梼杌》、鲁国《春秋》)

28. 我国现存最早的军事著作是什么?作者是谁?

(《孙子兵法》;春秋时吴国的孙武作)

29. 我国现存最早的一部科技档案汇编是什么?

(战国末年齐国人编纂的《考工记》)

30. 我国现存最早的一部医学档案汇编是什么?

(战国时编纂的《黄帝内经》,包括《素问》和《灵枢》两部分。)

31. 世界上最古老的天文著作是什么?作者是谁?

《甘石星经》,楚国人(一说齐国人)甘德著的《星占》与魏国人石申著的《天文》两书合并而成。

(五)简述题

春秋战国时期档案流散于社会的原因是什么?

1. 王室衰微,众官百工纷纷逃往各诸侯国,他们带去了周王室的典册档案,扩大了文化的传播。2. 兼并战争。许多国家灭亡后,宗庙被毁,重器被迁,档案必然外传。3. 世卿世禄制的破坏。贵族失去了原有的特权,他们收藏的档案也流散到社会上。这种状况为士这一阶层搜集、利用档案提供了可能性。

(六)论述题

试述《尚书》《春秋》的编纂与档案利用的关系。

《尚书》是我国历史上最早的档案文件汇编,其与档案利用的关系可从两方面说明:1. 从《尚书》成书看,其前身是按朝代分编的历史档案汇编。这种分编形式出现在西周,周代接收了殷代的档案,越积越多,于是史官就按朝代编在一起,这样就产生了《夏书》《商书》《周书》。2. 从《尚书》文体看,包括典、谟、训、诰、誓、命等文种。

《春秋》是我国第一部编年史。《春秋》的编纂从内容到文体明显带有脱胎于档案的痕迹。1. 从内容看,记载政治活动居多,如征伐、会盟、朝觐等。可见都是统治活动的国政大事记录,是公文书的汇纂。2. 从文体看,类似大事记,一条记一事,不相联属,文句极其简短,每条最长不过四十余字,最短的仅一个字。基本上是史官记载的汇纂,十分明显是原始档案排比年月的汇抄。

第二节 秦朝的档案和档案工作

一 本节内容要点
（一）秦朝中央掌管文档官员的名称和职任
（二）中央禁室
（三）秦朝文书档案名称、体式及管理制度
（四）秦朝律法档案的保管和利用
（五）"以法为教、以吏为师"
（六）石刻档案大量出现
（七）秦始皇不重视史官记注和焚烧六国档案典籍

二 要点内容分析
（一）历史上第一个专制主义中央集权王朝档案工作的建立

这一问题要明确：1. 秦朝中央掌管文档官员的名称和职任。九卿是分掌中央政府各部门事务的办事机构，其中的少府有尚书四人，负责发送皇帝制诏文书，并收受臣僚上呈文书，同时掌管皇帝档案。2. 秦的文书档案制度是在统一文字的基础上制定的。秦始皇统一文字的字体称小篆（秦篆），后又创造出比小篆更为简便的新字体，即隶书。3. 秦重视政务效率的文书档案管理制度：（1）关于文书传递、登记的规定。要求传送命书及标明急字的文书，应立即传送，不急的也要当天送达。（2）建立书面请示制度。（3）对专门文书管理也有严格要求。（4）对文书制成材料的制作也有规定。

（二）秦朝律法档案的保管和利用

1. 关于保管要掌握：（1）秦殿中档案保管机构的名称——中央禁室。（2）秦律法档案副本收藏处所：秦律法档案有副本多份，其中一份收藏在殿中中央禁室；中央政府丞相和御史大夫公府也各保留副本；地方郡县也都有副本。（3）秦《法律答问》有特殊的内容和保管要求：《法律答问》是秦的刑律条文及其解释，即吏民关于法律问题询问法官的问答。凡吏民向主管法令的官吏询问法律条文，法官必须按照所问法令解答，并要在一尺六寸长的符上写明询问日期及法律条文，然后将符左片给予询问者，右片由官府作为重要档案保存，以检验日后法官和吏民执法、守法情况。

2. 关于利用要掌握：秦"以法为教"的国策，以及由此而产生的重吏政策。因此，重吏政策的背景则是"以法为教"的国策，即以律法档案为教育内容的制度。原因是秦始皇认为只有律法和刑罚才能"矫正民心"，故取缔一切私人教育内容和设施并定期公布法律和法令，由法吏解答吏民问询有关法律问题，形成明法制度。秦既以法治国，以法为教，必推行其重吏的统治政策。吏，秦时称文吏或法吏，通称文法之吏，即掌文书、法律、图籍的职官。文吏既掌文法图籍，并通古今事务，为施行法教，秦始皇于公元前213年明令，民间求学，"以吏为师"。可知秦的文法之吏是施行变法改化"黔首"之重要职官。而文吏的培养和任用则成为秦治国之重要事务。因此秦专设传授吏的技能的学室和教本，出土秦简《为吏之道》即是这类教本。秦王朝的重吏政策对于扫除奴隶制的世卿世禄制度残余，巩固封建经济基础和维护统一的封建国家起到了历史的进步作用。法家主张"食有劳，禄有功"，剥夺无功受禄的旧贵族特权，表现了一个新兴政权充满生机的变革态势。然而，这一措施最终又回到了西周时"学在官府""官师合一"的状况，从文化发展看，这是对春秋战国以来学下私人、学术发展的历史反动。

（三）石刻档案大量出现

这一问题要掌握：

1. 石刻档案产生的社会历史原因

石刻档案在商、周之后大一统的封建国家秦代兴起，这绝不是一种历史偶然。探究其社会历史因素有以下几个方面：（1）社会历史文化的发展要求书写材料的变革。一定文化是一定社会经济、政治的反映。我国奴隶制时期与其经济、政治相适应正是甲骨、青铜、简牍三者迭起的时期。经春秋战国百家争鸣、文化大兴，私人讲学、著述兴盛，文字数量增多，篇幅增大，需传后世永志纪念的文字非青铜器所能容纳。于是至秦代，石被广泛应用于记事材料。（2）是封建地主阶级轻名器、重功利的需要。统一的封建专制的帝王，需要这种夸扬威势和功德的传世材料，秦始皇奉行法家主张，实行明法制度，法律之公布，威势功德之宣扬，功效实利之讲求，就是要将律法及某些制、诏文书予以公布，便于家喻户晓。石刻文字公布性的特点正好适应了这些需要。传世之秦代刻石的兴起也说明了这一

第二章 春秋战国、秦汉、魏晋南北朝的档案和档案工作   41

目的。(3)铁器的使用为石刻文字的兴起创造了客观条件。

2. 石刻档案的分类及其性质。(1)分类：①公牍刻石；②记事刻石。(2)性质：以上两类档案，显然一类具有公务文书的性质，另一类则和金文档案一样有原始记事性质，即石刻档案不仅立碑示众，具有公布性，且留传久远，世代长存。当然，这类档案是分立各地自然存放的，分散性恰是其保存的特殊形式，不能因其分散而忽视其档案性质。其中的公牍刻石当其失去现行文书时效后，将其作为长期保存的档案是自然的，当下无论它由哪个部门保管，都不能改变其作为档案的基本性质。

(四)秦始皇焚烧旧六国档案典籍

此题要掌握：焚书令发布的时间及主要内容和评价。1. 时间：公元前213年。2. 主要内容：(1)非秦朝记注皆烧毁；(2)非博士官职任内，藏有《诗》《书》及诸子百家著作都要交到官府烧毁；(3)敢议论《诗》《书》者处死，以古非今者灭族，吏民知而不举者同罪；(4)令下30日不烧，发配修筑长城；(5)所不烧的只有医药、卜筮、种树的书。3. 评价：(1)焚书令是秦始皇为巩固专制集权而施行的极端野蛮的措施，是在思想领域实施专制主义的手段。因当时六国虽已灭亡，但各国的档案却记录了各国的传统和历史，成为被征服者的思想依托，且各国史官详记了秦兼并的历史，表现出对秦的指斥和讥刺，这是秦统治者最不能容忍的。(2)焚书主要是针对"私藏"，博士官职掌之内的藏书仍然许可。说明秦仍要恢复春秋前"学在官府"的制度。然而，经历春秋战国，学术下移、吏师分工，所以这是一种复古倒退。

三 练习题及参考答案

(一)填空题

1. 秦始皇为显示自己的权威，改"命为_____"，"令为_____"。

(制，诏)

2. 秦始皇规定皇帝之印称为"_____"，以_____为材质。故_____为皇帝专用文书，成为_____之别称。

(玺，玉，玺书，诏敕文书)

3. 公元前_____年，秦始皇采纳_____的建议，下令_____，_____。规定除_____和记载_____、_____、_____的档案

外，凡私藏的_____、_____及_____都要交官府烧毁。

213，李斯，"烧灭经书，涤除旧典"，《秦纪》，医药，卜筮，种植（树），《诗》，《书》，诸子百家著作

4. 秦丞相府的_____、御史大夫府的_____和_____，郡府下设的_____及其下属的_____、_____、_____，县府属官_____即_____，以及_____、_____等均掌文书档案事宜。

（侍中，御史中丞，御史丞，门下主簿，主记室掾史，录事掾史，奏曹掾史，功曹掾，主吏，狱掾，仓吏）

5. 秦始皇刻石有的是夸耀_____的强大和皇帝的_____，有的是发布_____和_____，有的是整顿_____，宣扬_____，其目的是_____，_____，因而具有_____性质，有些就是_____、_____文书。

（统一政权，威德，皇帝诏令，王朝政策，风俗，封建礼教，"记功述事，昭示方来"，档案，制，诏）

6. 秦代的石刻档案可分为_____和_____两大类，主要内容包括公布_____和宣示_____等。

（公牍刻石，记事刻石，皇帝诏令，王朝政策）

7. 秦始皇七处刻石中唯一残存下来的是_____，现陈列于_____。

（琅琊台刻石，中国国家博物馆）

8. 秦始皇破坏档案的两大表现分别是_____和_____。

（不重视史官记注，焚毁六国档案典籍）

9. 秦朝的文书档案制度体现出_____和_____两个突出特点。

（尊君抑臣，重视政务效率）

10. 秦代律法档案的利用表现在_____和_____两个方面。

（"以法为教"，"以吏为师"）

11. 1975年12月在湖北省_____县_____秦墓中出土了_____枚秦简，称为_____，亦称_____。该墓主人_____生前是秦朝_____县署内的_____，负责保管_____。

（云梦，睡虎地，1155，云梦秦简，睡虎地秦简，喜，安陆，县御史，律法文书）

第二章　春秋战国、秦汉、魏晋南北朝的档案和档案工作

（二）判断题

1. 秦朝三公是分掌中央政府各部门事务的办事机构。

（错。秦朝九卿是分掌中央政府各部门事务的办事机构。）

2. 石刻档案大兴于西周。

（错。石刻档案大兴是秦代档案的特点。）

3. 秦朝"议"是皇帝的专用文书。

（错。秦始皇为了了解下情，贯彻君权，指挥国事，对臣僚上呈文书的名称、用途也加以严格规定，其中，"议"就是臣僚的专业文书。）

（三）名词解释

1. 制：皇帝颁布重大制度时的命令性文书，也用于诰谕和责让官吏。

2. 议：也称"驳议"，群臣就未决的重大国事向君王论说情理、表达意见的文书。

3. 律法文件：秦朝在推行"以法为教"国策中形成的以巩固专制集权为核心的法律文件。是施行变法改化"黔首"的重要工具。

4. 秦始皇刻石：是秦始皇于公元前220年至公元前210年间五次巡游天下时留下的刻石文字。共有峄（yì）山刻石、泰山刻石、琅琊（láng yá）台刻石、之罘（fú）刻石、东观刻石、碣山刻石、会稽（kuài jī）刻石7处。这些刻石有的是夸耀统一政权的强大和皇帝的权威，有的是发布皇帝诏令和宣示王朝政策，有的是整顿风俗、宣扬封建礼教，其目的是"记功述事，昭示方来"，因而具有档案性质，有些就是制、诏文书。现仅存琅琊台刻石残片84字，藏于中国国家博物馆。

5. 焚书：公元前213年秦始皇采取的极端野蛮的措施。规定凡私藏的《诗》《书》及诸子百家著作都要交官府烧毁，给先秦档案典籍造成巨大损失。

6. 里耶秦简：2002年，湖南省考古人员在湘西土家族苗族自治州龙山县里耶镇的里耶古城1号井中出土了36000多枚秦简牍，是当时的官署档案。包括户籍简、官吏出勤统计木牍、"九九表"木牍、土地开垦文书木牍等，为解析秦朝政治、经济、军事、文化等提供了丰富全面的实物资料。

（四）问答题

1. 秦代首创的一种公文是什么？

（制书，秦始皇改"命为制，令为诏"，"命书"即为后来的"制书"，是皇帝颁布重大政治制度时使用的文告。）

2. 制与诏有什么区别?

（制是重大的、有关全局性的命令，诏是一般性的、局部性的命令，制书的规格明显高于诏书。）

3. 秦宫殿中档案保管机构的名称叫什么?

（中央禁室）

4. 秦朝中央掌管文档官员的名称叫什么?

（尚书）

5. 秦朝的尚书设有几人？为首的称什么?

（4人，尚书仆射）

6. 秦朝负责保管皇帝印玺的官员叫什么?

（符玺令）

7. 秦朝专门保管户籍、舆图等重要档案的官员是什么?

（柱下御史）

8. 秦代特有的律法档案是什么？其保管有何特殊要求?

（《法律答问》，符的左片给予询问者，其右片由官府作为重要档案保存。）

9. 秦代律法档案主要包括哪四个部分?

（皇帝诏令、官府法令、刑律条文及其答问、治狱程式）

10. 我国第一部较为完整的法律条文汇编是什么?

《秦律十八种》（共有210枚简）

11. 目前发现最早的司法鉴定书是什么?

《封珍式》（有98枚简）

12. 我国迄今为止发现最早的民族成文法是什么?

《属邦律》（《秦律十八种》之一）

13. 秦朝在档案载体上出现了一种什么现象?

（青铜文献骤然减少，石刻文书大量增加。）

14. 秦始皇刻石中唯一残存下来的原件是什么?

（琅琊台刻石）

15. 秦代开创了哪三项重要的文书制度?

（文书抬头制、文书避讳制、皇帝玺印制度）

16. 秦汉的文书工作制度主要有哪五项?

（文书抬头制度、避讳制度、用印制度、校勘制度、传递制度）

第二章　春秋战国、秦汉、魏晋南北朝的档案和档案工作　　45

17. 秦朝文书档案制度体现出哪两个突出特点？

（一是尊君抑臣，二是重视封建政务效率。）

18. 秦代律法档案的利用表现在哪两个方面？

（"以法为教""以吏为师"）

19. 秦统治者在档案工作方面执行什么政策？

（"重本国本朝档案，焚毁原六国档案"）

20. 新中国成立后对秦代档案有过哪两次重大发现？（发现时间、地点、数量）

（一是1975年在湖北云梦睡虎地秦墓出土1155枚竹简；二是2002年4月在湘西龙山县里耶古城出土36000多枚秦简。）

（五）简述题

1. 秦朝皇帝和臣僚专用文书有什么规定？

首先是皇帝专用文书的确立。秦始皇为显示自己权威，改"命为制"，"令为诏"；其次，是臣僚专用文书的规定，主要有"奏"和"议"。君与臣专用文书前代是没有的，这是秦专制政体确立后文种的变化。

2. 秦朝的文书体式做了哪些制度性规定？

秦朝首先规定臣僚上呈文书的抬头制度；其次规定了文书的避讳制度；最后产生了皇帝的玺印制度。

3. 石刻档案的内容和特点是什么？

石刻档案的内容可分为公牍刻石和记事刻石两类。

以上两类档案，一类具有公务文书的性质，另一类具有原始记事性质，即石刻档案不仅立碑示众，具有公布性，且传世久远，世代长存。

（六）论述题

试述秦代律法档案的保管和利用。

秦代十分重视律法档案的保管，早在商鞅辅政时期就制定了关于律法档案保管的严格规定：律法档案除正本外还有多份副本，其中一份收藏在殿中中央禁室内，由少府派尚书专门管理。其余的保存在丞相、御史大夫公府和地方郡县处，设法官和法吏专门管理。秦王朝建立后，秦始皇颁行了统一的封建律法，规定所有律令都要定期向御史核对，凡吏民对律令条文的查询以及法官的解释都要写在竹简上，妥善地保管。

秦朝律法档案的利用突出表现为"以法为教""以吏为师"的国策，即以律法档案为官府之学的唯一内容；取缔一切私人教育内容和设施并定期公布法律和法令，由法吏解答吏民咨询的有关法律问题，形成明法制度；明令民间求学，以吏为师。秦依法治国决定了其重吏轻儒的统治政策。

第三节　两汉时期的档案和档案工作

一　本节内容要点
（一）两汉档案官员的名称、职任和地位
（二）主要保管机构及其收藏（石渠阁、兰台、东观、宗庙）
（三）两汉统治者对档案的收集、保管和利用
（四）"大收篇籍，广开献书之路"
（五）近世出土的汉代历史档案

二　要点内容分析
（一）两汉档案官吏的名称、职任和地位
这个问题主要掌握：

1. 汉代御史中丞的职任：在殿中掌兰台图籍秘书，外督部刺史，内领侍御史。

2. 汉代主簿职任、地位：两汉各级官署中皆设主簿一职，典领一府的文书档案人员，总管阁下之事。"阁下"指衙署中主管文书档案的机构。其地位是少吏中之最高者。

3. 尚书台高级文档官员的入选条件：尚书台高级文档官员要以察举任官。如在皇帝左右处理文书的"郎"官要从孝廉中遴选有才能者。初入台时称守尚书郎，满一年后称尚书郎，满三年后称尚书侍郎。其任用条件十分严格：取孝廉，年未五十，先试笺奏，选有吏能者为之。可知在身份、年龄、实践经验等方面都有要求。

4. 一般文档官吏的入选途径及条件：一般文档官吏由主管官辟除。对王朝中央重要部门的文档官员，则经严格考试任用，其条件为：能讽书九千字以上。

5. 从汉统治者吸取秦之教训中分析汉代文吏作用、地位的演变：秦代的文吏对专制政体的作用是十分重要的，但秦朝重吏导致官僚体制缺乏调

节机能，文吏只有执行职能，单纯使用文吏是致命的弊端，如横征暴敛反馈到中央，文吏不能参与决策，新的一轮指令仍是横征暴敛。因此汉统治者吸取了秦亡的教训，从思想到政策做了调整，汉代重视发挥知识分子改造政权的作用，吸取了博士、儒生的统治思想。如贾谊多次向朝廷提出关于时政的意见。贾谊的《过秦论》，陆贾的《新语》，特别是在董仲舒的努力下，确立儒学为正统官学，实行察举选官制度，开明经为入仕之途。汉代儒生成为统治集团中决策的参与者，而文吏则被视为"不习为吏"的事务性办事员、政务的执行者。由此可以看出一般文书档案官吏在国家机关中的作用比秦代明显缩小，地位也随之下降。

（二）两汉统治者对档案的收集

要分析汉统治者对前朝、本朝档案采取收集政策的历史条件、收集史实、对汉王朝统治的作用及评价。

1. 历史条件：（1）由于国家的统一，专制主义中央集权制度的巩固，汉代档案的集中较前代无论从数量、种类、规模看都是空前的。（2）更主要的是秦开创的以皇权专制为中枢的封建专制中央集权的政治制度，为汉代所沿袭，汉统治者必须从中学习，取得统治经验。因此，与开创这一政体的秦代不同，汉统治者对于前代留下的档案不是毁灭，而是采取了收集、保留、利用的政策。

2. 萧何收集秦中央机关的档案

刘邦起义军攻入咸阳时，萧何首先抢救和收藏秦朝中央保存的地图、律令、户籍等档案文件。新兴的汉王朝就是这样把秦朝收藏的档案图籍几乎没有遗漏地掌控在自己手里。

3. 西汉统治者对前朝档案采取的政策：收集、保留、利用的政策。还要掌握这些政策对西汉统治者的作用：（1）作为制定国策的依据。汉统治者从中了解到全国地理区划、财政、人口等情况。（2）楚汉相争在政治上也起到一定作用。项羽进入关中后屠咸阳、杀子婴、烧秦宫室，萧何收集档案文件和刘邦集团采取的其他措施，在政治上产生了良好影响。（3）制定汉代各项制度的直接依据。汉初各项政治制度大多参照秦代制定，如萧何定汉律、叔孙通定朝仪、韩信申军法、张苍定章程都是依照秦旧典有所增减。这些都为汉帝国的建立和巩固奠定了基础。

4. 两汉统治者收集措施：（1）萧何收集秦档案（见上略）；（2）西汉政权建立后，采取了"大收篇籍，广开献书之路"的政策；（3）东汉政权也重视档案图籍的收集，史载刘秀迁都洛阳时，经牒秘书载之两千余辆。

5. 评价：以上这些都为两汉高度发展的文化创造了条件。档案文化典籍的收集和积累反过来又促进了两汉文化的高度发展。汉武帝时不仅是政治经济的盛世，而且也是文化的极盛时期，出现了文化领域中的各方面代表人物。这是历史上一个光辉灿烂的时期。

（三）两汉统治者对档案的保管

这一问题应掌握：两汉档案保管机构的特点、主要保管机构及其收藏。

1. 保管机构特点及评价

大量档案图书的收集和汉代新档案成分的产生和积累，必然要建立"藏书之所"。汉统治者在宫廷内外都建有保藏图书档案的处所，著名的有石渠阁、兰台、东观等处。这些既是王朝中央档案库，又是皇家藏书阁，也是群儒校勘经籍从事著述的处所。这些机构的出现标志着我国古代文化的高度发展，同时也反映了两汉时期档案工作的明显进步。这种进步表现为随着封建统治的确立，为政者的思想在一定程度上摆脱了神、祖的羁绊，他们为增强自己的统治实力而大力收集档案，同时出现了保管档案图籍的机构。商周时期在神权政治影响下，王朝中央重要档案置于宗庙。秦汉时期，王朝中枢档案已从宗庙中分离出来，秦代殿中中央禁室和两汉王朝中央档案库的出现，正是这种分离的标志。

2. 主要保管机构及其收藏

（1）石渠阁：石渠阁由汉初丞相萧何主持建造，约在公元前200年。修建石渠阁的目的，就是用于收藏刘邦军队进入咸阳后萧何收集的秦朝图籍档案，所以称石渠阁，是因其建筑特点而得名，在阁周围以磨制石块筑成渠，渠中导入水围绕阁四周，对于防火、防盗十分有利。

（2）兰台：汉代中央档案典籍库，位于宫中，隶属于御史府，由御史中丞主管。置兰台令史，"掌图籍秘书"。兰台典藏十分丰富，包括皇帝诏令、臣僚章奏、国家重要律令、地图和郡县计簿等。东汉明帝时任班固为兰台令史，此后有一批著名学者先后任兰台令史，他们在兰台管理档案、典校秘书、撰写史书。兰台对后世影响很大。由于班固曾任兰台令史，后世称史官为"兰台"；又因兰台也是修史机构，后世把史官机构亦称"兰台"；因兰台典藏档案最初为监察弹劾百官之用，故后世也有称御史台为兰台的。

第二章 春秋战国、秦汉、魏晋南北朝的档案和档案工作

(3) 东观：东汉王朝收贮档案典籍的处所。东观收藏有历朝注记、尚书所掌档案以及功臣功状和前朝旧典等档案。

(4) 宗庙：收藏有关列侯功臣受封时赏赐的丹书铁券以及功臣立功受勋的记录。

（四）两汉统治者对档案的利用

重点掌握《史记》《汉书》的编著与利用档案的关系。

1.《史记》：司马迁著，时任西汉太史令。掌天时、星历、卜巫等职掌，并保管汉王朝历史典籍。《史记》利用档案的痕迹是十分明显的。夏、商、周三代历史记载尽管年代久远、文字概括，但也看出利用了确凿的档案材料。商周历史大量引用了《尚书》的材料，而《尚书》又正是古代文书的汇编。同时还采用了周的谱牒档案。《史记》利用档案最多的是记载秦汉这一历史时期的史事。周秦以来金石档案也有集录。至于诏令奏疏在本纪、列传、书、表中更散见各处。司马迁在选用档案材料方面有的抄录，有的摘引，有的归纳，有的综述。秦汉史事的翔实，特别是汉史的格外详细具体，正是司马迁充分运用当代档案史料的痕迹。

2.《汉书》：班固著，东汉时任兰台令史，掌兰台图籍秘书。班固修《汉书》是在他任兰台令史之后，在广泛利用档案图籍的基础上，才真正获得了成功。如果没有大量档案材料为依据，编修史书是不可能的。班固死后，班昭"就东观藏书阁，踵而成之"。东观是东汉中央储藏档案图籍之处。这都说明《汉书》的成功正是班固、班昭都利用了档案的成果。《汉书》中利用档案的痕迹也是极其明显的。《汉书》的"十志"汇集档案材料广泛详尽；《汉书》的一些帝纪和列传，更是收录了许多重要的诏令和奏疏。由于班固任兰台令史职务的关系，《汉书》与《史记》相比，《汉书》增加了更多的档案文书，这些内容或关系经国大计，或涉及用人之道，《汉书》都用了第一手的档案材料。《汉书》的后一部分，就史料的原始性、系统性、完备性来说，今天存世的西汉史料，没有哪一种可与它相比。

（五）近世出土的汉代历史档案

要掌握：1. 1930 年发掘的居延汉简的数量、记事年代及内容：1930 年由中国和瑞士组成的西北科学考察团，在居延发现自西汉中期到东汉初期的木简一万四千余枚。其记事年代起自武帝太初三年（前 102 年），止于东汉光武建武七年（31 年），前后连绵 133 年之久。这批木简都属边郡之

公牍,即汉代官衙之档案。其内容包括烽燧制度、侯官组织、兵制、屯田制等,都是两汉时期的文书。2.1973年发掘的汉代帛地图的年代、数量及内容:汉代帛地图,1973年长沙马王堆三号汉墓出土,共三幅地图。第一幅为地形图;第二幅为驻军图;第三幅为域邑图。据墓葬年代为汉文帝初元十二年(前168年),依此推算,该三幅地图的年代当在此以前。

三 练习题及参考答案

(一) 填空题

1. 兰台位于_____,隶属于_____,由_____主管,置_____,秩六百石,掌管_____,其典藏主要包括_____、_____、_____、_____和_____等。

(宫中,御史府,御史中丞,兰台令史,图籍秘书,皇帝诏令,臣僚章奏,国家律令,地图,郡县计簿)

2. 由于_____任命_____为_____,后世称_____为兰台,又因兰台也是_____,后世把_____亦称兰台,其典藏档案最初为_____之用,故也有称_____为兰台。

(汉明帝,班固,兰台令史,史官,修史机构,史官机构,监察弹劾百官,御史台)

3. 两汉保管图籍的地方除_____、_____、_____外,西汉还有_____、_____等,东汉有_____、_____、_____等处。

(石渠阁,兰台,东观,麒麟阁,天禄阁,石室,宣明,鸿都)

4. 我国封建社会初期档案机构的特点是集_____与_____为一体。

(保管档案资料,著书立说)

5. 西汉在档案收集方面采取"_____,_____"的政策。

(大收篇籍,广开献书之路)

6. 《史记》开创了以_____为主,以_____记述典章制度历史情况的纪传体史书体裁。被鲁迅誉为"_____,_____"。

(人物纪传,书表,史家之绝唱,无韵之离骚)

7. 《汉书》专撰_____一代,是_____的创始,其中的_____汇集了大量材料,一些_____和_____更收录了许多重要的_____和_____。

第二章 春秋战国、秦汉、魏晋南北朝的档案和档案工作

(西汉，断代史，《十志》，帝记，列传，诏令，奏疏)

8. 班固除编写_____外，还完成了_____的《世祖本纪》和列传、载记二十八篇。

(《汉书》,《东观汉纪》)

9. 东汉著名医学家张仲景的两大代表作是_____和_____。

(《伤寒论》,《金匮要略》)

10. "西汉两司马"是指_____和_____；"史界两司马"是指_____和_____。

(司马迁，司马相如，司马迁，司马光)

11. "史学双璧"是指_____和_____；"乐府双璧"是指_____和_____。

(《史记》,《资治通鉴》,《孔雀东南飞》,《木兰诗》)

（二）判断题

1. 汉代负责文书及书信邮递的机构是设于全国各地的邮局。

(错。汉代负责文书及书信邮递的机构是设于全国各地的亭。)

2. 汉代负责文书及书信邮递的机构是设于全国各地的亭。但并非所有的亭都承担邮递任务。

(对。亭主要是基层行政组织，在一定范围内管理治安和司法，只有处在交通线上的亭才承担公文邮递任务。)

（三）名词解释

1. 策书：是指皇帝用来册封或罢免诸侯王、三公等大臣的王命文书，一般书写在两片相连的竹简上。

2. 戒书：这种文书初为皇帝教诲、训诫州刺史、郡守及三边营官等地方军政长官的文书，后来，凡对京外各官的诏谕也用戒书。

3. 石渠阁：汉代中央档案典籍库。由汉初丞相萧何主持建造，修建于公元前200年前后。修建石渠阁的目的，就是用来收藏刘邦军进入咸阳后萧何收集的秦朝图籍档案。石渠阁因其建筑特点而得名，即在阁周围以磨制石块筑成渠，渠中导入水，围绕阁四周，对于防火防盗十分有利。

4. 兰台：汉代中央收藏档案典籍的机构。设在御史大夫府内，由御史中丞主管。其所藏多为汉王朝舆图、律令、章奏等重要档案和其他典籍。东汉时，汉统治者常选派著名学者充任兰台令史。后世亦称御史台、史官为兰台。

5. 东观：位于东汉洛阳南宫，为学者著书及藏书之地，也是东汉王朝收贮档案典籍最集中的场所。藏有历朝注记、尚书所掌档案以及功臣功状和前朝旧典等档案。后泛指宫中著书及藏书之处，地方学官（官办学校）亦称东观。

6. 《汉书》：又称《前汉书》，是我国第一部纪传体断代史，对汉王朝政治、经济、文化等方面做了系统全面记述。其中一些帝纪和列传收录了许多重要的诏令和奏疏。

7. 居延汉简：汉代简册档案。1930年4月原西北科学考察团在汉居延烽燧遗址掘获汉代木简约14000枚，其记事年代起自武帝太初三年（前102年），止于东汉光武建武五年（31年），前后连绵133年。这批木简属边郡公牍，即汉代官衙档案。

8. 汉代帛地图：1973年在长沙马王堆三号汉墓出土，共有3幅地图：地形图、驻军图、城邑图，因绘在帛上，故名。约为公元前168年前绘制。

（四）问答题

1. 秦、汉两代最常见的平行类公文是什么？
（移书）

2. 两汉皇帝颁布的下行文书有哪些？
（制书、诏书、策书、戒书）

3. 两汉各级官府的下行文书有哪些？
（告、令、教、敕）

4. 两汉下行文书的处理包括哪几个环节？
（起草、判行、邮递、执行）

5. 汉代奏事的文书有哪些名称？
（上书、上疏、上奏、奏书）

6. 汉代的保密性文书有哪三种？
封事（封章）、合檄、飞檄

7. 汉代的公告类文书有哪三种？
露布（露板、露版）、扁书、板檄

8. 汉代皇帝封赏功臣的凭证文书称为什么？存世的有哪四件？
铁券，一为唐昭宗颁赐钱镠（liú，音"流"）铁券（存于中国国家博物馆）；二为明英宗天顺二年（1458年）赐右军都督李文约铁券（存于青海省档案馆）；另外两件是明宪宗成化年间颁赐朱永铁券（存于中国第一历史档案馆)。

9. 汉代最著名的石刻文书是什么？

《熹（xī，音"西"）平石经》

10. 王朝中枢档案从宗庙分离出来的标志是什么？

(秦代殿中中央禁室和两汉王朝中央档案库的出现。)

11. 西汉主管丞相府文书档案工作的官员叫什么？

(长史)

12. 西汉中央主管文书档案的重要机构叫什么？

(御史府)

13. 东汉主管王朝文书档案的重要部门叫什么？

(尚书台)

14. 汉代郡县主管文书处理事务的机构叫什么？

(主记室)

15. 西汉在档案收集方面采取什么政策？

("大收篇籍，广开献书之路")

16. 我国乃至世界上现存最早的彩色军用地图是什么？

(1973年在长沙马王堆出土的汉代帛地图《驻军图》。)

17. 1989年在西安市北郊出土了什么重要档案？数量有多少？

(在原汉代长安未央宫遗址出土了骨签档案3万多片，是我国首次发现汉代骨签档案。)

18. 我国乃至世界上最早的综合性图书分类目录是什么？

(西汉刘歆编的《七略》。《七略》开创了中国历史上文献分类的"六分法"，把图书分为六大类即六艺、诸子、诗赋、兵书、数术、方技，加上辑略，总共是七略。)

19. 我国乃至世界上现存最早的图书目录是什么？

(西汉班固《汉书·艺文志》，《汉书·艺文志》依《七略》分类，称"七分法"。)

20. 太史令属于什么职官？具体职责有哪些？

(属于史官，负责记录大事、编写史书和修订天文历法。)

21. 《史记》原名为什么？开创了哪五种体例？

(《太史公书》，东汉以后始称《史记》，本纪、表、书、世家、列传)

22. 班固修《汉书》标志着什么制度开始建立？

（标志着我国官修史书制度开始建立。）

23. 我国封建社会初期的档案机构有什么特点？

（集保管档案资料与著书立说为一体。）

24. 中国历史文献第五次大发现是什么？出土的简牍总数有多少？

（1996年在长沙走马楼出土的14万枚三国吴简，据统计，全国至今共出土简牍30余万枚，其中仅湖南一地就出土近20万枚，占全国出土简牍总数的三分之二。）

25. 《战国策》是一部什么文献？编订者是谁？

《战国策》是战国时各国游说之士（纵横家、谋士、策士）的计谋和言论的汇编，共33篇，辑录了战国时期各国政治、军事、外交各方面的史实，着重记录了谋臣的策略和言论；西汉末年刘向编订。

26. 东汉时官修的一部纪传体国史是什么？

（东汉刘珍等人编撰的《东观汉记》143卷，晋时把《东观汉记》与《史记》《汉书》并称"三史"。）

27. 现已知最早的图经是什么？

（东汉的《巴郡图经》，其书已佚。）

28. 我国现存最早的一部数学档案文献汇编是什么？

（西汉时编纂的《九章算术》，全书共分9章，包括近百个普遍性的计算公式，收录了246个应用问题，对先秦及秦、西汉的数学发展做了系统、完整的总结。）

29. 我国现存最早的一部药物档案汇编是什么？

《神农本草经》，又称《神农本草》，简称《本草经》《本经》。托名神农作，成书于公元1世纪前后，此书非一时一人之作，而是由战国及秦汉的许多医学家对各种药物资料加工整理而成，分为序例（或称"序录"）1卷，本文3卷，收载药物365种，涉及病症170多种。该书将药物分为上、中、下三品，是中国药学史上最早的药物分类法，也是我国现存最早的一部药物学典籍。

30. 我国公布与研究汉晋木简的第一部专著是什么？

（罗振玉、王国维合编《流沙坠简》）

（五）简述题

1. 两汉上行文书的撰写有什么规定？

两汉上行文书的撰写，要体现出对皇帝及上级机关的尊重和上书者自

第二章 春秋战国、秦汉、魏晋南北朝的档案和档案工作　　55

己的卑恭。文书到达中央后，经由丞相府、御史府等机构审核后，呈送皇帝，由皇帝做出处理决定，或由丞相、御史大夫提出建议，皇帝同意后批复。

2. 汉代采取什么措施以保证文书传递中的安全？

为保证文书传递中的安全，汉代采取了三个措施：第一，由发寄人自封，公文捆扎好后在绳结处加上封泥，盖上印章，封面简上注明收件人、发信时间，以防私拆。第二，建立严密的收发转手续。第三，有严明的纪律和严格的检查程序。

（六）论述题

1. 综述两汉统治者对档案的收集。

收集的历史条件：（1）由于国家的统一、专制主义中央集权制度的巩固，汉代档案的集中较前代无论从数量、种类、规模来看都是空前的；（2）秦开创的以皇权专制为中枢的封建专制中央集权的政治制度，为汉代所沿袭，汉统治者必须从中学习，取得统治经验。因此，和开创这一政体的秦代不同，汉统治者对于前代留下的档案不是销毁，而是采取了收集、保留、利用的政策。

收集的史实：（1）西汉建立前，萧何收集秦中央机关的档案；（2）西汉建立后，采取了"大收篇籍，广开献书之路"的政策；（3）东汉也重视档案图籍的收集，史载刘秀迁都洛阳时，经牒秘书载之两千余辆。

收集政策对两汉统治者的作用和意义：（1）作为制定国策的依据。汉统治者从中了解到全国地理区划、财政、人口等情况。（2）楚汉相争中在政治上也有一定好处。与项羽入关中后屠咸阳、杀子婴、烧秦宫不同，萧何收集档案文件及刘邦集团采取的其他措施，在政治上产生了极好的影响。（3）制定汉代各项制度的直接依据。萧何定汉律、叔孙通定朝仪、韩信申军法、张苍定章程，都是依照秦旧典有所增减。这些都为汉朝的建立和巩固奠定了基础。（4）以上这些为两汉高度发展的文化创造了条件。档案典籍的收集反过来又促进了两汉文化的高度发展。武帝时不仅是政治经济的盛世，而且也是文化的极盛时期，出现了文化领域中的各方面代表人物。

2. 试述两汉王朝对档案的利用。

政务活动方面的利用。汉统治者重视对档案典籍的收藏，其目的之一是作为施政的利用查考，汉王朝建立后的政务活动中就经常利用档案。

文化学术活动方面的利用。在文化学术方面，汉代利用档案文件编修史书和从事各种著述，取得了辉煌的成就，推进了两汉学术，特别是历史学的发展。此外，一些官员也利用档案著书。

但是，当时的利用范围是十分狭窄的，只允许一部分被指定的官员参阅，同时规定严禁私抄诏书。由此可见，封建专制制度下档案利用工作的御用性和封锁性是十分明显的。

第四节　魏晋南北朝的档案和档案工作

一　本节内容要点

（一）社会大动荡对文书档案工作的影响
（二）文书制成材料和文书档案工作制度的变革
（三）魏晋南北朝档案保管机构（东观、兰台、宗庙、籍库）
（四）谱牒档案的兴盛
（五）官府对谱牒的管理和编修

二　要点内容分析

（一）魏晋南北朝档案保管机构：魏晋时档案保管机构仍遵汉制，如魏、蜀、吴、西晋设东观作为集中贮存档案图籍之所。北魏迁都洛阳后，也有东观之设。三国时兰台亦未废。宗庙也是重要档案典籍收藏之处。此外，各国还设有专门管理户籍的籍库。

（二）文书档案制成材料的变革：此题着重掌握桓玄《禁简令》的内容。东晋末年，豪族桓玄把持朝政，代晋自立，国号楚，公元404年，颁令停止使用简牍，他在诏令中说："古无纸，故用简"，"今诸用简者，皆以黄纸代之"。自此，纸张最终完全取代简牍，成为国家文书的正式书写材料。

（三）谱牒档案的兴盛

1. 关于谱牒、谱局的概念。①谱牒：又有族谱、家谱、宗谱等不同名称。它以一姓一族的世系为纲，记其来源、繁衍生息、婚姻状况、人物事迹等情况。②谱局：是政府设置的专门保管谱牒的机构，由令史具体管理。

第二章 春秋战国、秦汉、魏晋南北朝的档案和档案工作　　57

2. 谱牒盛行的社会背景和官府对谱牒的管理和编修以及谱学的盛行：魏晋南北朝时期，谱牒盛极一时，这是与当时的政治制度分不开的。曹魏制九品中正之法，开六朝门阀之风，门第成为每个人获得社会地位、政治权力的依据，国家以门第取士，选官必依谱牒，不以人才优劣为本，唯视门第高下为据，故世家大族特别重视编修谱牒，谱牒成为维护士族特权的工具。由于谱牒大量产生和广泛应用，专门研究编修谱牒的谱学也随之兴起。官府也设置谱局这一专门管理谱牒的机构。晋太元间，贾弼之笃好谱籍，广集众家，专心治业，受朝迁之命，编撰州郡谱牒合 712 卷，藏于秘阁。自此，历代统治者都十分注重谱牒的编修和管理工作。

三　练习题及参考答案

（一）填空题

1. 曹魏始设_____及_____，以_____为专职，北魏又于_____下置_____、_____，北齐首次在中央设置_____，是为沿袭至_____的国家垄断_____的雏形。

（著作郎，佐郎，修史，秘书省，著作局，修史局，史馆，清朝，修史机构）

2. 魏晋时始设_____，置_____、_____，下置_____，掌_____，西晋改称_____，又置_____、_____，东晋合称_____，掌_____，南朝改称_____。

（中书省，中书监，令，通事郎，呈奏章案，中书侍郎，舍人，通事，通事舍人，传宣诏令，中书舍人）

3. 北魏始设_____专掌记注，隋改为_____，唐加设_____分管_____和_____，高宗后改名_____，这样_____和_____随即分职为二。

（起居令史，起居舍人，起居郎，记言，记事，左右史，记注史官，文档史官）

4. 梁武帝时在王朝中央设_____，诏令专人_____和_____，形成专门研究_____的_____，故有"_____，_____"之说。

（谱局，收集，编修，谱牒，谱牒学，人尚谱系之学，家藏谱系之书）

5. 南朝时各国专门保管户籍的机构称为_____，由_____管理。

（籍库，令史）

6. 公元404年桓玄发布了_____，纸从此成为_____的正式书写材料。_____是中国公文书写材料的重要进步。

(《禁简令》，国家文书，以纸代简)

(二) 判断题

我国早在东汉就已经出现了纸，但质地粗糙低劣，不能用作书写材料。魏晋南北朝时期，纸开始成为主要书写材料。

(错。我国早在西汉就已经出现了纸。)

(三) 名词解释

1. 谱牒：又称家谱、族谱、宗谱、家乘、房谱、世谱等，是同宗共祖的血亲集团，以一姓一族的世系为纲，以特殊形式记述本族世系和事迹的历史图籍和文书档案，内容反映了其来源迁徙、繁衍生息、婚姻状况、人物事迹等多方面情况。

2. 谱局：是魏晋时期政府设置的专门保管谱牒的机构，由令史具体管理。

3. 谱学：谱系之学。南朝梁武帝时，编修谱牒成为专门的学问，形成"人尚谱系之学，家藏谱系之书"的社会风气。

(四) 问答题

1. 北朝是哪个族群建立的？有哪三个朝代？

(鲜卑族，北魏、北齐、北周)

2. 魏晋南北朝时期增加了哪些新文种？

(诏敕文书、上奏文书、官府行移文书、专门文书)

3. 魏晋南北朝形成的文书处理系统是什么？

(中书省拟旨、门下省驳正、尚书省执行)

4. "二十四史"中有关魏晋南北朝史事的有多少部？

(12部，占了一半)

5. 曹魏最重要的档案形成和保管机关是什么？

(尚书台)

6. 曹魏专职修史的官员称为什么？

(著作郎、佐郎)

7. 曹操因其对公文发展的贡献而被鲁迅称为什么？

("改造文章的祖师")

8. 最早研究公文文体的人是谁？

第二章 春秋战国、秦汉、魏晋南北朝的档案和档案工作

曹丕（pī，音"批"，魏文帝）

9. 曹丕在《典论·论文》中将文章分成哪四类八种？

四类：奏、议、书、论；八种：奏、议、书、论、铭、诔（lěi，音"垒"，古时叙述死者生平，表示哀悼［多用于上对下］的文章）、诗、赋。

10. 魏晋时专门拟写公文的人才称为什么？

（手笔）

11. 何谓"沈诗任笔"？

（沈约擅长写诗赋，任昉擅长写公文，各有所长，时人称为"沈诗任笔"。）

12. 403年桓玄发布了什么诏令？

（《禁简令》）

13. 我国目前已知的最早的纸张实物是什么？

（1986年在甘肃天水放马滩5号汉墓中出土的一幅纸质地图。）

14. 魏晋以前的公文具有什么特点？

（一是公文具有散文的特点，公文被视作散文，编入散文集中；二是还未将公文与文学作品及理论文章严格区分开来。）

15. 魏晋档案管理的一个显著特点是什么？

（"人尚谱系之学，家藏谱系之书"。）

16. 南朝负责保管百官家族谱牒的机构是什么？

（左民曹）

17. 魏晋南北朝专门保管谱牒的机构称为什么？由什么官员管理？

（图谱局，郎、令史）

18. 南朝时各国专门保管户籍的机构称为什么？由什么官员管理？

（籍库，令史）

19. 南朝的齐由什么官员负责户籍的检查核对？

（校籍官）

20. 魏晋大规模清查假冒士族的行动称为什么？

（"检籍"）

21. 我国修史机构的雏形是什么？设置于何时？

（史馆，北齐）

22. 我国现存最早的诗文总集是什么？作者是谁？

《文选》，南朝梁武帝的长子萧统（昭明太子）编选，世称《昭明文选》。选录自先秦至梁朝的诗文辞赋，共129家，700余篇，分38类。

23. 我国现存最早、最完整的一部农业科技档案汇编是什么？作者是谁？

（北魏贾思勰的《齐民要术》，共10卷92篇，集周秦至北魏农业及手工业生产知识之大成，突出反映了当时我国北方的生产技术水平。）

（五）简述题

1. 魏晋南北朝时期文书档案工作制度有什么变革？

文书制成材料的变革和发展，为文书的制作、处理、保存、利用提供了方便，引起了文书制作形式及其处理、保管制度上的一系列变革。首先，文书的装订形式普遍采用卷轴式；其次，用印制度也发生了变化；最后，公文处理程序的变革。文书处理机构、处理环节增多，分工更加严密，文书处理程序更趋稳健。

2. 魏晋南北朝时期在哪些方面健全了文书的体式？

魏晋南北朝时期文书的体式已经比较完整健全，对后世的文书制作影响很大，基本上有：文书行文程式、文书的结构程式、文字表达方式。

3. 谱牒档案有什么作用？

魏晋南北朝时期，谱牒盛极一时。由于谱牒的大量产生和广泛运用，魏晋南北朝形成了专门研究谱牒的谱学。谱牒是古代重要的档案史料，为研究历史学、社会学、人口学、方志学、民族学等提供了各种具体和典型的史料，有些可以补充史籍的空白。

（六）论述题

试述魏晋南北朝时期社会大动荡对文书档案工作的影响。

1. 文书档案工作机构的变化。魏晋南北朝时期的文书档案工作基本上是在两汉旧制的基础上建立起来的。在中央，逐渐形成了中书、门下、尚书三省分治的中枢系统，文书档案工作得到进一步加强，对后世封建政治制度和文书档案工作产生了深远影响。

2. 文书档案人员增多。这一时期各机关掌管文书档案工作的官吏有五六十种，是任何历史时期都不曾有过的。

3. 各国重视档案典籍的收藏。魏晋南北朝时期，小国林立，少数民族建立的地方政权很多，他们文化落后，缺乏统治经验，十分注重吸取前朝的统治经验和学习汉族文化，重视对档案图籍的收藏。

4. 社会动乱对档案的破坏。战乱及各种人为的破坏，使各国的文书档案荡然无存，各国已收集的档案典籍也因此遭受更大的毁坏。

第三章

隋唐、宋、元的档案和档案工作

教学目标和要求：本章讲述隋唐、宋、元的档案和档案工作。使学生了解和掌握隋唐的专门档案、甲历和甲库，宋朝的架阁库和元朝的档案管理制度。

教学重点：甲库、架阁库、照刷磨勘文卷制度

教学难点：唐代甲历与甲库、宋朝架阁库、元代档案管理制度

基本概念：起居注、时政记、记注档案、甲历档案、甲库、《诸司应送史馆事例》、架阁库、金耀门文书库、千文架阁法、照刷磨勘文卷制度、蒙古架阁库、《元典章》

本章思考题：

1. 简述唐代甲库的管理制度。
2. 简述宋代档案鉴定销毁制度。
3. 试述宋代架阁库的管理制度。
4. 试述元代照刷磨勘文卷制度的主要内容及意义。

参考书目：

唐长孺：《吐鲁番出土文书》，文物出版社，1984年。

林聪明：《敦煌文书学》，台湾新文丰出版股份有限公司，1996年。

王金玉：《宋代档案管理研究》，中国档案出版社，1997年。

刘后滨：《唐代中书门下体制研究：公文形态、政务运行与制度变迁》，齐鲁书社，2004年。

赵彦龙：《西夏文书档案研究》，宁夏人民出版社，2010年。

杨芹：《宋代制诰文书研究》，上海古籍出版社，2014年。

陈子丹：《元朝文书档案工作研究》，中国社会科学出版社，2014年。

史金波：《西夏经济文书研究》，社会科学文献出版社，2017年。

赵彦龙：《西夏档案及其管理制度研究》，中国社会科学出版社，2020年。

郭艳艳：《宋代赦书研究》，人民出版社，2021年。

钟文荣：《宋代文书违法及防治研究》，上海古籍出版社，2021年。

史金波：《西夏军事文书研究》，甘肃文化出版社，2021年。

孙继民：《黑水城出土文书研究》，甘肃文化出版社，2021年。

张笑峰：《黑水城出土元代律令与词讼文书整理研究》，中国社会科学出版社，2021年。

朱雷著、新疆维吾尔自治区博物馆编：《吐鲁番出土文书补编》，巴蜀书社，2021年。

王使臻：《敦煌公文研究》，光明日报出版社，2022年。

李全德：《信息与权力：宋代文书行政》，社会科学文献出版社，2022年。

徐燕斌：《溥天王土：宋代榜文与社会控制研究》，武汉大学出版社，2022年。

赵彦龙：《西夏文书种类功用及体式研究》，上海古籍出版社，2022年。

第一节　隋唐时期的档案和档案工作

一　本节内容要点

（一）隋唐专门档案的种类名称

（起居注、时政记、赋役档案、甲历档案、舆图档案、律法档案等）

（二）文档官吏在国家机关中的职任、地位

（三）文档官吏作用的演变过程及原因

（四）唐朝文书档案工作制度和律令

（五）甲库的设置、职任与管理

（六）唐史馆对档案的收集和利用

二　要点内容分析

（一）唐朝专门档案的种类名称

第三章 隋唐、宋、元的档案和档案工作

要掌握唐朝专门档案的种类名称：主要有记注档案、甲历档案、舆图档案、律法档案等。

1. 记注档案：记载封建统治者言行的文字材料。主要有起居注和时政记。起居注：古代记载帝王言行的册籍，起源于古代吏官记注。名称始于汉武帝《禁中起居注》。北魏后，置起居令史。至隋，置起居舍人二员。唐代，统治者更重视起居注的修撰，又加置起居郎二员。由于统治者重视，唐代记注最详。起居注是为记载皇帝"嘉言懿行"的，但作为最高统治者唯恐史官直书其短，于是唐高宗以后，规定记注史官随仗便出，不得备闻机务，因而起居舍人或起居郎只能在朝会时作例行礼仪的记录，机密的国政大事就无从记注了。时政记：皇帝与宰相的议政记录。长寿二年（693年）出现了时政记，仗下所言军国政要，由宰相一人撰录，封送史馆。

2. 赋役档案：（1）赋役档案的名称及其含义：唐朝赋役档案包括手实、计帐两种。手实：是由户主登录的本户人口、年龄以及受田数的户籍。计帐：是地方机关根据户籍（手实）造报的第二年的赋役册（预算）。（2）赋役档案与我国封建社会特点的关系：在我国封建社会，个体农户是国家赋役的基本单位，因为我国封建专制制度是在国家编户制下小农经济基础上形成的，在这种编户制下，国家承认个体农户拥有相对独立的所有权，但国家仍拥有最高的所有权和支配权。其突出表现为国家向控制的每个编户农民按地亩和人丁征收赋税和征发劳役，即"有田就有租，有身就有庸"。因此，封建政府直接控制的农户越多，中央集权的统治力量也越巩固。可知人丁户口、赋税钱粮既是封建王朝的经济命脉，又是其统治基础。对于这类档案，统治者是很重视的。

（二）文档官吏的职任、地位及作用的演变

应掌握隋唐时我国文档官吏在国家机关中职任、地位、作用演变的过程及原因。

这一变化总的线索表现为他们由记注、典守、撰史的职任演变为单一的掌典文书档案职任，从而在作用、入选条件和地位上引起一系列的连锁变化。

这一变化是由两方面社会因素造成的。

首先是由于隋唐时期政治制度的发展变化，国家机构的完备和职官分工的发展。这种分职是从两个方面进行的。一方面是记注和典守职掌的分

离。北魏开始设置专职起居令史专掌记注。隋唐时在中书省、门下省设起居官员专掌记言和记事。这样，记注史官和文档官吏随即分职为二。另一方面自东汉修《汉书》起，经魏晋南北朝至隋唐，逐渐形成了官修史书制度，也就形成了一批专职编史的官员（称普通史官），史官由东汉兰台令史，逐渐发展为专掌史任的著作郎。随着专职编史史官的形成，他们也从文档官吏群体中分流。这样，文书档案机构的官吏除主管官员外，多数只掌文书的抄录和典守，因而其人选条件就不一定像兰台令史那样要精选文学之士了，其地位也日益下降。

其次，由于隋唐时科举制度诞生，选官、用吏完全成为两条途径。科举成为入仕的正途，吏则不得参与科举考试。隋以后，官僚队伍中官和吏有了明确的区分。一般文书档案人员统称为"令史"，属不入品级的胥吏，统为三省六部的低级办事人员。因官吏界限森严，令史职位往往不易升迁。故隋代谚语称"老吏抱案死"，正是令史地位低微而不易升迁的写照。

隋唐时期令史地位下降，但其作用却逐渐增大。因为随着封建官僚制度的腐败，官员往往事不躬亲，文书档案职任由吏胥掌管，因此，他们对于封建政权的作用却是愈益重要。他们实际上承担了各级官府的日常行政事务，维持着国家机器的正常运转。但与此同时，他们往往凭借自己的职任，操纵把持文书档案，从中营私舞弊，故胥吏害政在隋唐以后日益严重。

（三）档案工作的制度和律令

1. 唐朝档案工作制度：（1）关于文书归档制度：要求文书经办完毕后，主管机关在文件上打上红色标记，并在文书上端写明年、月、日，然后送交库房收存；（2）关于档案统计制度：要求京师各机关都要于四月一日报尚书省，地方各州于六月一日报尚书省；（3）关于档案鉴定销毁制度：规定文案不须常留者，每三年一拣除。

2. 唐朝档案工作制度与我国封建律法发展的关系：从唐代文书档案工作制度可以看出，古代文书档案管理制度同其国家机器运行、封建政务效能是密不可分的。因此封建国家都要通过封建律法将文书档案制度确立和加强。可见古代文书档案制度发展的特点是与古代封建国家律法的发展结合在一起的，文书档案管理制度在封建律法中得到确立并固定。唐统治者把这些管理制度列入法律范畴，著录于封建法典，强制官吏遵照执行，目

第三章 隋唐、宋、元的档案和档案工作

的是加强官吏典掌文书档案的责任,防止或减少弊端,从而使档案工作严格按照统治者意图进行。因此,古代封建律法中的档案法规在保证档案完整安全和利用上起到了决定性作用。

(四) 甲库的设置、职任与管理

首先要明确甲历档案与甲库的含义。甲历档案是我国封建社会中期官员铨选、任用过程中形成的一种专门档案,可谓官员人事档案。甲库是唐朝中书、门下、尚书三省机关中分别设置的专门保管官员甲历档案的机构,这是国家机关中现行档案的专职管理机构。还要掌握甲库令史的入选条件:要求采择公清勤干人员充任,后又要求选派士人充任,以减少流弊。

还要掌握甲库产生的社会历史条件及意义,以及三省甲库的联系与区别。

1. 历史条件:唐代甲库的产生是唐代封建官僚制度进一步发展的产物。它的产生和科举制度的发展以及铨选制度的产生有直接关系。科举制是从隋代开始的封建王朝设科考试选拔官员的制度。唐时为确保任官权力完全集中到中央,又创立了铨选制度,所谓铨选制度就是除王朝中央最高官员由皇帝直接任命外,其余官员一般由吏部按照选补某种官缺的需要和规定统一选补,无论是考试、门荫还是原官起复都由吏部统一铨选后报丞相,再上奏皇帝。五品以上制授,六品以下敕授。由于铨选制度的实行,吏部要对候选人员的各种材料(包括履历、考绩、职名等)进行审核,确定任用,所谓"据其状以核之,量其资以拟之"。这类官员档案称甲敕、甲历或官甲。由于铨选官员数量很大,大量甲历档案随之形成,也就设置了专门保管甲历的库房,称甲库。

2. 意义:唐代甲库是我国封建社会中期出现的具有专门性质的人事档案库,它从一个方面反映了当时档案工作的发展。

3. 三库的联系与区别:甲历档案主要由吏部形成。吏部拟注之官,就形成"甲",经尚书省长官"署甲"后,过门下省。申门下的甲,称"官甲",谓之过官。"过官"即由门下审核。拟官不当,门下可予以驳正。门下省同意则由门下再过中书省。中书省同意则在所进官甲上画"可"字,称"敕甲",原件退回门下省归档。并抄送尚书吏部执行,盖"制可"骑缝印。对授官者,谓之告身。可知,三省甲库既有分工又有联系,形式上是中央三省机关三个官员人事档案库,实质上是一个统一的封建国家中央

人事档案库。

（五）史馆对档案的收集与利用

1. 首先要明确官修史书制度确立于唐太宗贞观三年（629年）；2. 接着重点要掌握唐史馆编史的成就并分析其原因：（1）原因：唐代官修史书制度的确立。这一制度的确立并不是偶然的。首先从唐统治者主观看，总的来说是在政治再度统一下加强封建统治的需要。隋唐时统一大帝国的再建，需要有统一的历史文化观点以扫除分裂割据的历史痕迹，所以通过改编前朝史、新编本朝史以巩固政治的统一。因而较前代更加强了对史书编纂的控制，确立了设置史馆的官修史书制度。另外与唐太宗的重视也有直接关系，他深知"以古为镜，可以知兴替"的道理，把历史作为吸取统治经验最好的教科书。其次从编史客观条件看，随着经济文化的繁荣，作为修史材料的各种典籍档案也大量增加，单凭私家个人的力量则以毕生精力都难以完成，而史馆的设立能收集大批史料，集诸家之所长，分工编修，成书比较容易。所以唐宋以后，凡纪传体正史，多是设馆官修的。而纸的发明，对于篇幅浩大的史书编纂也是有力的推动。为了编修国史的需要，还特制定《诸司应送史馆事例》，明确规定了各机关应送史馆档案的种类，负责报送的部门、报送方法和报送时限，内容详尽而具体。并规定，凡史馆编修所需的档案，可直接向有关部门去牒索取。（2）成就：由于官修史书制度的确立和《诸司应送史馆事例》的制定，在征集大量档案的基础上，唐代史书编纂是很有成就的。对前朝史的编纂：廿四史中有八史成书于唐朝史馆。对本朝史的编纂：由于史馆集中了大量的档案，唐王朝就有可能在此基础上纂修本朝史书。史馆修撰本朝的日历和实录，"日历"是根据每月封送史馆的起居注和时政记修撰的，"实录"是历代皇帝的编年大事记，唐以后，每一皇帝死后，都撰修实录，成为定制。在起居注、时政记、日历、实录基础上唐代还编修国史。典章制度汇编、政书的崛兴是唐代利用档案编纂的一大发展。《唐六典》是模仿《周礼》编定的有关职官制度的专著。《唐律疏议》是我国保存至今最早的刑法典。

三　练习题及参考答案

（一）填空题

1. 封建国家行政运转最主要的官文书有_____和_____两种。（诏令，奏议）

第三章 隋唐、宋、元的档案和档案工作

2. 四禁制度是专门针对负责起草_____的_____而制定的。

（皇帝诏令文书，中书舍人）

3. 唐代赋役档案有_____和_____两种，前者由_____登记_____、_____及_____，后者同春秋的_____、两汉的_____一样，是地方根据_____造报的来年的_____。

手实，计帐，户主，本户人口，年龄，受田数，计书，计簿，户籍（手实），赋役册（预算）

4. 唐朝的记注档案主要有_____和_____；律法档案主要有_____和_____。

（起居注，时政记，《唐六典》，《唐律疏议》）

5. _____与_____的性质基本相同，都是古代记录帝王言行的册籍。

（起居注，实录）

6. 起居注起源于古代_____，名称始于汉武帝_____。

（史官记注，《禁中起居注》）

7. 唐代实行_____，凡参加_____、_____者，其_____、_____、_____以及_____、_____等情况均有详细记载，称_____、_____或_____，在三省分别设有_____，称_____，并设有专门的管理人员，叫_____。

科举制，省试，选试，姓名，职名，履历（籍贯），考绩，考选，授官，甲历，甲敕，官甲，甲库，三库，甲库令史

8. 唐代在史馆档案库设有_____、_____、_____和_____、_____等职官，负责_____和_____各部门报送的档案，并兼司_____，以供_____采用。

（修撰，直馆，楷书，典书，掌固，整理，编次，抄录，修史）

9. 唐史馆通过_____和_____的规定，收集了广泛而详细的档案副本。

（《诸司应送史馆事例》，《牒索》）

10. _____汇编、_____的崛兴是唐代利用档案编纂的一大发展。

（典章制度，政书）

11. 唐代新出现的史书类别有_____和_____。

（时政记，日历）

12. 我国目前所见最早的纸质档案原件是_____，形成于_____。

《唐代开元年间残档》，唐开元二年（即公元714年）

13. 现存唐朝历史档案主要有新中国成立前发现的_____和_____。

（敦煌石窟遗书，吐鲁番文书）

14. 中国古代报纸统称为"_____"，也可以称为"_____""_____"等。

（邸报，邸抄，报）

15. 刘知几将史籍区分为"_____"和"_____"两大类。

（当时之简，后来之笔）

16. 孙思邈的_____为后代医疗科技档案_____的编纂做出了贡献。

《备急千金方》（或《千金要方》《千金方》），方书

（二）判断题

1. 尚书省负责对中书省草拟的文书进行审核、封驳。

（错。门下省负责对中书省草拟的文书进行审核、封驳。）

2. 唐朝的文书档案监督检查制度称为公文签押、判署制度。

（错。唐朝的文书档案监督检查制度称为勾检制度。）

3. 唐代宦官机构也是文书档案工作机构中的一个重要部分。

（对。唐中叶以后，在宫中设置枢密使和宣徽使，均由宦官掌管，负责承受奏章，传达诏旨，使宦官的权力进一步扩大。）

（三）名词解释

1. 起居注：我国封建社会特有的记载帝王言行的档案册籍，是对当朝帝王起居言行的记录。起源于古代史官记注，汉代已出现，名称始于汉武帝《禁中起居注》，但其编修至南北朝才形成定制，并沿袭至清代。它兼有记注档案和编年史书的性质，为后世编修实录、国史提供材料。

2. 时政记：皇帝与宰相的议政记录。唐代长寿二年（693年）出现，由宰相负责记录。内容为"仗下所言军国政要"，每月封送史馆。因为按月封送，故称时政记。

3. 记注档案：记载封建统治者言行的文字材料。

4. 赋役档案：即春秋战国、秦朝的计书和两汉的计簿。隋唐的赋役档

第三章 隋唐、宋、元的档案和档案工作

案分为手实和计帐两种。手实是户主登录本户人口、年龄及受田数的户籍；计帐是地方机关根据户籍（手实）造报的第二年的赋役册（预算）。

5. 甲历档案：是我国封建社会中期在官员铨选、任用过程中形成的一种专门档案。

6. 甲库：是唐朝专门保管官员甲历档案的机构，分别设置于中书、门下、尚书三省机关中，也是国家机关中现行档案的专职管理机构。唐代甲库是我国封建社会中期出现的具有专门性质的档案库，它从一个方面反映了当时档案工作的发展。

7. 《诸司应送史馆事例》：唐史馆征集档案史料的法律性文件。它明确规定了各机关应报送史馆的档案文件种类、负责报送的部门、报送方法和报送时限，内容详尽而具体。

8. 实录：是以帝王为中心辑录一朝事迹的编年史。其编纂始于南朝齐、梁间，但未形成定制。唐代逐渐形成继位皇帝为先帝编修实录的惯例，后代相沿成为定制。具有档案文献汇编性质。

9. 政书：是中国古代记述典章制度的典志体史书。唐代是政书编纂的崛起时期，既有汇聚历代典章制度沿革的《通典》，又有汇总一代典章制度演变的《唐六典》《唐会要》。一般分为两大类：一类是记述历代典章制度的通史类政书，名称中一般有"通"字，如"通典""通志"；另一类是记述某个朝代典章制度的断代式政书，称为"会典""会要"。

10. 吐鲁番文书：是继敦煌文书之后我国重要的文化遗产。其种类和内容包括各级政权在处理日常公务中形成的符、帖、牒、状等官府文书，审理案件的对案辩词，授勋封官的告身，行旅往来的过所和公验，反映民间租佃、买卖、雇佣、借贷活动的各种契约，记载百姓自报户内人口、田亩及赋役承担情况的手实等。

（四）问答题

1. 唐代皇帝颁发的文件有哪三种？
（制、敕、册）

2. 唐朝的皇命文书主要有哪七种？
（册、制书、慰劳制书、发日敕、论事敕书、敕旨、敕牒）

3. 唐代皇帝的专用文书有哪六种？
（制、敕、册、令、教、符）

4. 唐代最具权威、最重要的下行文书是什么？

（制、敕）

5. 制敕的拟定有哪两个重要环节？

（一是承制，即领旨；二是写制，即草拟）

6. 唐朝宰相的办公机构称为什么？内设哪五房？

（政事堂，吏房、枢机房、兵房、户房、刑礼房）

7. 内制与外制有什么区别？分别由何人撰拟？

（内制是拜免将相、号令征伐、立皇后、定太子等重要诏书，外制只是一般诏书。前者由翰林学士撰写，用白麻纸；后者由中书舍人撰拟，用黄麻纸。）

8. 唐代臣僚上呈皇帝的文书有哪六种？

表、状、笺、启、牒、辞（奏抄、奏弹、露布、议）

9. 唐代专门起草皇帝诏敕文书的职官称为什么？

（中书舍人）

10. 起居舍人与起居郎的职责有何不同？

起居舍人主要是记录整理天子的制诏文书和言论（记言），起居郎主要是记录国家典礼和朝廷政事（记事）。

11. 唐宋时期的文秘职官称为什么？

（翰林学士）

12. 唐代官府间的平行文有哪三种？

（关、刺、移）

13. 唐代平民百姓之间往来的信函称为什么？

（辞）

14. 唐代授予官职的任命书叫什么？

（告身）

15. 唐代公文用纸主要有哪五种？

黄纸、白纸、青纸、无色纸、金花无色绫纸（金花无色白背纸）

16. 唐代首创的公文纠错制度称为什么？

（贴黄、押黄）

17. 唐朝文书档案监督检查制度称为什么？

（勾检制度）

18. 文书勾检的过程包括哪三个步骤？

（受文登记、检查、复查签字）

第三章　隋唐、宋、元的档案和档案工作

19. 目前已知最早的关于文书工作的准则是什么？

（四禁规定）

20. 隋唐公文传递的方式有哪四种？

（驿递、步递、递铺、驿使赍[jī，音"基"]送）

21. 唐代档案工作从文书工作中分离出来的标志是什么？

（甲历和甲库的出现。）

22. 甲历和甲库的出现表明了什么？

（表明唐代已开始将档案工作从文书工作中分离出来，成为一项独立的职业，这是档案工作成熟的一个标志。）

23. 隋唐档案工作发展的重要标志是什么？

（出现了档案工作律令。）

24. 唐宋文书工作成熟的两个重要标志是什么？

（一是制定了全面而具体的法律条文，使文档工作制度化、法律化；二是公文文体种类不多、较为统一、简明易行。）

25. 唐代对档案工作的最大贡献是什么？

（把文书档案管理制度纳入法律范畴，著录于封建法典，强制官吏遵照执行。）

26. 古代文书档案制度发展的特点是什么？

（与古代封建国家律法的发展结合在一起，文书档案管理制度在封建律法中得到确立并加强。）

27. 唐朝规模最大的档案库是什么？

（唐史馆）

28. 我国历史上第一份关于档案工作的专业性文件是什么？

（《诸司应送史馆事例》）

29. 我国现存最早的一部行政法典是什么？

《大唐六典》（30卷），（唐）李林甫等撰

30. 我国现存最古老、最完整、最系统的一部封建法典是什么？

（《唐律疏议》，是唐朝刑律及其疏注的合编，共30卷，长孙无忌等修订，由"律"和"疏"两部分组成。）

31. 唐代第一部大型官修谱牒是什么？

（《氏族志》）

32. 唐代利用档案编纂的一大发展是什么？

（典章制度汇编、政书的崛起。）

33. 我国最早的一部政书是什么？作者是谁？

（唐）刘秩编纂的《政典》35卷

34. 我国现存的第一部政书是什么？作者是谁？

（《通典》，此书创立了综合性典志体通史的形式。作者是唐代杜佑。）

35. 我国历史上第一部史学通论著作是什么？作者是谁？

（《史通》，唐代学者刘知几著。）

36. 刘知几将史籍区分为哪两大类？

（一是"当时之简"，指史料，或称为史料书；二是"后来之笔"，指史籍，或称为历史著作。史料是史书编修的基础和依据，两者之间既有区别又有联系。）

37. 我国现存最早的一部类书是什么？作者是谁？

（隋）虞世南《北堂书钞》

38. 我国现存最早的图书四部分类目录是什么？

（《隋书·经籍志》）

39. 唐代新出现的史书类别有哪两种？

（时政记、日历）

40. 古代记录帝王言行的册籍主要有哪两种？

（起居注、实录）

41. 我国古代编纂实录的材料来源主要有哪四种？

（起居注、时政记、日历、诸司文牍档案）

42. 我国官修史书制度正式确立于何时？

唐太宗李世民贞观三年（629年）

43. "二十四史"中有哪几种是唐代编纂的？

（8种：《晋书》《梁书》《陈书》《南史》《北史》《北齐书》《北周书》《隋书》。）

44. 我国现存最早的图经是什么？

（编修于唐开元年间的《沙州图经》，于清末在甘肃敦煌石室中发现，仅剩残卷。）

45. 现存唐朝历史档案主要有哪两大类？

（新中国成立前发现的敦煌石窟遗书和吐鲁番文书。）

第三章 隋唐、宋、元的档案和档案工作

46. 敦煌遗书发现于何时何地？发现者是谁？共约多少件？

清光绪二十六年（1900年）五月二十六日，敦煌莫高窟藏经洞（千佛洞），道士王圆箓，共计4万余件（一说总数约6万卷），其中佛经约占90%。

47. 吐鲁番出土文书大致可分为哪四类？被誉为什么？

（公文书、私文书、古籍、佛道经卷，"高昌历史的秘密资料库""西域文化的地下博物馆"）

48. 世界上最古老的星图档案是什么？绘制于何时？现存何处？

（《敦煌星图》，绘制于唐中宗时期，约公元705年至公元710年间，即公元8世纪初，现藏于英国国家图书馆。）

49. 世界上现存最古老的报纸是什么？发行于何时？现存何处？

《进奏院状》（敦煌邸报），发行于唐僖宗光启三年（887年），现存于英国大不列颠图书馆。

50. 何谓"石经"？今存中国历史上刊刻最早、最完善的石经是什么？

（是指将儒家经典刻写于石上。唐代的《开成石经》，亦称《大和石经》。）

（五）简述题

1. 除政务文书外，唐朝有哪些专门档案？

除政务文书外，唐朝专门档案主要有记注档案、甲历档案、赋役档案、舆图档案、律法档案等，这是我国封建社会几类基本档案。

2. 文书档案工作四禁制度的内容是什么？

四禁制度是专门针对负责起草皇帝诏令文书的中书舍人而制定的。其内容为"漏泄、稽缓、违失、忘误"。即在起草文书时，必须注意保守机密，及时迅速，并杜绝出现遗忘和其他差错。

3. 唐朝文书、档案工作律令有哪些？

唐朝法律内容广泛，涉及文书、档案工作的律令有：针对文书起草的避讳制度；针对文书邮递及处理的制度；针对文书保密的规定；针对伪造、盗窃、毁坏文书档案者的处罚规定。

4. 唐代勾检制度主要有哪些特点？

唐代勾检制度主要有三个特点：勾检以律令格式为依据，按制度稽查，而不是凭勾官个人的贤愚或能力办事，这使勾检制度有了一个客观统

一的准绳；勾检官吏的普遍存在；勾检方法是本官府内部勾检与上下级勾检相结合。

5. 唐代甲库采取了哪些管理措施？

唐王朝为加强甲库中甲历档案的管理，曾多次采取措施。（1）德宗年间规定，除在三省甲库存贮甲历外，还要多制一份送内库保存，以防万一。（2）宪宗年间，要求吏部甲库所存年代久远的甲历，依照旧件分期分批重新修写，以便日后铨选时查用。（3）文宗时规定：甲库甲历要经常检点收拾，不得有妄加破坏、涂抹、失落等情事。如有违犯，要按例处罚。（4）严格规定官员升迁须查阅甲历。在铨选时对甲历的查阅也有明确规定：每届铨选，三库都要清检甲历，三库甲历完全相符，吏部才能授官。这些措施都是为了保证铨选制度的顺利实施。

（六）论述题

1. 试述隋唐时期文书档案官吏的地位及其演变。

隋唐时期文书档案官吏存在高级文书档案官员和低级文书档案工作人员之分。高级文书档案官员，一般通过科举考试、名士征召，或从低级提拔等几个途径来选拔。

另外，宦官人员也是高级文书档案官吏中的重要成员。

中央和地方国家机关中一般掌理文书档案工作的书佐、令史等，数量最为庞大。隋唐时期令史地位下降，但其作用却逐渐增大。因为随着封建官僚制度的腐败，官员往往事不躬亲，文书档案工作任由胥吏掌管，因此，他们对于封建政权的作用愈益重要。

2. 试述唐朝史馆对档案的收集和利用。

唐太宗把史馆移到皇帝直接控制的门下省，统由宰相领导，这种设馆官修史书制度一直沿袭到清朝，直至民国未变。

在唐代确立的利用档案设馆修史制度，是在国家再度统一之下加强封建统治的需要；从编史的客观条件看，随着经济文化的繁荣，各种档案典籍也大量增加，史馆的设立，能收集到大批史料，成书比较容易；唐朝史馆组织十分完备；在征集大量档案的基础上，唐代史书编纂很有成就；除史馆利用档案编纂各类史书外，唐代利用谱牒修撰也很盛行。

第二节 宋朝的档案和档案工作

一 本节内容要点

（一）宋朝中央收藏档案典籍的馆阁（崇文院和秘阁）
（二）皇帝档案库（11座）
（三）金耀门文书库
（四）架阁库的普遍建立
（五）文档吏员选任途径（子弟承袭、保引、投名）
（六）千字文编号法
（七）宋朝的档案销毁鉴定制度
（八）利用档案编史修志的发展

二 要点内容分析

（一）宋朝中央和皇帝档案库

宋朝中央收藏档案典籍的馆阁是崇文院和秘阁。此外宋朝还建立了皇帝档案库。其产生的历史条件是：随着宋朝中央集权的空前强化，皇帝档案和世系从王朝中央档案保管机构中进一步分离出来，发展成为独立的、专门的帝王档案库。其收藏的档案包括：皇帝的诏令、谱系、诗文、典籍等。

（二）架阁库的普遍建立

1. 架阁库含义：宋代各级国家机关设置的保管现行档案的专职机构。

2. 架阁库最早设置的中央机构：中央机关架阁库最早出现在三省制敕库房中。由于中央集权的加强，制敕文书空前增多，制敕库房是中书、门下、尚书三省机构设置的专门编录和保管制敕文书的机构，在制敕库房中设有架阁库，负责收贮皇帝诏令、制书和条例格式，同时也保存机关的一般文书档案。

3. 宋地方机关最早设置的架阁库：最早的史料记载是北宋仁宗时周湛任江西转运使，他曾创千文架阁法，即指档案以年、月、日先后为序的连粘保管法，使得收掌档案严密有序，防止了档案的丢失，并且也提高了查找效率，因而得到了朝廷的表彰和推广。之后，架阁库在各州县很快普遍设立起来。

4. 架阁库官吏的选任条件：宋统治者对于中央机关架阁库主管官员的任用十分重视，"择选人有时望者为之"。宋代文书档案吏员也有一定的资格规定，在品行、文化、家业、年龄等方面都有具体要求。

5. 文档吏员选任途径。

文书档案吏员的选任有如下几个途径：一为子弟承袭；二为保引，即在职官吏保引亲属子弟为吏；三为投名，即自荐，宋代规定投名人须试验书读能力，内容是《诗》《书》《孟子》等，读三百字不差十字为合格；四为考选，即每年春天在京百司统考录用吏人。考试内容多为律文疏议。

6. 金耀门文书库的收藏制度：金耀门文书库主贮三司、六部的档案，这些档案在本衙署主管部门存贮二年，交本部架阁库保存八年，再送交金耀门文书库。

7. 千字文编号法：即以《千字文》中的一千个字前后为序列的编号法，如以天、地、玄、黄、宇、宙、洪、荒等字编号（至民国时期发展为用千字文为字头的两级编号法，如天字第×字、地字第×号）。千字文编号法在宋代运用较为广泛。

8. 宋朝的鉴定销毁制度：关于鉴定、销毁，宋王朝规定制书和其他重要文书要"长留"；各架阁库档案非应长留者，留十年，每三年一检简。凡需销毁者差官复查，签署销毁；凡需长留者，移存"别库"架阁。长留与销毁者都要求在原登记簿上用朱笔注销，写明"除""移"年月，并经差官签署。

9. 宋朝架阁库产生的历史条件、架阁库的设置及其意义：（1）历史条件：架阁库在宋朝普遍设置不是偶然的，一方面是宋统治者加强中央集权的需要，另一方面也是魏晋以来纸质文书急剧增长需要扩大贮藏。（2）中央和地方架阁库的普遍设置：中央机关架阁库最早出现在三省制敕库房中。除三省外，尚书省的六部也分别设有架阁库，最高军事行政领导机构枢密院及掌管财政的三司也设有架阁库，其他中央机关也分别设有存贮各种不同档案的架阁库。宋王朝还设有中央档案库，称金耀门文书库。宋朝各级地方机关也陆续设置架阁库。最早的史料记载是北宋仁宗时周湛任江西转运使，他曾创千文架阁法，得到朝廷的表彰和推广，之后，架阁库在各州县很快普遍设立起来。宋代开创的架阁库制度，此后历朝也都沿袭。（3）历史意义：宋代开始的架阁文书、架阁库机构普遍设置及其确立的一套管理制度,在中国档案事业史上是有重大意义的变革,它开创了广泛范围内普遍保存文书档案的途径,为档案提供政务利用和日后编史等工作创造了有利条件。宋朝国家机关普遍设置的架阁库,是我国近现代机关档案室的雏形。

(三)利用档案编史修志的发展

1. 利用档案编史发展的标志:一是宋代编纂档案文件机构的增多;二是利用档案编纂史书的范围更加广泛。

2. 关于宋朝中央机构设置的编修机构及编修的主要内容:宋代中央一些重要机构都设有编修司,负责本机构档案文件的汇编。中书省设有详定编敕所,负责编录中书省颁发的条例和敕令格式。枢密院也设有编修司,主要汇编本部门保存的军事档案。中书省枢密院还负责集录起居注、时政记。起居注、时政记属当时最高机密,宋代编写的起居注超出了皇帝个人言行举止范围,同时记载了当时的国政大事。日历所编修日历,日历除以起居注和时政记作为基本材料外,还要收集内外官衙收到的皇帝诏令以及大臣传记等档案。实录院编修实录,实录根据日历编成。会要所编撰会要,会要是一种政书,是断代经济政治制度的汇编,详记一代典章制度,宋代还修纂本朝国史,编有三朝国史、四朝国史等。

3. 宋时方志体例的形成:地方志的修纂在宋代有很大发展。我国方志起源很早,但是方志具备地方志完整的体例,成为后世志书的定型,是从宋代开始的,也可以说宋代是我国方志进入成熟阶段的时期。志书是以地域为记载中心的史书,唐以前的方志,主要内容是自然地理方面,宋以后扩展至人文方面。

三 练习题及参考答案

(一)填空题

1. 宋代的专门档案有_____和_____。

(赋役档案,律法档案)

2. 宋代百官上的奏章要将其_____、_____、_____书于文书的_____或_____,这一制度称为"引黄"。

(内容要点、日月、道里,封面,文首)

3. 两宋共建立_____座皇帝档案库,最早建立的皇帝档案库称_____。

(11，龙图阁)

4. 宋朝中央收藏档案典籍的馆阁是_____和_____。

(崇文院，秘阁)

5. 宋代在_____、_____、_____及一些_____、_____都建立了架阁库，由本部门的_____统领，主要负责收贮_____、_____及其他_____。

(三省，枢密院，三司，寺，院，制敕库房，制书，诏令，文书档案)

6. 宋代中央机关架阁库最早出现在_____，王朝中央档案库称_____。

(三省制敕库房，金耀门文书库)

7. 制敕库房是_____、_____、_____三省设置的专门编录_____和提供_____的机构。其中的架阁库收贮_____、_____和_____，保管机关的_____。

(中书，门下，尚书，制敕文书，典章条例，皇帝诏令，制书，条例格式，文书档案)

8. 宋朝规定，州县的架阁库由_____、_____、_____、_____等官员掌管，同时还设有一定数量的_____、_____等具体工作人员。

(知州，县令，丞，主簿，管勾，守当官)

9. 宋朝国家机关普遍设置的_____，是近现代_____雏形。

(架阁库，机关档案室)

10. 宋朝按档案的_____确定_____，凡事关_____的_____，如_____、_____、_____、_____、_____、_____等，为_____，非长留者存_____年，_____年一_____。

(重要性，保管期限，王朝大政，重害文书，祥瑞，解官，婚，田，市估，狱变，长留，十，三，检简)

11. 宋代新出现的文书官吏有_____和_____两种。

(押司，贴司)

12. 南宋档案的保管期限分为_____和_____两种。

(长留，留十年)

13. 宋代档案立法的内容主要集中在_____和_____等法典之中。

第三章 隋唐、宋、元的档案和档案工作

(《宋刑统》,《庆元条法事类》)

14. 北宋仁宗时_____任江西转运使,曾创_____。

(周湛,千文架阁法)

15. 最早以"金石"作为书名的著作是_____,作者是_____。

(《金石录》,曾巩)

16. 金石学是比_____更早的一门历史学分支学科,又称为"_____"。欧阳修的_____、赵明诚的_____是我国历史上最早研究金石学的专著。

(甲骨学,欧赵之学,《集古录跋尾》,《金石录》)

17. 我国现存最早、最有系统的器物图录是_____,作者是宋人_____。

(《考古图》,吕大临)

18. 司马光利用档案资料_____多种,历时_____年,终于完成了_____卷的_____通史_____(原名_____),此书与_____齐名,被誉为古代史学的_____。

(200,19,354,编年体,《资治通鉴》,《通志》,《史记》,"双璧")

19. 我国第一部纪事本末体史书是南宋人_____编著的_____。

(袁枢,《通鉴纪事本末》)

20. 南宋最有名的三部当代史是_____、_____、_____。

《续通鉴长编》(李焘),《三朝北盟会编》(徐梦莘),《建炎以来系年要录》(李心传)

(二) 判断题

官府之间的平行文书除了沿用前朝的关、移、牒之外,新增了咨报、札子。

(错。官府之间的平行文书除了沿用前朝的关、移、牒之外,新增了咨报、密白。)

(三) 名词解释

1. 架阁库:宋代始设的以架阁形式保管现行文书档案的专职机构。中央机关架阁库最早出现在三省制敕库房中,各级地方机关也陆续设有架阁库。宋朝规定,州县的架阁库由知州、县令、丞、主簿等官员掌管,同时还设有一定数量的管勾、守当官等具体工作人员。

2. 金耀门文书库:宋王朝中央设置的收贮档案的机构。是宋王朝的中

央档案库。位于都城汴梁（今开封）金耀门外，始建于宋景德三年（1006年）。当时规定：三司、六部的档案在本衙署存贮一定时期后交金耀门文书库保存。

3. 千文架阁法：宋仁宗时江西转运使周湛创立的档案保管方法。即指档案以年、月、日先后为序的连粘保管法。这种方法使得收掌档案严密有序，防止了档案的丢失，并提高了查找效率，因而得到朝廷的表彰和推广，要求"诸路为法"。

4. 日历：是以档案材料为主的编年体史料长编。主要取材于起居注和时政记，还包括诸司报状、《宣喻圣语》及立传人物的墓志行状，内容丰富、篇幅浩繁。唐代后期开始编纂，但未形成定制。宋代成为定制，并设有专门修纂机构日历所。元以后停止编修。

（四）问答题

1. 宋代官府之间的上行文书是什么？

（申状）

2. 宋代的专门档案有哪些？

（赋役档案、律法档案）

3. 宋朝公文形式的重大改革是什么？

（公文书的形式由卷轴式改为折叠式，便于保管、递送和翻阅。）

4. 宋朝文书传递的一大革新是什么？

文书传递改为军邮（军事化）。

5. 宋朝新创立的一种文书制度是什么？

（引黄制度）

6. 宋代的"贴黄"和"引黄"分别指什么？

（"贴黄"是文书的补充说明，用黄纸书写贴于奏章之后。宋朝上奏文书都用白纸书写，书写完毕后意犹未尽时，可以补充说明，将内容择其概要，写在黄纸上，附于正文后面，这就是宋代的贴黄制度。"引黄"是文书摘要，把奏章的主要内容摘录于黄纸上，贴于文书内或封皮前。宋朝时百官上书皇帝的奏状须将内容要点、日期、地点等写在黄纸上，贴于奏状的封面或公文前，称为"引黄"，也就是一种摘由制度。）

7. 宋代中央政府处理文书的总枢纽是什么？

通进司（通进银台司或银台通进司）

8. 隶属门下省的与文书档案工作有关的机构有哪些？

第三章 隋唐、宋、元的档案和档案工作 81

（登闻鼓院、登闻检院）

9. 两宋共建立多少座皇帝档案典籍库？最早建立的皇帝档案库称为什么？

（11 座，龙图阁）

10. 宋王朝的中央档案库叫什么？

（金耀门文书库）

11. 宋代档案工作发展的主要标志是什么？

（架阁库的创立）

12. 宋代文档工作比唐代成熟的两个重要表现是什么？

（一是架阁库的普遍建立，表明文书工作与档案工作全面分离，档案工作进一步专门化；二是宋代文档管理的基本程序已经系统化并被沿用至今，成为现代文档工作的基础。）

13. 宋代架阁库的官吏称为什么？

架阁库主管官员称为"管勾"，具体掌管档案的吏员称为"守当官""勾当官"（名为官，实为吏）。

14. 宋代公文传递人员主要有哪三种？

（铺兵、曹司、节级）

15. 宋代新出现的文书官吏有哪两种？

（押司和贴司）

16. 宋代文书档案官吏通过哪些途径选任？

（子弟承袭、保引、投名、考选）

17. 宋代考核、鉴定、使用官员的凭证性文书叫什么？

（印纸）

18. 宋代的档案鉴定制度称为什么？

（检简）

19. 南宋档案的保管期限分为哪两种？

（长留和留十年）

20. 南宋在档案整理方面产生了什么重要制度？

（置册汇抄编录档案）

21. 宋代利用档案编史的发展标志是什么？

（一是编纂档案文件的机构增多，二是利用档案编史的范围更加广泛。）

22. 宋代专门修注、修志的机构分别叫什么？

（起居院，九域图志局）

23. 南宋新出现的一种法律文书编纂形式是什么？

（条法事类）

24. 宋代的四大类书是什么？

（《太平御览》《太平广记》《册府元龟》《文苑英华》）

25. 我国古代第一部工程建筑科技档案文献汇编是什么？

（北宋李诫编纂的《营造法式》，36卷，是中国古籍中最完整、最具有理论体系的建筑设计学经典，被誉为中国古代建筑的"语法"。）

26. 我国现存最古老的石刻星图是什么？

（北宋的《苏州石刻天文图》）

27. 我国现存最早的城市地图是什么？

《平江图碑》（《苏州城市规划地图》），南宋平江府即今苏州。

28. 最早以"金石"作为书名的著作是什么？作者是谁？

（《金石录》，曾巩）

29. 我国传世最早的金石学专著是什么？作者是谁？

（《集古录》，欧阳修）

30. 宋代研究金文和石刻文字的著名学者和著录有哪些？

（欧阳修的《集古录》、赵明诚的《金石录》）

（五）简述题

1. 宋代的文书工作制度有哪些？

宋代的文书工作制度有：公文用纸制度；重申公文一文一事制度；补充公文拟写制度；完善公文折叠制度；严格了公文的签押、用印和判署制度；详细了公文的装封、编号制度；公文邮递制度；公文收发登记和催办制度；公文移交制度；文书工作中的保密制度。

2. 两宋时期建立的皇帝档案典籍库有什么作用？

两宋时期共建立11座皇帝档案典籍库，分别收藏各朝皇帝的档案。皇帝档案典籍库的设置一方面表明封建专制制度在宋代进一步发展，另一方面也是档案机构发展的标志。

3. 宋代建立架阁库的原因是什么？

架阁库不仅是档案保管装具的变革，同时还是宋代各级国家机关设置的保管现行档案的专职机构。架阁库在宋朝普遍建立不是偶然的,一方面是宋统治者加强中央集权的需要,另一方面也是魏晋以来纸质文书急剧增长需要扩大存贮空间的要求。

4. 宋朝设置的架阁库制度有什么意义?

宋代架阁库机构的普遍设立及其确立的一套管理制度,在中国档案史上是有重大意义的变革,它开创了在广泛范围内普遍保存文书档案的途径,为提供政务利用和日后编史修志创造了有利条件,宋朝国家机关普遍设置的架阁库,是近现代机关档案室的雏形。

(六) 论述题

1. 试述宋代档案鉴定制度。

宋王朝明确规定:凡制书和其他事关王朝大政的重要文书要"长留",各架阁库档案非应长留者,存 10 年,每 3 年一检简;需销毁者要申报上级,差官复查,签署销毁;需长留者,要移存"别库"架阁。长留与销毁者都要求在原登记簿上用朱笔注销,写明"除""移"年月,并经差官签署。远在 740 多年前的宋代,就已经形成较完备的鉴定程序,这不能不说是我国封建社会档案工作上的一大发展。

2. 试述宋代架阁库管理制度。

架阁库管理制度有:档案集中;立卷制度;登记编号制度;分类制度;鉴定、销毁制度;供检利用制度;档案移交制度;档案保护制度。

宋代架阁库的管理制度涉及档案工作的各个环节。(1) 王朝中央六部的档案,在各部保存 2 年后送架阁库,架阁库保存 8 年后移交金耀门文书库;(2) 架阁库档案经分门别类整理登册,以千字文为序登录并编排,写明封题、事目、年月日和张数;(3) 架阁库的档案不得交杂损失,要时以晒曝,如有"漏落""被水漂坏""为火所焚",要雇人誊写补齐;(4) 凡事关王朝大政的"重害文书"为"长留",非长留者存 10 年,每 3 年一检简;(5) 销毁档案须报上级复核,差官签批;(6) 利用档案须"委官一员,监视出入",并限期归还注销;(7) 掌管档案的官员在更替时应办理移交手续,丢失或损坏档案要受到刑事处罚。

第三节　元朝的档案和档案工作

一　本节内容要点

（一）元朝文书档案机构和官吏

（二）元朝文书档案管理制度

（照刷磨勘文卷制度、架阁管理制度、区别文字分别架阁制度、当面交卷制度、周年交案制度、不得私藏官府文卷制度）

（三）元朝档案的编纂和利用

（四）现存元朝历史档案

（黑水城元朝档案发掘的时间和数量）

二　要点内容分析

（一）元朝文书档案机构和官吏

中书省、六部架阁库设置及各机关架阁库主管首领官名称：中书省设有架阁库、蒙古架阁库和回回架阁库。六部分置左部（吏、户、礼）、右部（兵、刑、工）架阁库。各机关架阁库主管首领官称"管勾"。

（二）元朝文书档案管理制度

1. 照刷磨勘文卷制度的内容及其对档案工作的作用：照刷磨勘文卷是对政府文卷的定期检查审核，看有无稽迟、失错、遗漏、规避、埋没、违枉等情弊，有则限期改正。照刷磨勘文卷由御史台、行台、肃政廉访司负责施行，最初每季一次，后改为"上下半年通行照刷"。每次照刷新卷，都要对上次照刷未被通过的文卷进行磨勘。照刷文卷的项目相当多，包括文字上有无刮补涂注，文义上有无差错谬讹，时间上有无倒题、改抹月日，等等。文卷经过监察御史详细照刷后，根据检查情况，分别注明照刷结论：没有上述差错的文卷，在刷尾纸上注明"照过"二字；检查出差错的文卷，则在刷尾纸上标明"违错"；对那些逾期未结，超过规定办文程限的文卷，要注明"稽迟"。负责照刷的官员要在文卷上盖印署名，以示负责，并对办理完毕照刷无误的文卷标明"已绝"字样，对违错稽迟文卷，则标明"未绝"。照刷磨勘文卷制度在一定程度上提高了文书处理的速度和质量，同时对档案管理产生了积极的影响，是一项改善吏治、提高政府办事效率的重要措施。

2. 架阁管理制度：官府文卷照刷后，"已绝"经刷文卷由文书承办人员每季分拣整理一次，在文卷上写明"事目"和"首尾张数"，并以年月顺序编排登记，再经检勾人员亲自检查无误后，才能送架阁库归档。架阁库接到档案后，要为档案编立字号，写明封题，按照一定的方法上架存贮。检用档案要登记，用完后必须立即送还，架阁库再予以勾销。

3. 区别文字分别架阁制度：元帝国横跨亚欧两大洲，各民族使用着不同语言和文字，包括畏兀儿文、八思巴蒙古文（蒙古新字）、汉字、西夏文、契丹文、藏文等。在政府文移中主要使用前三种文字，为此，在中书省分别设置了架阁库、蒙古架阁库、回回架阁库，区别文字，分别架阁，并设有蒙古、回回架阁库管勾专管。这既有利于对汉人、南人的防范，适应其"四等"民族的歧视政策，也方便了档案的管理和利用。

4. 当面交卷制度：元朝机构重叠，官制紊乱，致使文卷多有丢失，积年案牍，检寻不见，多因新旧人吏交付不明，相互推诿。因此规定：遇有人吏交代，责令当面对卷。

（三）现存元朝历史档案：主要掌握黑水城元朝档案发掘的时间与数量。20世纪初，一些外国"探险队"先后在这里盗掘了一大批文书和大量珍贵文物。20世纪70年代，甘肃省和内蒙古自治区的文物考古工作者，曾多次组队到黑水城考察，又发现了一些文书。1983—1984年，内蒙古自治区考古研究所等单位共同组成考古队，对黑水城进行全面的勘察和科学的发掘，出土元朝文书共计三千余号。

三 练习题及参考答案

（一）填空题

1. 元朝皇帝下发的诏令文书有_____和_____。

（诏书，圣旨）

2. 元朝的封赠文书有_____和_____。

（宣命，敕牒）

3. 元朝文书种类名称基本沿用前朝，也产生了省札、_____、_____等新文种。

（札付，咨付）

4. 元代仿照_____，在_____、_____、

_____、_____ 和 _____ 中普遍设置 _____、_____ 和 _____，配备_____、_____等官吏管理档案，负责收藏_____和_____档案。

（宋制，中书省，枢密院，御史台，通政院，六部，地方各级官衙，架阁库，蒙古架阁库，回回架阁库，管勾，典吏，前朝，本朝）

5. 元朝制定了 _____、_____、_____、_____、_____等文书档案管理制度。

（照刷磨勘文卷制度，架阁管理制度，区别文字分别架阁制度，当面交卷制度，周年交案制度，不得私藏官府文卷制度）

6. 照刷磨勘文卷是一种_____制度，由各级_____具体执行，中央由_____负责，地方由_____和_____负责，它_____施行，最初_____一次，后改为_____一次，其_____、_____及_____都有详细的细则。

（监督公文处理，监察机构，御史台，行御史台，肃政廉访司，定期，每季，半年，内容，方法，处罚）

7. 元朝在_____、_____ 和 _____ 都设有_____，掌_____、_____、_____及_____之事，是文书档案的_____。

（中央机关，行省，行台，照磨所，磨勘审核钱谷，计帐，刑狱，文牍，监察机构）

8. 元代的案牍吏员主要有_____、_____、_____、_____四种。

（令史，司吏，书吏，必阇赤）

9. 元代的翻译吏员主要有_____和_____两种。

（译史，通事）

10. 元代公文传递方式主要有_____和_____两种。

（驿站传递，急递铺传递）

11.《元朝秘史》记录了_____和_____两朝的事迹。内容可分为三大部分，分别是_____、_____、_____。

（成吉思汗，窝阔台汗，成吉思汗先人的世系谱、成吉思汗生平史、窝阔台简史）

12. 我国现存单独用畏兀儿文（回鹘式蒙古文）撰刻的碑文只有_____和_____两件。

第三章 隋唐、宋、元的档案和档案工作

(《也松格碑》,《云南王藏经碑》)

13. 昆明和大理各有一块著名的元代碑刻,分别是_____和_____。

(昆明筇竹寺的《白话圣旨碑》,大理古城三月街上的《元世祖平云南碑》)

14. 最早以"文献"作为书名的著作是宋末元初人_____的_____。

(马端临,《文献通考》)

(二)判断题

1. 元朝地方最高行政机构是中书省。

(错。地方最高行政机构是行中书省,简称行省。)

2. 元朝国家机构庞大,文书工作机构也很健全。

(错。尽管元朝国家机构庞大,但文书工作机构却不太健全。出于文书处理程式简便的需要,以及受游牧习俗的影响,元朝从中央到地方,各级官府内部专门文书机构很少,一般设有承发司负责机关文书的收发、启封、上呈下达。)

(三)名词解释

1. 照刷磨勘文卷制度:是元朝对政府文卷的定期检查审核制度。看有无稽迟、失错、遗漏、规避、埋没、违枉等情弊,有则限期改正。由御史台、行台、肃政廉访司负责施行,最初每季一次,后改为半年一次。是一项改善吏治、提高办事效率的重要举措。

2. 蒙古架阁库:元代在最高政务机关中书省设置的蒙文档案管理机构。

3. 《元典章》:元圣旨律令和条例的汇编。1303年编纂,分前后两集。收录了元世祖至英宗之间的各项诏令、敕旨、条令、条例等。

(四)问答题

1. 元朝皇帝下发的诏令文书有哪些?

(诏书、圣旨)

2. 元朝的封赠文书有哪些?

(宣命、敕牒)

3. 元朝臣僚的上奏文书有哪些?

(奏、启、表章)

4. 元朝中央品级较高的衙门相互行文都用什么文种？

（咨）

5. 元朝产生的新文种有哪些？

（省札、札付、咨付）

6. 元朝在政府文移中主要使用哪三种文字？

（畏兀儿文、八思巴蒙古文、汉文）

7. 元朝用于文书工作的新文字叫什么？

（八思巴蒙古文）

8. 元朝公文的书写有什么特点？

（一是多用简笔字和俗体字；二是多用赵体；三是很少有避讳。）

9. 元代出现的一种特殊形式的公文叫什么？

（汉文硬译公牍）

10. 元代监察官检查官府文卷称为什么？

（照刷或磨勘）

11. 我国封建社会文书传递的主要手段是什么？

（公文邮驿制度）

12. 元朝公文传递方式主要有哪两种？

（驿站传递、急递铺传递）

13. 元朝选拔官员的主要途径是什么？

（吏员出职制度："出职"指吏员脱离吏职出任官职。）

14. 元代的案牍吏员主要有哪四种？

（令史、司吏、书吏、必阇赤）

15. 元代的翻译吏员主要有哪两种？

译史（文字翻译）、通事（口语翻译）

16. "必阇赤"意为什么？分为哪两种？

书写的人（书吏），蒙古必阇赤、回回必阇赤

17. 元朝在档案利用方面有什么特点？

（一是对汉人严加防范，严格控制利用；二是注重对典章格例的编纂。）

18. 元朝在修史方面与其他王朝有什么不同？

（采用汉文和蒙文两种文字修史的做法，是其他王朝不曾有过的。）

第三章　隋唐、宋、元的档案和档案工作　　　　　　　　　　89

19. 元代典章制度的汇集有哪些？

（《经世大典》《元典章》）

20. 最早以"文献"作为书名的著作是什么？作者是谁？

（《文献通考》，宋末元初人马端临）

21. 第一部蒙古文文献是什么？

（《也松格碑》，亦称《成吉思汗石》）

22. 蒙古族的三大历史名著是什么？

（《蒙古秘史》《蒙古黄金史》《蒙古源流》）

23. 蒙古族三大古代历史文献是什么？

《元朝秘史》、《蒙古全史》（波斯人拉施特主编）、《元史》

24. 元代的三大农书是什么？

（元朝司农司编《农桑辑要》、王祯《农书》、鲁明善《农桑衣食撮要》）

25. 我国现存唯一用少数民族文字刻写的天文图是什么？现存何处？

（《蒙文石刻天文图》，现存内蒙古呼和浩特市五塔寺后照壁上。）

26. 昆明和大理各有一块著名的元代碑刻名叫什么？

（昆明筇竹寺《白话圣旨碑》、大理古城三月街《元世祖平云南碑》）

（五）简述题

1. 元朝有哪些文书管理制度？

元朝文书和档案管理工作已有了比较明显的分工，在管理制度上有了新的进展。建立了文书登记和勾销制度、行移公事程限和催办制度、圆签文书制度、照刷磨勘文卷制度、文书立卷制度、公文驿传制度。

2. 元朝建立了哪些档案管理制度？

元朝建立后，在加强文书工作的同时，重视对档案的收藏，并在文书工作制度的基础上制定了一套档案管理制度。具体有：架阁管理制度、区别文字分别架阁制度、当面交卷制度、周年交案制度、不得私藏官府文卷制度。

（六）论述题

试述元代照刷磨勘文卷制度的内容及意义。

为了加强统治的需要，元王朝在监督文书处理方面实行了照刷磨勘文卷制度。照刷、磨勘文卷是检查官府文卷有无稽迟、违错等情弊，从而借以揭发和纠正政务活动中各种弊端的一种手段。照刷工作由王朝各级监察机关负责，定期施行。照刷之后，根据文卷情况分别标明"稽迟""违错"或"已绝""未绝"等字样。处理完毕并经照刷没有差错的文卷，方可依例送库架阁。这一制度对纠正文书部门工作中的疏漏，提高文卷质量，防止档案的丢失和毁坏，以及改善各级官府的档案管理工作是有积极作用的。

第四章

明、清档案和档案工作

教学目标和要求：本章讲授明朝、清前期、清后期、太平天国的档案和档案工作。使学生了解和掌握明朝档案库的发展和档案的利用，清前期档案机构的建立、幕友和书吏、雍正对档案工作的整顿和档案管理制度，鸦片战争后档案和档案机构的变化、清末裁汰书吏、档案汇编与公布、对档案的破坏，太平天国文书档案、档案机构和档案人员以及档案的汇编公布和编修史书。

教学重点：皇史宬、《满文老档》、内阁大库、雍正整顿书吏的措施、裁汰书吏、《政治官报》、诏书衙、太平天国利用档案编史的特点

教学难点：明代档案库的发展，雍正对档案工作的整顿，清前期的档案管理制度，鸦片战争后档案和档案机构的变化，清末档案工作的整顿，太平天国文书档案、档案机构和档案人员

基本概念：后湖黄册库、皇史宬、古今通集库、《明大诰》、幕友、书吏、《满文老档》、内阁大库、红本库、《州县请立志科议》、缺主、《政治官报》、斯坦因、诏书衙、《太平诏书》、《贼情汇纂》

本章思考题：
1. 试述皇史宬的建筑特点及其对档案保护的作用。
2. 简述雍正整顿书吏的措施。
3. 试述雍正时期加强档案管理的措施及意义。
4. 试述康、雍、乾时期利用档案编史的成就。
5. 试析章学诚的档案学思想。
6. 简述《政治官报》的创办时间、性质及意义。
7. 试述清末文书档案工作的整顿措施。
8. 试析太平天国文书档案的形成及其特点。

参考书目：

庄吉发：《故宫档案述要》，"国立"故宫博物院印行，1983年。
雷荣广、姚乐野：《清代文书纲要》，四川大学出版社，1990年。
倪道善：《明清档案概论》，四川大学出版社，1990年。
栾成显：《明代黄册研究》，中国社会科学出版社，1998年。
秦国经：《中华明清珍档指南》，人民出版社，1999年。
杨启樵：《雍正帝及其密折制度研究》，上海古籍出版社，2003年。
王剑：《明代密疏研究》，中国社会科学出版社，2005年。
秦国经：《明清档案学》，学苑出版社，2005年。
朱从兵：《太平天国文书制度再研究》，合肥工业大学出版社，2010年。
庄吉发：《清朝奏折制度》，故宫出版社，2016年。
秦国经：《明代文书档案制度研究》，故宫出版社，2019年。
冯小红：《明清文书》，广西师范大学出版社，2021年。
孟烨：《清代州县裁判文书研究》，知识产权出版社，2021年。
王舒雅：《太平天国公文研究》，南京大学出版社，2021年。

第一节 明朝的档案和档案工作

一 本节内容要点

（一）明朝档案工作的建立
（二）明朝档案库的发展
（大本堂、后湖黄册库、皇史宬、古今通集库）
（三）明朝档案的利用
（政务利用；编纂皇帝实录、大诰以及典章制度；编史修志）
（四）现存明朝档案
（中国第一历史档案馆、辽宁省档案馆）

二 要点内容分析

（一）明朝档案工作的建立
1. 朱元璋自立吴王时设立的文书档案机构：朱元璋自立为吴王时，就开始设置百官,其中包括"置起居注官",保管自身活动积累的文字记载,并掌理诏书章奏等事务。在执掌军政的都督府设立照磨所,以加强文书档案的管理。

2. 明初收集元朝档案的措施:可分起义过程中和明王朝建立后两个时期叙述。(1)在起义过程中不断明令部下注意收集元王朝各项档案材料,同时也鼓励元朝将领携带图籍档案来投降。(2)洪武元年(1368年),明军攻下元大都时,朱元璋特诏命率军进攻的将领把元朝"秘书监、国子监、太史院典籍"收集起来,并诏令散失在军民之间者赴官送纳。洪武三年(1370年),朱元璋派将率领大军到沙漠追俘元顺帝后代,缴获很多档案文件送京报捷。这都说明朱元璋对元朝档案的重视。这些档案在取得军事上的胜利,巩固明初社会秩序,恢复和发展经济,建立各种制度等方面起到了重要的作用。

3. 明初加强档案工作的措施:(1)加强元朝的照刷文卷制度。要求各监察机构和官员对于所属照刷文卷之衙署要逐宗照刷,经照刷后,根据文卷照刷具体情况批示各种标记。照刷时还要检查案卷编制情况。这些都说明明代照刷文卷制度不仅是对官员处理政务的考核,同时也是对文书档案工作的全面检查。(2)朱元璋为掌握全国土地和户口的实际情况,以利于其统治政策的调整,对元朝原有档案记载进行了考核校正工作。(3)规定官吏上任必须要对档案进行验点工作。若有损缺不存者,需要采访抄写,如法收贮,永为遵守。上述措施,其主要目的虽然是考核官吏、整顿赋税,但客观上对加强各级官府,尤其是地方机关档案册籍的管理,也是一个有力的推动。

(二)明朝档案库的发展

1. 明朝档案库的类别:封建社会档案库至宋代发展为两大类型:一类属皇家档案库,专门保管帝王文书及其世系,明代的皇史宬属这一类型。这是宫殿建筑的重要组成部分,并且采用了当时适合档案保护的最高建筑技术。另一类是保存王朝中央和地方机关档案的库房,这类库房在建筑上则比较简陋,尽管在设计方面也考虑到适合档案保护的条件,但与宫殿建筑相比要简易得多,明朝中央文渊阁库楼、后湖黄册库等,都属后一类。

2. 后湖黄册库建造的历史背景、性质规模、建筑特点、晾晒制度

(1)历史背景(含黄册的编造):赋役档案是贯穿中国封建社会始终的重要档案。封建国家对这类档案控制管理十分严密。历代的赋役档案都

有一套定期造籍、逐级上报、分级管理的制度，也就形成了一套规模巨大的档案工作制度。至明代，黄册制度更为严密，形成了黄册和鱼鳞图册两种档案。黄册是户口清册，详细登记了各地居民的丁口和产业；鱼鳞图册是土地清册，详细记载了各乡各户土地亩数和方圆四至。并且，这两种档案交织在一起，户口册上有田赋，田赋册上有人户。这样一经一纬地编织成极其严密的罗网，使全国民户"悉数无遗"地控制在王朝中央手中。

关于黄册的编造，洪武十四年（1382年）诏天下府州县编赋役黄册。"以一百一十户为一里"，"每里编为一册"。册首页绘制户口、赋役总数图表。具体编造办法为：由主管部门制定格式，各户将本户人丁、事产依式填写交甲首，甲首汇十户交里长，里长汇总交县。可知，明代黄册制度也是在前代封建王朝管理户籍和赋役办法的基础上发展起来的，其内容、编制以及上报方法与前代有类似的地方，但比前代更为严密、完备。

（2）性质规模：后湖黄册库是明洪武初年建立的保管全国赋役档案的专门档案库。该库建于南京后湖小岛之上，因其集中保管黄册，故名后湖黄册库。据史载：至明万历三十年（1602年），后湖各岛共建有库房667间，收藏黄册一百五十三万多册。其工作人员最多时达一千四百多人，后湖黄册库之规模在中国档案史上是空前的。

（3）建筑特点：①后湖黄册库的库房是东西相向的，且前后有窗，便于通风和日晒，这是为适应湖上空气湿度大的特点而设计的；②整座库房坐落在湖中岛屿上，既利于防火，又便于防卫。

（4）晾晒制度：后湖黄册库内有严格的定期晾晒制度，当时规定：每年四月至十月的七个月为晾册时间，十一月至来年二月天冷风急，黄册易损坏，三月不仅有"飞絮"，且是梅雨时节，空气潮湿不宜晾晒。

3. 关于皇史宬，要掌握：（1）建造时间、性质和所藏档案。皇史宬是皇家档案库的集中代表。始建于明世宗嘉靖十三年（1534年）七月。收藏实录、圣训和玉牒。（2）以皇史宬的建筑特点分析其对保护档案的作用：皇史宬是仿古代石室金匮之制建筑而成，是宗庙收贮档案遗风的反映。其建筑特点和对档案保护的作用如下：①皇史宬正殿不用木料，全部是砖石结构，既可防火，又能防震，建筑坚固耐久，几百年来岿然不动；②殿内筑有高台，既可泄水，又可防潮；③特殊厚度的墙壁可以避免室外温度急剧变化对室温的影响，有利于控制室内温度（冬天保持15℃上下，夏天不超过25℃，库内档案最适宜温度14℃—18℃）；④殿内东西两侧对开的窗

第四章 明、清档案和档案工作

户和拱形的屋顶便于通风；⑤五座券门运送档案出入方便。所有这一切都十分有利于档案文件的保护。

4. 古今通集库的性质及所藏档案：古今通集库是明代皇帝的御用库房。主要保存皇帝赐封功臣、名将、藩王的诰封、铁券。还保存京官、外官的诰封底簿。

（三）明朝档案的利用

要全面掌握明朝档案利用的主要方面。

1. 政务利用：明朝档案政务利用是比较广泛的。除利用黄册和收集元朝档案，用于解决军政及其他社会问题外，还用于革除吏弊、奖惩官员等方面。

2. 利用档案编纂皇帝实录、大诰以及典章制度在明代较为突出。(1) 实录编纂。从明太祖朱元璋到熹宗朱由校十三朝，均修纂实录，累计达3045卷。(2) 汇编《大诰》作为教本。明统治者十分注意利用自身形成的档案作为教育子弟和各级官僚贵族的教本，这是加强思想控制的有效措施。朱元璋曾四次颁发《大诰》作为国子监最主要的课程，从中央国子监到地方府州县学都是必修的主要课目。(3) 汇纂典章制度。《明会典》是明朝一代典章制度的汇编，记述明一代典章制度最为详细完备。

3. 利用档案编史方面也有不少成就。《元史》的编纂速度很快，这和明统治者对元代档案的收集有关。《元史》就是明史馆利用元起居注、稿本、六曹章奏等编纂而成。

4. 明代方志纂修的发达和利用大量地方档案分不开。据不完全统计，宋、元两朝志书共编有五百余种，而明一代就编有一千五百余种。几乎每个皇帝在位期间都要修辑方志。其范围从通志、府志到州志、县志、镇志皆有。

（四）现存明朝档案

1. 现存明档主要收藏机构及数量：目前，我国明代官府档案（原件）主要收贮于中国第一历史档案馆和辽宁省档案馆，约五千件。2. 一史馆收藏明档的主要内容：中国第一历史档案馆现存明朝档案包括兵部、礼部、内阁等机构的档案文件，其中兵部档案最多，约占全部明档的95%以上。主要有：反映和记载李自成领导的明末农民起义斗争情形的文件；反映清统治者对关内的侵扰活动及明朝军队在边境与清军作战情形的文件；有关官员升迁调补、奖惩纠参的文件等。3. 辽宁省档案馆收藏明档的数量及主要内容：辽宁省档案馆收藏有少量的明档，主要是明辽东都指挥使司及其所属各卫所的档案八百多卷，山东备倭署和明兵部档案二百多卷，多数是嘉靖、万历时期的。

三　练习题及参考答案

（一）填空题

1. "票拟"亦称_____、_____、_____、_____，"批红"亦称_____。

（拟票，票旨，条旨，调旨，批朱）

2. 洪武十五年（1382年）颁布了_____和_____，作为各级衙门必须遵守的关于_____、_____和_____的法律规定。

（《行移署押体式》，《行移往来事例》，文书程式，使用范围，行文关系）

3. 洪武十四年（1381年）明王朝在推行_____、普遍进行_____的基础上，开始编造_____，每_____年一造，每次一式_____份，一份送中央_____收存，称_____，另三份分存各_____、_____、_____，称_____。

户帖制度，人口调查，赋役黄册，10，四，户部，黄册，布政使司，府，（州）县，青册

4. 黄册是_____清册；鱼鳞图册是_____清册。

（户口，土地）

5. 历代的赋役档案都有一套_____、_____、_____的制度。

（定期造籍，逐级上报，分级管理）

6. 明朝为收藏皇帝赐封_____、_____、_____、_____等的_____、_____和_____、_____的_____，建造了古今通集库，此库由_____掌管，是皇帝的_____。

（功臣，名将，藩王，驸马，诰封，铁券，京官，外官，诰封底簿，太监，御用库房）

7. 我国封建社会规模最大的档案库是_____，库房最多时有_____间，库房都是_____向，前后有窗，便于_____和_____。

（后湖黄册库，近700，东西，通风，日晒）

8. 明代后湖黄册库的_____有权对各地报送内容有误的_____加

第四章 明、清档案和档案工作

盖_____退回,其罚款称_____。

(查册人员,黄册,驳字,驳费)

9. 我国目前发现最早也是唯一关于档案库的专著是记载_____情况的_____一书。

(后湖黄册库,《后湖志》)

10. 皇史宬又称_____,仿照古代"_____"制度建造。

(表章库,石室金匮)

11. 明代地方档案库著名的有_____、_____等。

(江西布政使司黄册库,太平府架阁库)

12. 亚洲现存最早的图书馆是_____,素有"_____"的美称。

(天一阁,南国书城)

13. 现存时间最早、尺寸最大的东方皇家御用星图是_____,绘制于_____年。

(《赤道南北两总星图》,1634)

14. 《郑和航海图》共有地图_____页,图末附有4幅_____。

(20,《过洋牵星图》)

15. 现存明代官府档案主要收贮于_____和_____。中国第一历史档案馆现存最早的明代档案是_____和_____。

(中国第一历史档案馆,辽宁省档案馆,户口单,卖田契)

16. 明、清两代皇帝的诏令集分别称为_____、_____。

(《宝训》,《圣训》)

(二) 判断题

1. 明朝内阁权力的提高主要表现在"批红"之权上。

(错。明朝内阁权力的提高主要表现在"票拟"之权上。)

2. 明朝制定了有关文书程式、使用范围和行文关系的法律规定。

(对。为了使官府间行移文书制度化、系统化,洪武十五年颁布了《行移署押体式》和《行移往来事例》,作为各级衙门必须遵守的关于文书程式、使用范围和行文关系的法律规定。)

(三) 名词解释

1. 票拟:是内阁阁臣在臣下上呈的奏章上先用小纸拟出初步处理意见,贴附在奏章上供皇帝参阅。

2. 军册:是明代控制军士和军户以保障军队兵员补充的文书。

3. 贴黄：是明代的人事文书。

4. 鱼鳞图册：又称鱼鳞册、丈量册、鱼鳞图、鱼鳞图籍、鱼鳞簿等，是官府为征收赋税而攒造的土地登记簿册，因绘制的图形排列状似鱼鳞而得名。图册中绘制了每块土地的形状，按图编号，详细记载了地名、四至、等级、类型、亩数、坐落、业主及居住地等信息。鱼鳞图册也是宋代以后广泛实行的基本土地制度，代表了中国古代土地管理的最高水平。

5. 古今通集库：明代皇帝建于宫内的御用库房。主要收藏皇帝赐封给功臣、名将、藩王、驸马等的诰封、铁券和京官、外官的诰封底簿以及部分御用图书。

6. 后湖黄册库：是明洪武初年建立的保管全国赋役档案的专门档案库。该库建于南京后湖（今玄武湖）小岛之上，因其集中保管黄册，故名后湖黄册库。据史载：至明万历三十年（1602年），后湖各岛共建有库房667间，收藏黄册153万多册。其工作人员最多时达1400多人，后湖黄册库之规模在中国档案史上是空前的。

7. 皇史宬：是皇家档案库的集中代表，也是我国现存最古老的档案库。始建于明嘉靖十三年（1534年）七月，距今（2022年）已有488年的历史。主要收藏皇族的实录、圣训和玉牒。它是仿照古代石室金匮之制建造而成，是西周宗庙收贮档案遗风的反映，其建筑特点对档案文件的保护十分有利。

8. 《明大诰》：朱元璋亲自主持编纂的一部刑事法典和案例文件汇编，分为《大诰》《大诰续编》《大诰三编》《大诰武臣》四编，共236条。每条下按照时间顺序编排诏令、训诫和判例等。朱元璋曾四次颁发《大诰》作为教育子弟和各级官僚的教本，从中央国子监到地方府州县学都是必修的主要课程。

（四）问答题

1. 明朝皇帝下行文书最常用的有哪些？

（诏、制、册）

2. 官府之间的下行文有哪四种？

（照会、札付、下帖、故牒）

3. 明代的专用文书有哪些？

（黄册、鱼鳞图册、军册、贴黄）

第四章 明、清档案和档案工作

4. 明代人事文书称为什么？

（贴黄）

5. 作为官员人事档案的贴黄分为哪两种？

吏部贴黄、兵部贴黄（文职贴黄、武职贴黄）

6. 明代文书总称为什么？

（"文牍"或"案牍"）

7. 明代首创的一种文书制度是什么？

（票拟、批红制度）

8. 题本与奏本有什么不同？

（题本用于请示例行公务，奏本用于处理机密事宜。）

9. 洪武六年下令公文禁用什么文体？

四六对偶文辞（骈俪文）

10. 洪武六年颁布了哪二表作为表笺奏疏的体式？

（柳宗元《代柳公绰谢奏表》和韩愈《贺雨表》）

11. 洪武十五年颁布了哪两部全国性文书法规？

（《行移署押体式》《行移往来事例》）

12. 明朝中央的总收文机关是什么？

（通政使司）

13. 明朝内阁的文书机构有哪些？

（中书科、诰敕房、制敕房）

14. 明代特设的中央文书机构是什么？由什么官员负责？

（六科，给事中）

15. 明代中央文书机构有哪三个显著特点？

（一是数量众多，二是分工明确，三是直接协助皇帝处理政务。）

16. 明代什么机构类似于现代办公厅（室）？

（经历司）

17. 明代什么机构类似于现代档案文件室？

（照磨所）

18. 明初宫廷的图书档案库是什么？

（大本堂）

19. 我国封建社会规模最大的档案库是什么？

（后湖黄册库）

20. 我国现存最古老的档案库是什么？距今（2022年）有多少年的历史？

（皇史宬，488年）

21. 我国最早的关于档案库的专著是什么？

（《后湖志》）

22. 明代著名的地方档案库有哪些？

（江西布政使司黄册库、太平府架阁库）

23. 朱元璋亲自主持编纂的法律文书汇编是什么？

（《明大诰》）

24. 现存时间最早、尺寸最大的东方皇家御用星图是什么？

（《赤道南北两总星图》，1634年明朝内阁大学士徐光启与德国传教士汤若望等人绘制，纵1715cm，横452cm。）

25. 我国尺寸最大、年代最久远、保存最完好的古代世界地图是什么？绘于何时？现存何处？

《大明混一图》，明洪武二十二年（1389年）绘制，原件现存中国第一历史档案馆。

26. 我国古代最大的一部百科全书是什么？共有多少卷、册？

（《永乐大典》是中国历史上最大的类书，计有22877卷，11095册，约3亿7000万字，但历经浩劫，大多毁于战火，今存不到800卷。）

27. 明代工农业生产技术档案文献汇编是什么？被誉为什么？

（明代宋应星编纂的《天工开物》，被誉为"中国17世纪的工艺百科全书"。）

28. 我国古代医学百科全书是什么？被誉为什么？

（明代李时珍编纂的《本草纲目》，被誉为"东方医学巨著""东方药物巨典"。）

29. 中国第一历史档案馆（简称"一史馆"）现存最早的明代档案是哪两件？

（《户口单》《卖田契》）

30. 南明永历帝殉难碑位于何处？

（昆明市华山西路逼死坡）

（五）简述题

1. 明朝中央的文书机构有哪些？

第四章 明、清档案和档案工作

明朝设于中央的文书机构有：内阁、通政使司、六科、司礼监、文书房等。

2. 明朝建立、健全了哪些文书工作制度？

与明代高度集权的君主专制相适应，明朝的文书工作制度日趋健全。相应的文书工作制度有：文书的票拟、批红制度；行移勘合制度；文书保密制度；文书的书写制度；文书的邮递制度；贴黄制度；公文用纸和公文字体规定。

3. 明初建立档案工作的措施有哪些？

一是重视本朝档案的积累；二是重视对元朝档案的收集；三是重视各级档案机构的建立；四是制定了加强档案工作的措施。

4. 明初加强档案工作的措施有哪些？

首先加强了元朝的照刷文卷制度；其次，朱元璋为掌握全国土地和户口的实际情况，以利于其统治政策的调整，对元朝原有档案记载进行了考核校正工作；最后，规定官吏上任必须要对档案进行验点工作。

（六）论述题

试述皇史宬的建筑特点及其对档案保护的作用。

皇史宬是仿古代"石室金匮"之制建筑而成，是宗庙收贮档案遗风的反映。其建筑的具体特点及其对档案保护的作用如下：1. 正殿不用一钉一木，全部用砖石结构，其典型的"石室"特点，使建筑坚固耐用，既经得起风霜雨雪的长久侵蚀，又具有良好的防火防震性能，有利于档案的安全保护；2. 殿外地基是1米多高的石基，殿内筑有1米多高的石台，档案柜与地面的距离高达近三米，殿内石台四周与墙壁也有一定距离，殿外四周各有疏水漏口，既可泄水，又可防潮；3. 特殊厚度的墙壁可以避免室内温湿度发生剧烈变化，有利于控制室内温度（冬天保持在15℃上下，夏天不超过25℃，库内档案最适宜温度在14℃—18℃），使殿内保持冬暖夏凉；4. 殿内东西两侧对开的窗户和拱形的屋顶便于通风；5. 五座券门运送档案出入方便；6. "金匮"结实美观，密闭性能良好。皇史宬主体建筑和档案装具的这些显著功能和特点，从防火、防水、防潮、防霉、防盗、防震等多方面，为档案的安全保管、保护、保存创造了有利条件，"石室"和"金匮"给档案加上了两道防护墙，十分有利于档案文件的保护。

第二节　清前期的档案和档案工作

一　本节内容要点

（一）清入关前的档案工作

（二）《满文老档》和满文木牌

（三）清初档案机构的建立

（四）清朝的幕友和书吏

（五）雍正对档案工作的整顿

（六）清前期的档案管理制度

（七）清前期编史修志的发展

二　要点内容分析

（一）清入关前的档案工作

重点掌握清入关前的档案：1.《满文老档》的性质、记事年代及内容：《满文老档》是清入关前遗留下来的最早档案，它是努尔哈赤、皇太极时期各种档案文件的汇辑。起自天命纪元前九年（1607年），止于崇德元年（1636年）。记述努尔哈赤以兵甲十三副起兵，统一女真部落，夺取辽东，迁都沈阳，以及皇太极继位后，屡挫明师等各项军事政治活动。2.现存"满文木牌"，即崇德元年的文件，与秦汉木牍相似，长者一尺有余，短者数寸，宽约一寸，一头有孔，四五片为一组，贯以麻绳。

（二）清初档案机构的建立

1. 内阁大库的建筑特点及东西两库所藏档案。建筑特点：（1）库坐南向北；（2）北面有窗，窗中有铁柱，柱内有罘罳，外有铁板窗。所藏档案：内阁大库由东、西两座库房构成。西库贮存红本，称红本库；东库藏实录、表章等，称实录库。2. 军机处档案收藏机构称方略馆大库。3. 清初档案机构与明朝档案机构的关系。清内阁大库的建造年代不详，是沿用明代文渊阁建筑。皇史宬，原为明代收藏实录、圣训、玉牒的专用库房。清入关后，将库内原存明代档案移到内阁书籍库，把它作为清代实录、圣训、玉牒的贮存之地。副本库建立之前，题本的副本也放在这里。

第四章 明、清档案和档案工作

（三）清朝的幕友和书吏

1. 关于幕友要掌握其别称、身份和专长：幕友又称师爷、幕宾、幕客、幕僚等。清朝幕友不是国家正式雇员，不享受政府俸禄，完全由主官自由延聘。国家对幕友的职权，从无任何规定。幕友的报酬完全由主官支付。主官与幕友之间，亦无职权或办事细则的规定，只有主宾之分，而无主属之隔。清重祖宗成法，处理政务以律例为据。幕友专长是明习律例，他们还对新颁案例必加摘抄，分别粘贴于相应的律条之后，这就是幕友处馆的"秘本"。2. 关于书吏要掌握其职任、身份和地位：书吏在各级衙门科房中专门从事文书处理和收贮档案，是国家机关的正式雇员。还要掌握其著役期限以及舞弊手段：著役期限为五年期满。舞弊手段主要有二：第一，援例假公营私，此为书吏舞弊的公开手段。律例的疏漏无疑为书吏作弊敞开了方便之门，他们善于利用律例中的矛盾和疏漏作奸射利，勒求贿赂。第二，伪造、窜改、抽换、毁坏文档，此为书吏舞弊的隐蔽手法。如将重要钱粮数字、年月进行涂改。

（四）雍正对档案工作的整顿

此题要掌握：1. 整顿的背景：清代前期统治阶级内部因循、怠惰恶习滋长，致使各衙署处理政务的权力逐渐被下级书吏和幕友把持，加之康熙晚年"政宽事省"，"无为而治"，致使吏治废弛，世风日下，官员贪污腐化，不视政事，幕友、书吏把持文档、暗操权柄，故雍正即位后，整顿纲纪，同时对文档工作也进行了一系列改革。2. 整顿内容：（1）廓清吏治，整顿书吏。措施：①严格招募书吏的条件和手续，重申役满返籍的规定。书吏著役五年期满后饬令回籍，其有逾限不即起程者，将职衔斥革，立即递回原籍。②严禁书吏超额、越权，违者将受严厉惩处。各衙门司员要躬亲政务。不准书吏代替官员处理政事，只准做缮写和文档保管工作。③各衙门都要指定专人稽查书吏，严令各衙门对书吏要平时约束，临事访察，时时防范，有罪即惩。（2）加强档案的管理。①普遍建立文书档案的副本制度。为了打破书吏把持文档的局面和政务利用的需要，雍正七年（1729年）谕"内阁本章及各衙门档案，皆应于正本外立一副本，另行收贮"。②重申档案文件的移交、保管制度。各衙门官员离任时，所有卷宗无论已结、未结，都要造册、铃印、编号登记，加具甘结，保证并无藏匿抽改，一并移交。接任官员要逐一清点核查。③建立文件稽查汇奏制度。各部院衙门将每月事件已结、未结情由，声明送内阁，内阁设立稽查房，负责稽查各部院奏旨议复事件的完成情况。④建立上缴朱批奏折制度。为了维护皇权，防止泄密，雍正继位后第八天，下令京内外满汉文武大臣，所有朱批谕旨，俱著敬谨封固进呈，不可抄写存留。自此，缴回朱批奏折成为定制。3. 评价：雍正对文书档案工作的整顿，一定程度上遏制和扭转了康熙末年吏治的颓废之势，为雍乾时期政治、经济的繁荣创造了条件。

（五）清前期的档案管理制度

1. 清前期主要的档案管理制度名称：（1）一案一卷制度；（2）按文种、时序（或问题）分类整理的方法；（3）编目登记制度；（4）档案汇抄制度；（5）档案清查和缮修制度。2. 清代档案汇抄的种类：（1）诏令谕旨汇抄；（2）题奏汇抄；（3）专题汇抄。3. 关于《清理东大库分类目录》的评述：嘉庆年间，典籍厅对东库收藏的近九万件档案进行过一次整理，编制了《清理东大库分类目录》，将东库档案分为25大类，如太上皇表文类、徽号类、三节表底类、谕旨类等。这种分类，标准不一，有些按文种，有些按人物和文种，有些按问题，有些按文书的处理程序。其中，一些按问题分类的档案，由于文书的专用性，实际上也是按文种分类的，如徽号类、谥号类、册封类等。4. 关于清代档案缮修制度的内容：乾隆四十年（1775年），最先修缮《满文老档》，对它加以重抄和转抄。重抄本是按照原档重新抄写一遍；转抄本全用新满文。乾隆、嘉庆年间，又分别三次对军机处档案进行了缮修。嘉庆十年（1805年）起，改为每五年缮修一次，咸丰四年（1854年）又改为每三年缮修一次。

（六）清前期编史修志的发展

1. 关于清前期的档案汇编：（1）则例：清制，五年一小修，十年一大修。各部院衙门都设有"则例所"，定期将奉旨颁行的例案纂修成则例，作为处理政务的依据。（2）实录：清设实录馆，修有自太祖至德宗十一朝实录，共13部。(3) 会典：清朝曾先后五次修《会典》，《清会典》是清朝典章制度的汇编。（4）方略（纪略）：自康熙始，清政府在每次重大军事行动或事件后，都要将该次事件全过程形成的重要档案按年月日次序汇编成书，称作《方略》或《纪略》，包括平定叛乱、消除割据、统一边疆、镇压农民起义等不同内容，共有二十余种。（5）谕旨汇编：雍正时，还将部分谕旨分别汇编成书，编有《上谕内阁》《朱批谕旨》等。

2. 利用档案修史的发展：重点掌握修史机构及取得的成就：清朝前期修史盛况空前，修史的史馆数量较多，按其情况大体可以分为三类：一是

第四章　明、清档案和档案工作

例开之馆，如实录馆、玉牒馆，按照清廷定例，到一定时间就开馆修书。实录馆皆于嗣君继位之初，降敕开馆纂修大行皇帝实录。玉牒馆每十年一开。二是长开之馆，有武英殿、国史馆、方略馆等。三是特开之馆，是为了修某书，而由皇帝特旨开设的史馆，如明史馆、会典馆、一统志馆等。清廷每修一部史籍，都由皇帝钦定修史官员，编修过程中严格管理。因此，清朝无论是在修史的次数还是在成书的数量等方面都超过了以往任何朝代。

3. 编修志书的盛况：清朝又是方志的全盛时期，据对一百八十多个收藏单位的统计，全国现存方志八千五百多种，其中清代近六千种，十余万卷。康熙十一年（1672年），清廷谕令各州县分辑志书。雍正时规定：各省府州县志书，60年纂修一次。在清廷的大力提倡下，编修志书活动十分盛行和普及，几乎是无地无志。在方志理论研究方面，章学诚贡献较大，创立了方志的完整体例。

三　练习题及参考答案

（一）填空题

1. 清代统称＿＿＿＿、＿＿＿＿为本章。

（题本，奏本）

2. 奏折是清＿＿＿＿朝开始使用的一种文书，可分为＿＿＿＿和＿＿＿＿两大类。

（康熙，朱批奏折，录副奏折）

3. 《满文老档》是＿＿＿＿、＿＿＿＿时期各种档案文件的汇辑。

（努尔哈赤，皇太极）

4. 《满文老档》原稿本共有＿＿＿＿册，现存＿＿＿＿。共有＿＿＿＿和＿＿＿＿两部抄本，使用＿＿＿＿和＿＿＿＿两种字体写成。

（37，台湾，《无圈点档册》，《有圈点档册》，无圈点老满文，有圈点新满文）

5. 满文档案的时间起于＿＿＿＿（1607年），止于＿＿＿＿（1911年），前后300多年。迄今保存下来的满文档案有＿＿＿＿万件以上，其它古籍图书约＿＿＿＿种。

（明万历三十五年，清宣统三年，200，1000）

6. 清代各种编年体档册又称为＿＿＿＿或＿＿＿＿。

("官文书汇抄","编年档案汇抄")

7. 内阁大库隶属_____，由典籍厅掌管_____及_____，满本房掌管_____、_____、_____、_____及其他_____。

(内阁，红本，书籍表章，实录，圣训，起居注，史书，档案文献)

8. 嘉庆年间由内阁典籍厅编制的_____是我国古代唯一的_____，将东库档案分作_____大类。

(《清理东大库分类目录》，档案分类方案，25)

9. 各衙门官员_____时，应将所有卷宗无论_____、_____，都要_____、_____、_____，加具_____，保证并无_____，一并_____。接任官员要逐一_____。

(离任，已结，未结，造册，钤印，编号登记，甘结，藏匿抽改，移交，清点核查)

10. 清内阁大库东库称_____，西库称_____。

(实录库，红本库)

11. 清代军机处特设_____，由_____掌管，下设_____、_____等_____人负责_____、_____和_____。

(方略馆大库，军机章京，承发供事，常川供事，9，缮写，记档，保存档案)

12. 清代皇史宬主要保存皇帝的_____、_____和皇家的_____。

(实录，圣训，玉牒)

13. 清代从_____（1661年）开始修玉牒，共修玉牒_____次。现存清皇族玉牒_____多册，主要收藏于一史馆和_____。

(顺治十八年，28，3000，辽宁省档案馆)

14. 雍正在_____、_____的同时，还建立了_____、_____，重申档案文件的_____、_____制度。

(整顿吏治，裁革书吏，上缴朱批奏折制度，档案文件副本制度，文件稽察汇奏制度，移交，保管)

15. 清康熙年间绘制的_____是我国古代最详细的全国地图，开创了_____与_____融为一体的先例。

(《皇舆全览图》，经纬度，地图)

16. "样式雷图档"指清代雷氏家族绘制的_____、_____工程

第四章 明、清档案和档案工作

做法及相关文献。存世的"样式雷"图档共有_____余件,其中国家图书馆存有_____余件。

(建筑图样,烫样,两万,一万五千)

17. 在章学诚创立的_____中,提出方志要立_____的主张,即_____、_____、_____,他认为_____是方志之骨,建议清政府在各_____设立_____,专事搜集贮存_____,为_____储备史料,并撰写了_____。

(方志学理论,三书,志,掌故,文征,簿牍,州县,志科,地方文献,修志,《州县请立志科议》)

18. 清代著名史学家章学诚的代表作有_____和_____。

(《文史通义》,《校雠通义》)

19. 章学诚将史籍区分为"_____"和"_____"两类。

(著述,比类)

20. 章学诚提出的校勘方法"_____"和"_____"是当今史料编纂过程中应用较广的方法。

(以一字必有按据为归,校书宜广储副本)

(二) 判断题

幕友在各级衙门科房中专门从事文书处理和收集档案,是国家机关的正式雇员。

(错。书吏在各级衙门科房中专门从事文书处理和收集档案,是国家机关的正式雇员。)

(三) 名词解释

1. 幕友:是清代地方各级长官自行延聘的人员。最重要的是刑名、钱谷两席。

2. 书吏:是清代国家机关的正式雇员,广置于中央机关和地方各级官府之中。因长年操刀笔、治简牍,被后人称为"刀笔吏"。

3. 《满文老档》:是满族入关前后金政权的官方文献记录,用满文书写。起自天命纪元前九年(1607年),止于崇德元年(1636年),记述清太祖努尔哈赤以十三副兵甲起兵,统一女真部落,夺取辽东,迁都沈阳,以及皇太极继位后,多次挫败明朝军队等各项军事政治活动。其体例为以时间先后为序编录的档册,但记载杂乱,文字和书写材料等极不统一。

4. 内阁大库:清朝中央最重要的档案库。隶属内阁,是清代内阁贮存重要档案的机构。库房位于紫禁城东南隅、内阁大堂之东，坐南朝北，北面有窗。由东、西两库构成，西库贮存红本，称红本库；东库收藏实录、表章等，称实录库。清末库藏档案损坏严重，大量档案流散社会。

5. 红本库：清代内阁大库西库。因存贮红本，故称红本库。

6.《州县请立志科议》：清代章学诚建议清政府在各州县设立志科的论作。主要内容有：（1）提出要有专人或专门机构收集和贮存地方文献；（2）提出志科收集案牍文献的范围与保管方法。志科具备了当今地方档案馆的部分职能，这一具有独创性的设想为现代档案馆建设和编史修志提供了历史借鉴。

（四）问答题

1. 清代皇帝的诏令文书统称为什么？

（制书）

2. 清朝皇帝的封赠文书有哪几种？

敕（chì，音"赤"）命、诰命、册命（册书、册文）

3. 清朝皇帝颁下的文书统称为什么？又叫什么？

（谕旨，上谕、上传）

4. 皇命文书按其发布方式可分为哪两种？

（明发谕旨、寄信谕旨）

5. 军机处传达皇帝旨意的上谕有哪两种？

随折谕旨（随旨）、交片谕旨（交片）

6. 诏书的正、副本分别称为什么？

（诏黄、誊黄）

7. 清初的重要诏书是什么？

（《顺治罪己遗诏》）

8. 制书与诏书有何不同？

（制书是以皇帝名义发布的命令性文书，作为宣示百官之用，不向庶民发布；而诏书是以皇帝名义发布的让臣民知晓的文书，凡有重大事件发生时都要向全国诏告。）

9. 清代的上行文书主要有哪几种？

（题本、奏本和奏折）

10. 清代出现的一种新的文书称为什么？

（奏折）

第四章　明、清档案和档案工作

11. 清代的奏折大致有哪四种？可分为哪两大类？
（请安折、谢恩折、密折、奏事折，朱批奏折、录副奏折）

12. 清代玉牒具有哪三大特点？可分为哪两大类？
（编修方法上有直格玉牒和横格玉牒之分，在内容上有宗室、觉罗之分，在文字上有满文、汉文之分；直格玉牒、横格玉牒）

13. 清代独有的一种文书档案制度是什么？
（奏折制度）

14. 清入关前遗留下来的最早档案是什么？
（《满文老档》）

15. 我国现存满文木牌的主要内容是什么？
（军中捷报）

16. 目前所知数量最多、保存最完整、学术价值最大的历史档案是什么？
清代内阁大库档案（"大内档案"）

17. 清代内阁大库所藏档案包括哪三大部分？
（明代档案、盛京旧档、清代档案）

18. 内阁大库收存量最大的文书是什么？
（红本）

19. 内阁大库档案由哪两个机构分别掌管？
（典籍厅和满本房）

20. 内阁大库由哪两座库房构成？
西库（红本库）、东库（实录库）

21. 清代军机处的档案保存于何处？由什么官员掌管？
（方略馆大库，军机章京）

22. 清代各机关保管档案的机构是什么？
（档房、清档房）

23. 清代各级官府中的文书档案工作人员称为什么？
（幕友和书吏）

24. 清朝文书档案工作的弊病和重点是什么？
（"书吏为害"；严格管理，整顿书吏。）

25. 清代的档案汇抄又叫什么？主要有哪三种？
（档册，诏令谕旨汇抄、题奏汇抄、专题汇抄）

26. "档案"二字最早出现于何处？

《清太宗皇帝实录》（1638年）

27. 迄今所见最早对"档案"一词做出解释的文献是什么？何时何人所著？

康熙四十六年（1707年）杨宾的《柳边纪略》。

28. 我国古代唯一的档案分类方案是什么？

(《清理东大库分类目录》)

29. 我国唯一保存下来的古建筑图档是什么？

"样式雷"图档（清代雷氏家族绘制的建筑图样、烫样、工程做法及相关文献。）

30. 中国古代唯一专门保存图样档案的库房是什么？

内务府造办处下设的舆图房，它是中国古代唯一一座专门性的图样档案（包括地图、工程建筑图等）库房。

31. 存世的"样式雷"图档共有多少件？其中国家图书馆存有多少件？

（两万余件，一万五千余件）

32. 清朝典章制度的汇编是什么？

《大清会典》（100卷）

33. 清朝制定的第一部法典是什么？

《大清律例》（顺治四年，即1647年制成）

34. 我国第一部以西法测绘的全国地图集是什么？开创了什么先例？

（康熙年间绘制的《皇舆全览图》，开创了经纬度与地图绘制融为一体的先例。）

35. 我国现存规模最大、资料最丰富的类书是什么？共有多少卷？

（《古今图书集成》，原名《古今图书汇编》，清康熙年间福建侯官人陈梦雷编辑。计有10000卷，目录40卷，5020册，1亿6000万字，内容分为6汇编、32典、6117部。）

36. 章学诚史学思想的核心是什么？

（六经皆史。"史"是指先王政典、三代掌故，也就是档案史料，六经是三代档案史料的汇编。）

37. 章学诚的方志学理论提出了什么重要观点？

方志要立三书（"仿纪传正史文体而作志，仿律令典例之体而作掌故，仿文选文苑之体而作文征"）。

第四章 明、清档案和档案工作

38. 章学诚将史籍区分为哪两大类?

("独断之学"和"比次之书")

39. 章学诚提出的史料编纂原则是什么?

("比次之书欲其愚")

40. 章学诚提出的校勘方法是什么?

("以一字必有按据为归""校书宜广储副本")

(五) 简述题

1. 清初文书档案工作有什么特点?

清初国家最高行政机关内阁、军机处的宰执职能虽已被淡化,但文书档案工作职能却大大加强,形成了中央两大文书档案工作系统,建立健全了一套较为严密的工作制度,使清初的文书档案工作比明朝更有发展,组织更严密。一是奏折的产生和广泛运用,改变了自明朝以来推行的文书处理制度;二是机关文书档案工作机构比较复杂,名目不一,互有交叉;三是书吏为害日趋严重。

2. 清朝对档案是如何分类的?

清朝形成的档案分为六类:一是从文书名称转化而来;二是以档案内容命名;三是以档案形式命名;四是以档案作用命名;五是以满文译音而得名;六是以地名及其他方法命名。

3. 清朝前期有哪些档案管理制度?

清朝前期档案管理制度有:一案一卷制度;按照文种、时序(或问题)分类整理的方法;编目登记制度;档案汇抄制度;档案清查和缮修制度。

4. 雍正整顿书吏的措施有哪些?

(1) 严格招募书吏的条件和手续,重申役满返籍的规定。书吏著役五年,期满后饬令回籍。(2) 严禁书吏超额、越权,违者严惩。各衙门司员要躬亲政务。书吏只准缮写文书和保管档案,不得代替官员处理政务。(3) 各衙门设满、汉司务各一人,掌出纳文书并稽查书吏,严令各衙署对书吏平时约束、临事访察、严加防范、有罪即惩。

(六) 论述题

1. 试述雍正时期加强档案管理的措施及意义。

(1) 普遍建立文书档案的副本制度。为打破书吏把持文档的局面和政务利用的需要,雍正七年(1729年)谕:内阁本章及各衙门档案,皆应于正本外立一副本,另行收贮。(2)重申档案文件的移交、保管制度。规定各衙门官员离任时,应将所有卷宗造册、钤印、编号登记,一并移交。接任官员要逐一清点核查。(3)建立文件稽查汇奏制度。内阁设稽查房,负责稽查各部院已结、未结文件,月终向皇帝奏报。(4)建立上缴朱批奏折制度。为维护皇权、防止泄密,雍正继位后即下谕旨:所有皇考朱批谕旨,俱著敬谨封固进呈,不可抄写存留。上述措施取得了一些成效,在一定程度上遏制和扭转了康熙末年吏治的颓废之势,为雍、乾时期政治、经济、文化的繁荣创造了条件。

2. 试述康、雍、乾时期利用清朝档案编史的成就。

康、雍、乾时期利用档案编史取得了很大成就。如雍正时期的《朱批谕旨》和《八旗通志初集》就是根据朱批奏折和有关八旗的各种文书编纂而成。乾隆时修史之风更盛,先后编纂了多种大部头的史书。如《皇朝文献通考》《大清会典》等。特别是《方略》的纂修,仅乾隆朝修辑的就达11种之多。至于各朝《则例》《事例》等更是直接取材于官府档案。这些修史成就与其修史机构的完备是分不开的。据统计,前四朝(顺治、康熙、雍正、乾隆)的修史馆就有30多个。总之,清代修史的成就超过了以往任何一代。

3. 试析章学诚的档案学思想。

(1)有关档案及其作用的论述。章学诚提出了著名的"六经皆史"学说。六经是三代档案史料的汇编,章学诚把封建统治阶级尊崇的《六经》与三代掌故相提并论,把它看作三代典章制度等各项活动的记录,这一创见提高了档案史料和档案工作的地位。章学诚还重视档案史料在编史修志中的作用。

(2)关于"州县立志科"的主张。章学诚认为"簿牍"是方志之骨,在其修志实践中深感史料收集不易,故明确提出应在各州县设立志科,以专门收集贮存地方文献。志科具备了当今地方档案馆的部分职能,这一具有独创性的设想为现代档案馆建设和地方修史提供了历史借鉴。

(3)关于档案的收集、整理和保管。章学诚多次对史料收集工作提出具体建议,如志科内要置明文法的官吏专门搜集管理,同时四乡再各设采访一人。

(4)关于档案史料编纂的思想。章学诚是我国古代把史著和史料区别得最清楚的史论家,他将史籍区分为"著述"和"比类"(比次之书)两大类。在史料编纂原则方面提出要保持史料的原貌,不能加工润色或增删

第四章 明、清档案和档案工作　　　　　　　　　　　　113

改动。他提出的校勘方法"以一字必有按据为归"和"校书宜广储副本"是当今史料编纂过程中应用较广的方法。

章学诚的档案学思想具有较强的实用性和系统性，有许多可供总结借鉴之处，尽管这些思想观点具有某些局限性，但仍然是我国档案学历史遗产中难得的一份精神财富，值得我们加以批判和继承。

第三节　清后期的档案和档案工作

一　本节内容要点
（一）鸦片战争后档案和档案机构的变化
（外交、外文档案；近代技术档案；各种专业档案；照片档案；总理衙门司务厅、清档房；总税务司署；电报档案）
（二）清末裁汰书吏
（三）清末档案汇编与公布
（四）清末对档案的破坏
（五）现存清代档案

二　要点内容分析
（一）鸦片战争后档案和档案机构的变化

要明确以下问题：1. 鸦片战争后产生的主要新档案的名称：（1）外交、外文档案的大量形成（鸦片战争前数量不多）；（2）近代技术档案的产生；（3）各种专业档案（近代财会档案、统计档案、学校档案等）。2. 外交、外文档案产生的主要机构：外交档案主要产生于1861年设立的总理各国事务衙门。外文档案主要产生于一些被外国人控制的机构里，如总税务司署、外国租界地以及洋人开办的铁路、工厂、银行中。3. 照片档案用于政务的时间：宣统三年（1911年）清统治者开始把官员照片作为人事档案。4. 总理衙门司务厅、清档房的职任：司务厅主掌印钥、递折、收掌事务。清档房专司修辑、校对。所谓"清档"就是编年汇抄档案的意思。清档房的职责是把档案原件进行纂录、编辑、缮写、校对，形成档册，也叫档案汇抄。清代也称编辑档案。5. 总税务司署在档案管理上防范华人的措施：总税务司署设有机要科和汉文科，机要科负责管理机要档案，其权力自始至终完全被外国人控制,"华人从未参与"。负责管理一般档案的汉文科主任,要由"洋员中通晓汉文者"担任。就是在各地分税务司的秘书科中,也不准华人管理机要档案。6. 关于电报档案的产生、发展及其类别:最初的电报是由外国人架线设办的。光绪五年(1879年),直隶总督李鸿章为了军事需要,在天津与大沽北塘海口炮台之间架设电线,试通电报,这是中国最早创办的电报。第二年,他在天津设立电报总局,同时在天津、上海之间架线,设立7个分局,光绪十年(1884年)又相继完成了全国主要线路的铺设。最初,电报仅用于军务和政务,但当时并不把电报看作正式公文,称"抄电"。电报作为政府正式公文始于戊戌变法时(光绪二十四年,即1898年),为提高政务效率,清政府正式下令:各省督抚接到电报后,就可遵照办理,不要再等待公文。自此,电报已明确规定与公文有同等效用。当时官用电报名称一般分为三种:皇帝下行电报称"电旨",臣僚上行电报为"电奏",平行电报称"电信"。其内容一般为清政府政治、军事、外交等重大机密和紧急的事务。

(二)清末裁汰书吏

重点掌握:历史背景、社会有识之士针对此事的议论、整顿措施及评价。历史背景:1. 历朝积弊:书吏垄断档案,操纵政务的现象十分猖獗,早在雍正时清廷曾下谕旨予以整顿,但这只起到一时的限制作用,不能得到彻底解决。道光、咸丰年间书吏之弊害在档案和史书上仍不断有记载。2.19世纪末书吏之弊危害日益深重:至19世纪末的清政府随着社会政治及其统治机构的日趋腐败,官员多不亲政事,一任书吏舞文弄墨,勾结官府"与吏分肥",达到无以复加的地步。仅光绪二十一年(1895年)见于史书记载的重大案例就有五起之多。总之,书吏通过盗取、改易、焚毁文书档案,一方面侵吞钱粮,包揽诉讼,鱼肉百姓;另一方面收取贿赂,敲诈勒索,其名目更是繁多。事实表明,书吏之弊已严重地影响了清王朝的统治。一些社会有识之士及开明官吏提出了一些时弊的议论和改革措施:清代思想家冯桂芬在《校邠庐抗议》中说:"今天下有大弊三:吏也、例也、利也,任吏挟例以牟利,而天下大乱。"可见书吏之弊害对清代政治的影响。光绪二十七年(1901年)御史陈璧上奏清廷说:清朝政治百弊丛生的原因是官不亲其事,而吏操纵政务,对他们"使费既赢,则援案以准之,求货不遂,则援案以驳之,人人惴恐而不能指其非。"这里十分生动地描绘出吏胥操纵清代政治的状况。整顿措施:清廷于陈璧上奏之后接连下了三道谕旨。第一道谕旨指出：专用司员办公，督饬司员，躬亲部务。第二道谕旨要求清理积案，将旧例逐一查明，分别开举，其应留者，一并采入则例。第三道谕旨要求将从前蠹吏尽行裁汰，以除积弊。评价：此次裁汰书吏之谕旨屡下，而真正奉行者寥寥无几。可见，裁汰书吏之举是极不彻底的。

（三）清末档案汇编与公布

应掌握刊印官报的背景与内容。1. 背景：在清末档案工作整顿中，档案的汇编公布是档案利用工作的一大变革。几千年来，在封建专制制度下，档案受到严密控制和封锁。虽然历代都编有档案汇编，但都是为了供统治者施政参考或适应编修史书的需要编纂的。鸦片战争以后，在西方资本主义政治思想的影响下，早在19世纪60年代，就有人提出过公布档案的要求。光绪三十一年（1905年），御史黄昌年上疏，要求刊录折件。光绪三十二年（1906年），御史赵炳麟奏请刊布内外档案。2. 内容：清政府为了适应形势的需要接受了臣僚的奏议，于是学部、农工商部、南北洋等中央机构以及山东、陕西等省都刊印了带有公布档案性质的《官报》。同时决定在光绪三十三年（1907年）创办清王朝中央刊布折件的《政治官报》（1911年改为《内阁官报》）。《政治官报》刊载内容包括谕旨批折、电报奏咨、法律章程等十大类。发行范围很广，无论官民，皆当购阅。由此可知，这是清政府汇编公布档案文件的正式公报，说明清末档案的利用已开始超出了仅供政权机关日常政务调用和编史修志的范围，具有了近代意义的档案文件公布的性质。

（四）清末对档案的破坏

1. 应掌握清末由于管理不善，清内阁大库于光绪廿五年（1899年）、宣统元年（1909年）库墙两次坍塌。2. 评述斯坦因对我国历史档案的盗窃。英国的斯坦因是盗窃我国历史档案最多的一个。斯坦因的第一次盗窃活动是1900—1901年潜入我国新疆，在和阗、尼雅、安得悦一带进行的。在尼雅的废墟中，他曾发现了我国古代住宅的遗址，从中掘出许多木简，其中大部分是古代的公文档案，包括地方官吏的报告、命令等。其中还有些是用佉卢文（古印度文）和用婆罗门草体字书写的佛经，也有用和阗语记录的关于地方生活情况的木简。除木简外，还有许多6—8世纪的唐代遗物。1901年，斯坦因把这些档案盗运到了英国博物馆。1906年夏，斯坦因开始了第二次盗窃活动。他在尼雅挖掘到一个我国古代重要官吏的官邸，其中有排列整齐的文书架。接着，斯坦因在五门关附近一个小驿站遗址里，挖掘出木简三百余片，是公元前65年至公元前56年汉宣帝时期的文书。斯坦因于1907年3月到达敦煌千佛洞，大规模的盗窃活动自此开始。斯坦因到达千佛洞后，用欺骗、利诱等手段从王道士手中一次就盗走了珍贵档案文献29箱，搬运了七夜。这次共掠走完整无缺的卷子约3000卷，文件和残篇7000件。此外，他还搜掠了不少的西藏地方文书。这一大批的珍贵档案，全部被运到英国伦敦不列颠博物院。他们仅整理修复这些材料就用了整整七个年头，到1936年才完成编目工作。1913年，斯坦因趁辛亥革命政权变乱之机，第三次进行盗窃活动，他仍到敦煌王道士处，收买了六百多卷特别有价值的写本佛经和历年从石室散出的卷子，又装走了五大箱。总之，在半殖民地半封建的中国，外国侵略者掠夺、盗窃我国档案文物，是帝国主义进行文化侵略的一个重要内容，也是他们整个侵略政策的一个组成部分。

（五）现存清代档案

明清档案收藏的中心是中国第一历史档案馆，该馆所存清代档案所属时间，最早从天命前九年（1607年）至宣统三年（1911年）以及末代皇帝溥仪退位和被逐出皇宫后1912年至1940年形成的档案。其中主要是清代中央枢要机构和皇室档案，宫外办事的六部和地方机关档案数量很少。这些档案按管理系统分为74个全宗，其中档案数量最多的全宗有内阁、军机处、宫中、溥仪、端方等全宗。台湾故宫博物院也保存有一定数量的清代档案，计有45万件。在这些档案中，除军机处档案有相当数量的"月折包"外，各项档册中的上谕档、廷寄档也有一定数量。清国史馆的长编档册是运台档案中较为齐全的一部分。

三 练习题及参考答案

（一）填空题

1. 清末总理各国事务衙门设置_____和_____两个文书档案机构。

（司务厅，清档房）

2. 总理衙门司务厅下设_____，清档房下设_____。

（文案科房，清档科房）

3. 清代各机关主管档案的机构是_____和_____。

第四章　明、清档案和档案工作

（档房，清档房）

4. 所谓"清档"就是＿＿＿＿的意思。清档房的职责是对＿＿＿＿进行＿＿＿＿、＿＿＿＿、＿＿＿＿、＿＿＿＿，形成＿＿＿＿，也叫＿＿＿＿。清代也称＿＿＿＿或＿＿＿＿。

（编年汇抄档案，档案原件，纂录，编辑，缮写，校对，档册，档案汇抄，编辑档案，修辑档案）

5. 外交档案主要产生于＿＿＿＿年设立的＿＿＿＿。

（1861，总理各国事务衙门）

6. 我国半殖民地化在档案中的表现是＿＿＿＿在＿＿＿＿后大量形成。

（外交文书档案，第一次鸦片战争）

7. 王国维把史料大发现总结为＿＿＿＿、＿＿＿＿、＿＿＿＿、＿＿＿＿、＿＿＿＿五项。

（甲骨，简牍，敦煌卷轴，内阁档案，中国境内之古外族遗文）

（二）判断题

清档房职责就是把档案原件进行清洁。

（错。清档房职责就是把档案原件进行纂录、编辑、缮写、校对，形成档册，也叫档案汇抄。）

（三）名词解释

1. 缺主：清代垄断档案以控制政务的书吏。他们视档案为"家传之秘"，以"案例"作为要挟长官的利器，以秘不示人的管理技能作为维持职位的手段，有的书吏借此独掌一司之事。他们把持案卷，包揽词讼，侵吞钱粮，是对清统治者极为不利的内在威胁。

2. 斯坦因：英国人。先后3次进入新疆地区，盗走了包括敦煌经卷在内的大批珍贵档案文献，是盗窃我国历史档案最多的外国人。

（四）问答题

1. 清代的外交文书有哪几种？

申陈、劄（zhá，音"札"）行、照会、函、国书

2. 清朝交涉外交事务常用的平行文书称为什么？

（照会）

3. 我国半殖民地化在档案中的具体表现是什么？

（外交文书档案在鸦片战争后大量形成）

4. 电报公文产生于何时？最初叫什么？

光绪二十四年（1898年），抄电。

5. 官员照片作为人事档案始于何时？

宣统三年（1911年）

6. 我国封建社会典型的家族档案是什么？

（山东曲阜孔府档案）

7. 我国现存最完整的地方历史档案是什么？

（四川巴县档案）

8. 迄今发现的最早的清代诉讼档案是什么？

（祁门县清代嘉庆、道光年间诉讼文书档案）

9. 总理各国事务衙门的内部机构有哪些？

（五股、一房、一厅）

10. 总理各国事务衙门设置了哪两个文书档案机构？其文档人员称为什么？

（司务厅、清档房；司员、供事）

11. 总税务司署设置了哪两个文书档案机构？

（机要科、汉文科）

12. 近代企业中设有哪些文书档案机构？

文案处（厅、房）、画图房、舆图局

13. 清末档案工作的腐败表现在哪两个方面？

（一方面使档案工作长期处于停滞落后状态，另一方面则是大量档案文件被毁、被盗而蒙受损失。）

14. 清末整顿档案工作的中心是什么？

（裁汰书吏）

15. 盗窃我国历史档案最多的人是谁？他的中亚探险共有几次？

英国人斯坦因，4次（1900—1901年、1906—1908年、1913—1916年、1930—1931年）

16. 中国历史上第一份铅印邸报是什么？创办于何时？

《政治官报》，1907年（清光绪三十三年）10月

17. 《政治官报》被誉为什么？刊载内容包括哪十大类？

（"大清第一报"，谕旨批折宫门抄、电报奏咨、奏折、咨札、法制章程、条约合同、报告示谕、外事、广告、杂录）

第四章 明、清档案和档案工作

18. 中国最早编译的一部世界地图集是什么？编者是谁？现存何处？

《海国图志》，清道光年间魏源等人编译，现存国家基础地理信息中心（国家测绘档案资料馆）。

19. 清代档案的起止时间是什么？历时多少年？

天命纪元前九年（1607年）至宣统三年（1911年），305年。

20. 现存清代档案大部分保存于何处？共约多少件？

（中国第一历史档案馆，1000余万件）

21. 台北"故宫博物院"保存的清代档案有多少卷？

（45万卷）

（五）简述题

1. 鸦片战争后清朝的文书档案发生了什么变化？

封建社会各个朝代形成的文书档案，基本上属于封建统治者进行内政活动的历史记录。鸦片战争后，随着外国资本主义势力的入侵，清朝外交活动急趋频繁，出现了一些新的文书档案。具体有：外交文书档案大量形成；外文文书档案大量形成；近代生产技术档案；财会档案；统计档案；近代学校档案。

2. 鸦片战争后清朝的文书档案机构与档案管理发生了什么变化？

鸦片战争后，清朝的档案工作机构相应地发生了某种程度的变化。首先是总理各国事务衙门档案机构的扩大。总理衙门对于清档房的工作十分重视，清档房的职责是对档案原件进行纂录、编辑、缮写、校对，形成档册，也叫档案汇抄。

其次，在由外国侵略者直接控制的总税务司署，也设置了具有明显半殖民地性质的文书档案机构。

最后，清末除了与资本主义入侵有关的机构档案工作有一定的变化发展外，有些地方机关也较重视档案的收集与保管，制定了一些档案工作的规章制度。

（六）论述题

1. 试述《政治官报》的创办时间、性质及意义。

清政府于光绪三十三年（1907年）创办，1911年改为《内阁官报》。为清王朝中央刊布折件的官报，也是清末中央政府公布谕旨、奏章及法律、命令的正式机关报。被誉为"大清第一报"。刊载内容包括谕旨批折宫门抄、电报奏咨、奏折、咨札、法律章程、条约合同、报告示谕、外事、广告、杂录十大类,重在鼓吹"预备立宪"。这一官报具有近代意义档案文件公布的性质。

2. 试述清末文书档案工作的整顿措施。

(1) 实行新政与裁汰书吏。清政府在实行"新政"改革官制中,开展了一次以裁汰书吏为中心的档案工作整顿与改革,因为书吏之弊已成为实行新政、强化统治效能的重要障碍。但由于书吏问题是历代封建官僚机构的积弊,所以此次裁革书吏之举是极不彻底的。

(2) 清理积案与加强现行档案的管理。从吏部、会议政务处、外务部三个机构在档案工作整顿改革中出现的档案分类方法来看,这个时期已经采取了按地区、作者、问题和档案的重要程度进行分类的原则,档案管理有了明显的发展。在改革档案管理的同时,还加强了对陆军部档案的检查、监督和控制。

(3) 档案汇编与公布。在清末档案工作整顿中,档案的汇编公布是档案利用工作的一大变革。清政府为了适应形势的需要,在部分中央机构和省刊印了带有公布档案文件性质的《官报》。

3. 述评斯坦因对我国历史档案的盗窃活动。

英国人斯坦因是盗窃我国历史档案最多的一个,先后三次进入我国新疆和敦煌进行盗窃活动。第一次是于1900—1901年潜入我国新疆地区。在尼雅废墟中,发掘出许多佉卢文木简,还有许多写在纸和羊皮上的古代文书。1906年夏开始第二次盗窃活动,并于1907年3月到达敦煌千佛洞,用欺骗、利诱等手段盗走珍贵档案文献29箱,包括完整无缺的卷子约三千卷,文件和残篇七千件,还有不少西藏地方文书。1913年开始第三次盗窃活动,仍到敦煌收买了六百多卷写本佛经和其他卷子。斯坦因的盗窃活动引起了其他国家侵略者的垂涎,于是群盗蜂拥而至,争先抢夺,各劫所需,使我国历史档案遭到更严重的损失。

第四节 太平天国的档案和档案工作

一 本节内容要点

(一) 太平天国特有的文书档案名称

(田凭、荡凭、议单、评约、合挥等)

（二）太平天国文体改革的内容

（三）太平天国档案机构和人员

（天王府记注史官、六官丞相、文档人员地位及选任途径、诏书衙）

（四）太平天国对档案的保管和利用

（五）太平天国档案的汇编公布和编修史书

（六）现存太平天国档案

二 要点内容分析

（一）太平天国文书档案的特点

1. 太平天国政权特有的文书档案名称：田凭、荡凭、议单、评约、合挥等。2. 太平天国文体改革的内容：在文体改革上太平天国表现出了与几千年来儒家传统迥然不同的、前所未有的大胆创新。太平天国文书提倡文以纪实，文移书启必须切实明透，使人一目了然，要求实叙其事，语语确凿。这一改革文体的政令虽发布于后期，而太平天国反对"八股六韵"、提倡用朴实明晓文体则在革命初期已有表现。纵观太平天国各种文书多用语体文书写，有的则近乎口语，有的是接近白话的七言句式。因而通俗易懂，便于诵读。为便于了解文意，太平天国文书里还用了句号、点号、人名号、地名号等简单的标点符号。这些都充分体现了太平天国文书的进步性质。

（二）太平天国档案机构和人员

1. 天王府记注史官的名称与职任：天王府中，仿照历代官制，设置正副左右史四人，他们的主要职任是记言记事，将天王和诸王每次登朝与文武百官的问答以及其他重要朝政记载下来，每月录成一册，由左右史署名进呈天王御览。2. 太平天国六官丞相的职任：在朝内官职中最高的六官丞相，有的就是主管或兼管文书档案工作的官员。3. 太平天国文档人员地位及选任途径：从事文书档案工作的知识分子在太平天国革命政权中都居于相当重要的地位。不少知识分子加入太平军以后，都得到了重用，他们虽然大多"不与军事"，但在定都天京以后，差不多都官至丞相。随着太平天国的胜利进军，从事各级文书档案工作的知识分子在太平天国政权中的地位已经达到仅次于这个官衙的首席长官的程度，可见文书档案人员在太平天国各级政府中是受到普遍重视的。文书档案人员在太平天国各级政权中，很受尊重和优待。他们被统称为"先生"，供给丰厚，受到太平天国上下的优待和尊崇。太平天国对知识分子和文书档案工作的重视还表现在通过考试、保举等措施选拔人才。建都天京以后，便开科取士，选拔人才。凡是通过正式科举考试被录用者，大都授予较高的官品，其中的大多数被用来充实诸王府衙的文书档案机构。4. 诏书衙的性质和职任：诏书衙成立于1851年2月，它是一个保存档案、编纂史书、储集人才的机构。诏书衙不仅主管诏旨文书，而且各项户籍、名册、军册、家册均汇总于此。从这些规定看，诏书衙在某种意义上具有太平天国中央档案库的性质。

（三）太平天国档案的汇编公布和编修史书

1. 太平天国纲领性文献汇编的主要内容：如《天朝田亩制度》《资政新篇》等。2. 太平天国汇编档案的数量：太平天国汇编公布的档案文件数量很大，例如庚申十年（1860年）镌刻的册首所列"旨准颁行诏书总目"，就有29部之多。此外，还有三十余种只在封面上印有"旨准颁行"字样的官书，至于"将帅随地复刻"作为军中宣传的小册子，其数量更无法估计。3. 太平天国档案汇编的规模：太平天国汇编刻刊诏书的规模是十分巨大的。四百人终日从事印刷，向外分送，是军中、民间几乎人手一册的普遍宣传品。这些汇编公布的文献对于太平天国革命运动中各项政策的贯彻，发挥了巨大的宣传教育作用。4. 太平天国与封建王朝编史的不同点：利用档案文件编写太平天国的革命历史也有其自己的特点。尽管其编写方法与历代王朝的实录并无两样，然而，太平天国史书却有着自己崭新的内容与形式。《诏书》《太平天日》都是太平天国大型官修史书，这些史书都是在诏书衙从天王诏命中大量辑录档案文件的基础上汇纂而成的。太平天国史书纂修过多次，其特点是：（1）从内容看，记载了人民群众的革命斗争事迹；（2）从目的看，太平天国编纂史书不像历代封建王朝那样作为留传后世之用，而是作为教育群众踊跃参加变革现实斗争的一种形式；（3）从收藏看，太平天国的史书不藏于皇史，而颁布于民间；（4）从体裁看，不用典雅文章，而用评话体裁。太平天国利用档案文件编写历史，并颁布于人民群众中，这充分说明了它与封建王朝史书的根本区别。

（四）《贼情汇纂》的编纂及现存太平天国档案

1. 《贼情汇纂》编纂的目的、原则及客观作用：《贼情汇纂》自始至终采取了以传录口述和档案文件互证的编辑原则。因编辑目的是要"知彼"，而不是夸耀其镇压太平天国的武功，因此，记事尚能近实。今天看来，《贼情汇纂》在客观上保存了一些太平天国的史料。2. 现存太平天国

第四章 明、清档案和档案工作

档案数量：四百多件。

三 练习题及参考答案

（一）填空题

1. 太平天国文书提倡_____，要求_____、_____，反对_____，各种文告多用_____书写，有的近乎_____，有的接近_____的_____，有的夹杂着_____。

（文以纪实，实叙其事，语语确凿，八股六韵，语体文，口语，白话，七言句式，两广方言）

2. 太平天国档案可分为_____、_____、_____三部分。

（太平天国自身形成的文书，清政府相关档案，西方人对太平天国的记载）

3. 太平天国的人事文书档案有_____和_____。

（官执照，职凭）

4. 诏书衙成立于_____年，是一个_____、_____、_____的机构，它不仅主管_____，而且保管_____、_____、_____、_____等，实际上是太平天国的_____，其管理档案库的职官称_____、_____、_____等。

（1851，保存档案，编纂历史，储集人才，诏旨文书，户籍，名册，军册，家册，中央档案库，典簿书，典诏书，典诰命）

5. 从体裁看，太平天国的史书不用_____，而用_____。

（典雅文章，评话体裁）

6. 现存太平天国档案计_____多件，南京的_____于_____年将其编辑出版为_____，收入档案文件达_____件。

（400，太平天国历史博物馆，1979，《太平天国文书汇编》，418）

（二）判断题

1. 文书档案人员在太平天国各级政权中很受尊重和优待。

（对）

2. 太平天国早期文书无一定名称和格式。

（对。太平天国的文书从其产生开始便是其革命活动及各级政权组织活动的记录。它经历了从简单到复杂、从粗陋到完备的历史发展过程。）

3. 太平天国的文书档案就其形式而论则是既有因袭又有创新。

（对。太平天国的文书档案在内容上既有农民阶级反封建的革命一面，也有愚昧落后的一面。太平天国的文书形式不仅在因袭中有变革，而且创造了这一政权独特的文书种类，并有效地利用这些文书在革命斗争过程中发挥了巨大的作用。）

（三）名词解释

1. 诏书衙：成立于1851年2月，是一个保存档案、编纂历史、储集人才的机构，不仅主管诏旨文书，而且各项户籍、名册、军册、家册均汇总于此。从这些方面看，诏书衙在某种意义上具有太平天国中央档案库的性质。

2. 《太平诏书》：太平天国早期理论文件汇编。收录洪秀全的三篇文献，共7千多字。

3. 《贼情汇纂》：曾国藩主持编纂的太平天国档案文件汇编。目的是"知彼"，因此记事尚能近实。在客观上保存了太平天国的一些史料。

（四）问答题

1. 洪秀全颁布的文书称为什么？

（诏旨、诏令）

2. 洪秀全的三篇重要文献是什么？写于何时何地？

（《原道救世歌》《原道醒世训》《原道觉世训》，1845—1848年，广东花县）

3. 上奏天王的文书称为什么？

（本章）

4. 太平天国的文告夹杂着什么方言？

（两广方言）

5. 太平天国特有的文书档案有哪些？

（田凭、荡凭、议单、评约、合挥）

6. 太平天国的人事文书有哪些？

（官执照、职凭）

7. 太平天国时期的结婚证称为什么？

（合挥）

8. 太平天国档案可分为哪三部分？

太平天国自身形成的档案（自身文书）、清政府相关档案（清方档案）、西方人对太平天国的记载（外人记载）

9. 太平天国的什么制度烦琐而严密？
（避讳制度）

10. 太平天国的避讳方法有哪些？
（代字、改字、隐语）

11. 天王府的记注史官称为什么？
正副左右史（4人）

12. 从天王府到将军府设有哪些文书档案人员？
（六部尚书、六部书、六部掌书）

13. 中国历史上唯一的女状元是谁？担任什么官职？
（傅善祥，东殿簿书）

14. 太平天国采用什么方法保管档案？
（分散与集中相结合）

15. 太平天国的中央档案库是什么？
（诏书衙）

16. 太平天国档案留存至今的有多少件？多数现存于何处？
（400余件，南京太平天国历史博物馆）

17. 太平天国早期理论文件汇编是什么？
（《太平诏书》）

18. 太平天国的纲领性文献汇编主要有哪两部？
（《天朝田亩制度》《资政新篇》）

19. 太平天国大型官修史书主要有哪两部？
（《诏书》《太平天日》）

20. 现仅存的一部太平天国自编史书是什么？
（《太平天日》）

21. 太平天国在编史方面与封建王朝有什么不同？
（1）从内容看，记载了人民群众的革命斗争事迹；（2）从目的看，不像历代封建王朝那样作为留传后世之用，而是作为教育群众踊跃参加变革现实斗争的一种形式；（3）从收藏看，太平天国的史书不藏于皇史宬，而颁布于民间；（4）从体裁看，不用典雅文章，而用评话体裁。这些充分说明了太平天国史书与封建王朝史书的根本区别。

22. 被誉为"太平天国史料第一人"的学者是谁？
（萧一山）

23. 我国研究太平天国史的开山宗师是谁？

（罗尔纲）

（五）简述题

1. 太平天国的文书档案工作机构是怎么设置的？

太平天国的文书档案工作机构的设置是由其官制决定的。在朝内，太平天国文书档案机构和人员的设置也有因袭和沿用历代封建王朝的做法。在军中，总制至卒长各级长官都设有一定数量的书理，两司马设书使掌管文书档案工作。由于太平天国采取军政合一的制度，地方机关的文书档案工作人员与军中相同。

2. 太平天国在哪些方面体现了对档案人员的重视？

太平天国对文书档案人员的选择和使用，充分体现了农民政权对于知识分子所采取的革命政策。太平天国对知识分子和文书档案工作的重视还表现在通过考试、保举等措施选拔人才。文书档案人员在太平天国各级政权中很受尊重和优待。

（六）论述题

1. 试分析太平天国文书档案的形成及其特点。

太平天国农民战争的革命性质及其历史局限性决定了太平天国政权的特殊性，太平天国革命时期的文书档案正是其革命活动和中央及地方各级政权的产物。因而，太平天国政权的特殊性质也就决定了其文书档案制度的历史特点。

太平天国文书档案从产生开始便是其革命活动及各级政权组织活动的记录。就其形式而论则是既有因袭又有创新。大部分文书，特别是革命前期的这类文告具有新鲜的革命内容。不仅其形式和内容有因袭和创新、革命进步和封建落后的两重性，就其文体及语言而论，也是这种混合的反映。

2. 试述太平天国利用档案编史的特点。

太平天国利用档案文件编写历史有其自己的特点。尽管编写方法与历代王朝的实录并无两样，然而，太平天国史书有着自己崭新的内容与形式。其特点是：（1）从内容看，记载了人民群众的革命斗争事迹；（2）从目的看，不像历代封建王朝那样作为留传后世之用，而是作为教育群众踊跃参加变革现实斗争的一种形式；（3）从收藏看，太平天国的史书不藏于皇史宬，而颁布于民间；（4）从体裁看，不用典雅文章，而用评话体裁。这些充分说明了太平天国史书与封建王朝史书的根本区别。

第五章

辛亥革命、北洋军阀、国民政府的档案工作

教学目标和要求：本章介绍辛亥革命、北洋军阀、国民政府的档案工作。使学生了解和掌握南京临时政府的档案工作、北洋政府机关档案工作的发展和对档案的破坏、南京国民政府文书档案改革运动和近代文化教育机构对明清档案的收集和整理。

教学重点：《南京临时政府公报》、"八千麻袋事件"、文书档案连锁法、文献馆、《文献特刊》

教学难点：南京临时政府文书档案改革的内容、北洋政府机关档案工作的发展、国民政府文书档案改革运动

基本概念：《南京临时政府公报》、《革命方略》、典守室、"八千麻袋事件"、《谈所谓〈大内档案〉》、明清史料整理会、行政三联制、文书档案连锁法、纲目分类法、文献馆、《文献特刊》、崇实档案学校

本章思考题：
1. 简述资产阶级革命党人对档案的保护和利用。
2. 试述南京临时政府文书档案改革的主要内容。
3. 试析北京大学对内阁大库档案收集整理的经验教训。
4. 简述国民政府时期的档案管理方法。
5. 试述南京国民政府文书档案改革运动的主要内容。
6. 试述我国档案学产生的历史条件及其特点。

参考书目：

中国第二历史档案馆：《民国时期文书工作和档案工作资料选编》，档案出版社，1987年。

张宪文、陈兴唐、郑会欣：《民国档案与民国史学术讨论会论文集》，

档案出版社，1988年。

赵铭忠、陈兴唐：《民国史与民国档案论文集》，档案出版社，1991年。

涂克明：《民国档案与民国史学术研讨会论文集》，民国档案杂志社，2001年。

中国第二历史档案馆：《全国民国档案通览》（全十册），中国档案出版社，2005年。

王芹：《民国时期档案法规研究》，合肥工业大学出版社，2010年。

袁晓川：《政治秩序与行政效能：南京国民政府时期公文制度研究》，社会科学文献出版社，2021年。

第一节　辛亥革命的档案工作

一　本节内容要点

（一）资产阶级革命团体对档案文件的搜集、保护和利用

（二）南京临时政府的文书档案工作改革

（机构改革、公文改革、档案利用改革）

（三）《南京临时政府公报》

（四）孙中山重视档案工作

（革命准备时期、任临时大总统时期、广州大元帅府时期）

（五）辛亥革命时期地方机关的档案工作

二　要点内容分析

（一）南京临时政府时期的档案工作

重点要掌握南京临时政府文书档案改革的内容。其改革内容有三个方面。

1. 机构改革：依据《中华民国临时政府组织大纲》的规定在总统府下设有秘书处，该处下设总务、军事、财政、民政、电报、文牍、收发七科，文牍科的主要任务是负责整理和保管总统府在日常工作中形成的档案，可以说是总统府的机关档案室。

2. 公文改革：1912年南京临时政府公布了公文程式，明令规定了五种

文件的名称和用法。令：为公布法令、任免官吏及有所指挥时使用。咨：同级官署往复使用。呈：官署或职官对于大总统，下级官署对于上级官署有所陈请、报告时使用。示：也称布告，为宣布事件或有所劝诫时使用。状：委任官员及授赏徽章时使用。与此同时，废除了封建王朝使用的体现封建皇帝专制权力的文件名称，反映了资产阶级革命党人反对封建专制的思想，是文书档案史上的一次重要改革。

3. 档案利用改革：南京临时政府十分重视档案的编辑公布。档案的编辑公布集中体现在《南京临时政府公报》上。该《公报》出版于1912年1月29日，每日一期，内容包括令示、法制、纪事、电报、抄译外报、杂报六类。《公报》经常被作为发布的政令文件来使用，因此，《公报》本身就具有公文的属性，《公报》的公布，亦是下达文件的一种方式。当《公报》中公布的文件失去时效后，公报本身便成了档案，所以公报又是一种公布档案的形式。该公报中公布登载的纪事、电报、杂报等，都是处理完毕的文件，由此可见《公报》从一开始，就具备法令文件和档案公布的双重性质，而且随着时间的推移，其档案公布的特性越来越明显，最终成为完全意义上的档案汇编。

（二）孙中山重视档案工作

可分三个时期记述：1. 革命准备时期：在兴中会、同盟会中就设置了文书档案机构，并由革命组织中的重要干部负责这些文书档案工作。2. 在南京临时政府任临时大总统期间：（1）安徽、南京等地起义军由于炮火连天，再加之军纪较为松弛，毁坏了一些驻地学校的档案，孙中山立即下令，要求有关省的都督查明究办。（2）孙中山也十分注意档案的保存。1912年3月21日，他在给参议院的咨文中，提到袁世凯的受职誓书应送交参议院保存。（3）对于撤销机关档案的处理，孙中山也作过具体的指示。1912年3月，在给参谋部的命令中对撤销大本营后档案的处理做出指示。从以上事实可以看出，孙中山对中央档案、地方档案、撤销机关档案的保护和保管都有一些具体的指示，尽管是针对一事一文或某一机关，但也反映了这位伟大的革命家对于历史真迹的珍视。同时孙中山对于成立国史馆收集史料、编纂国史的提案也持热烈支持和赞同的态度。3. 广州大元帅府时期：1923年4月，他曾亲笔草拟并签署了派宋子文到财政厅调查档案的命令。孙中山在其一生的全部革命活动中，对档案工作一直十分重视，表现了一个革命家的远见卓识，也为后人树立了一个光辉的典范。

三 练习题及参考答案

（一）填空题

孙中山遗嘱包括_____、_____、_____三个文件。

(《国事遗嘱》《家事遗嘱》《致苏俄遗书》)

（二）判断题

南京临时政府各部所属机构都建立了专门的档案机构。

(错。南京临时政府各部所属机构并未建立专门的档案机构。)

（三）名词解释

1.《南京临时政府公报》：是南京临时政府发布政令、公布档案的官报。1912年1月29日出版，每日一期，4月5日停刊，共出58期。公报以"宣布政令，发表中央及各地政事"为宗旨，内容包括法制、令示、纪事、电报、抄译外报、杂报六类，具有法令文件和档案公布的双重性质。

2.《革命方略》：1906年孙中山主持制定的同盟会的重要文件汇编。有《中国同盟会革命方略》和《中国革命党革命方略》两种。

3. 典守室：湖北革命实录馆的档案室。由专职档案人员"典守"负责档案的保管和提供利用。

（四）问答题

1. 兴中会的文书档案工作由什么掌管？

正副文案（各1人）

2. 同盟会总部的档案工作由什么掌管？

（书记科）

3. 同盟会的纲领性文件称为什么？

《同盟会宣言》（又称《军政府宣言》）

4. 同盟会的重要文献汇编称为什么？

（《革命方略》）

5. 资产阶级革命团体的档案工作有什么特点？

（文书档案工作一般和其他工作如文书、会计、庶务工作等结合在一起。）

6. 南京临时政府的公文文体有哪九种？

（令、谕、咨、呈、示、公布、批、状、照会）

7. 总统府的机关档案室称为什么？

第五章 辛亥革命、北洋军阀、国民政府的档案工作

（文牍科）

8. 南京临时政府秘书处设有哪两个文档机构？

（文牍科、电报科）

9. 南京临时政府各部的文书工作由什么机构管理？

（政务厅、承政厅）

10. 军政府设有哪些机构兼管档案工作？

（总务科、收掌科、文牍室）

11. 湖北革命实录馆成立于何时何地？主要任务是什么？

（1912年6月16日，汉口，编纂辛亥革命史）

12. 南京临时政府公文改革的主要内容有哪三个方面？

（1）简化文书种类，统一公文程式；（2）废除了体现封建皇权的文件名称，规定了新的公文种类；（3）确定了新文种的使用范围和具体用法。

13. 南京临时政府废除了封建文书中的什么制度？

（文书抬头制度、文书避讳制度）

14. 南京临时政府规定文书统一采用什么纪年及历法？

中华民国纪年，阳历（公历）

15. 南京临时政府创设了哪两种新的公文下达方法？

（设立揭事处；以公报形式下达文件。）

16. 南京临时政府以什么形式下达和公布文件？

（以发行"公报"形式下达和公布档案文件。）

17. 《南京临时政府公报》的主旨是什么？内容包括哪六类？

（宣布法令，发表中央及各地政事；令示、法制、纪事、电报、抄译外报、杂报）

18. 南京临时政府制定的具有宪法性质的文件是什么？

（《中华民国临时约法》）

19. 湖北军政府制定的具有宪法性质的文件是什么？

（《鄂州约法》，1911年10月16日颁布）

20. 同盟会创办的机关报是什么？

（《民报》，1905年11月26日创刊于日本东京。）

21. 秋瑾创办的中国首份妇女报刊名为什么？

（《中国女报》，1907年1月14日在上海创办。）

22. 孙中山主持制定的《革命方略》有哪两种？

(《中国同盟会革命方略》和《中国革命党革命方略》)

23. 孙中山遗嘱包括哪三个文件？

(《国事遗嘱》《家事遗嘱》《致苏俄遗书》)

（五）简答题

1. 资产阶级革命党人采取什么措施保护档案？

在当时秘密的地下革命活动中，为了安全妥善地保护档案，革命党人采取了一些必要的措施。首先是尽量减少档案的形成，以缩小档案被泄密的可能性；其次是采用各种方法将档案加以伪装；最后是在紧急关头，坚决烧掉档案，甚至牺牲生命来保护档案。

2. 资产阶级革命党人是如何利用档案的？

在革命活动中，革命党人采取了汇编公布档案文献的做法，一方面揭露清王朝反动腐朽的统治，另一方面积极宣传革命的必要性和可能性。除此之外，一些革命党人还根据档案材料和史料记载编写一省一地的档案汇编以及宣传册子。

（六）论述题

1. 试述南京临时政府文书档案改革的主要内容。

南京临时政府在档案机构、公文程式以及档案利用方面进行了如下改革。

（1）机构改革：总统府下设秘书处，该处下设总务、文牍、收发等7科，文牍科主要负责整理和保管总统府在日常工作中形成的档案，可以说是总统府的机关档案室。

（2）公文改革：公布了公文程式，规定了令、咨、呈、示、状5种公文名称和用法。废除了封建王朝使用的体现皇权的文件名称，这是资产阶级革命在文书档案名称上的反映。

（3）档案利用改革：重视档案的编辑公布，在档案利用上反映出这一政权的民主性质。档案的编辑公布主要体现在《南京临时政府公报》上。

总之，南京临时政府文书档案改革奠定了民国时期文书档案工作发展的基础。

2. 试述孙中山对档案工作的重视。

孙中山十分了解档案对于革命的作用，重视档案的保护和管理利用。早在革命准备时期，兴中会、同盟会就设置了文书档案机构，并由革命组织中的重要干部负责这些文书档案工作。

| 第五章　辛亥革命、北洋军阀、国民政府的档案工作

孙中山在南京临时政府任临时大总统期间，虽然工作繁忙，但对于档案的保护、保管，甚至对撤销机关档案的移交等具体工作都十分关切，并亲作指示。

孙中山也十分重视档案的保存。1912年3月21日，他在给参议院的咨文中，提到袁世凯的受职誓书应送交参议院保存。

孙中山对自己在革命活动中形成的档案文献也非常珍视。

孙中山在其一生的革命生涯中，对档案工作一直十分重视，表现了一个革命家所具有的远见卓识，也为后人树立了一个光辉的典范。

第二节　北洋政府的档案和档案工作

一　本节内容要点

（一）北洋政府机关档案工作的建立和发展

（出现了一批专职档案机构，确立了一套档案工作的规章制度）

（二）北洋政府对历史档案的大拍卖——"八千麻袋事件"

（远因、近因、经过、评论）

（三）北京大学对内阁大库档案的收集与整理

（整理机构、整理步骤、经验教训）

二　要点内容分析

（一）北洋政府机关档案工作的发展

1. 发展的标志：（1）出现了一批专职档案机构，如外交部的档案房，内务部的档案科，司法部设有文件保管室，有的机关为清理陈案设立了文牍清理室（陈案清理室），等等。（2）一些主要机关中的专职档案机构确立和实施了一整套的档案工作的规章和制度。综观这一时期有关档案事务的章则有两种类型：一类是在沿袭清代编纂档册的基础上对档案的整理、保管、利用诸方面规定了较为严密的方法和制度；另一类是革除了清代编档的做法，在管理、保存、利用档案原件方面提出一套较为科学的做法。

2. 两类机关档案章则的主要内容：（1）以外交部为代表的机关中首先确定了"文书""文件""档案"三者的定义及其界限："文书"即指每一件独立的公文书，而"文件"则是文书及其附件之总称，"档案"则是"每案

于结案时""删繁摘要"编成之专档,即指一件公务根据发生、办法、结果经过编录加工的档册或摘要之簿册。同时规定了档案工作的几点基本做法:①这个时期一些机关的档案工作的组织,从人员到机构采取了分司管理、集中保存的体制。②在档案整理方面明确规定按不同历史时期的不同机关作为档案整理的基本单位,如"新档""旧档"的区别,可见这一时期已经出现了类似全宗的分类原则。③编辑档案的做法在北洋时期较清朝更为发展,汇成了一套从编辑到保管、借阅的系统制度。④从档案库(房)和各厅、司、科的关系看,北洋时期已经有了类似机关档案室的组织机构。这类专职档案机构与文书处理部门存在着业务指导和联系的关系。(2)以司法部为代表的机关中的具体规定是:①文书立卷要根据主管业务机构编制的案卷类目进行立卷;②档案机构要按接收之档案进行分类登簿;③根据档案重要程度和保管年限编制档案检索簿,这是近代档案参考工具的开始;④划分档案的重要程度和保管年限;⑤规定了档案的借阅制度,特别是建立了调阅档案的"阅览室"。上述两类机关档案工作的章则提出的关于立卷、分类、鉴定、编目、保管、利用等较为科学的做法,涉及了近代档案管理的基本内容和主要环节,一定程度上反映了档案工作的基本特点和规律,因而奠定了机关档案室工作在近代档案管理上的地位和作用,这与清代相比是一个很大的进步。这种发展,表明了传统的、封建的档案工作正逐步向近代档案管理方向过渡。这些进步总的来说表现在:①已有类似全宗整理档案的做法;②规定了文书处理部门立卷的原则;③提出了编目和编制检索工具的规定;④规定了档案的保管期限和销毁原则;⑤健全了调阅档案的制度。

(二)北洋政府对档案的破坏——"八千麻袋事件"

1. 此题要掌握这一事件的远因、近因、经过及评论。(1)远因:光绪二十五年(1899年)内阁大库已年久失修,库墙部分倒塌。至宣统元年(1909年)库房破坏更为严重,经罗振玉、报张之洞奏请,才把库中所藏档案迁出移交给学部管理。学部把这批档案放置在国子监和学部大堂两处。可知内阁大库的档案在清代就已流散出来。这些档案虽在清朝幸免于焚毁而保存了下来,但长达十几年间,北洋政府的历史博物馆并没有妥善保管,一直处于无人管理状态。这就使上自教育总长、次长,下至工役们竞相偷窃。(2)近因:至1921年,北洋政府教育部因经费困难,官僚们就拿这批档案打主意,欲将其变卖以补充教育部的经费。于是将放置在午门和端门门洞里的共重15万斤的档案装了八千麻袋,以4000元大洋的价钱卖给北京一纸店。(3)经过:1922年2月,罗振玉在北京市上看到大库档案出售,于是以12000元,即3倍的价钱将原物买回。罗振玉买得这批档案后,延招十余人排目检视,编印了《史料丛刊初编》十册。1924年罗振玉把这批档案除留下部分外,又以16000元的高价卖与原清朝官吏李盛铎。李盛铎又把这批档案中的大部分卖给了国民政府"中央研究院"历史语言研究所。1927年,罗振玉把存留档案的一部分卖给了日本人松崎,共四十余箱之多。至1936年罗振玉将他存留的最珍贵的档案64872件奉献给伪满洲国皇帝溥仪。(4)评论:清内阁八千麻袋档案整个辗转拍卖散失的事情,档案史上称为"八千麻袋事件"。这一事件反映了北洋政府的腐败。2. 与这一事件有关的主要人物,有罗振玉、李盛铎等。3. 鲁迅对这一事件著文的主要内容:"八千麻袋事件"也引起了鲁迅的关注,他在1927年著《谈所谓〈大内档案〉》一文,揭露和抨击当局的腐败和丑恶。文章主要内容:(1)谴责了以往的统治者对待历史档案的冷漠态度。(2)揭露了当时进行"整理"和"检查"的实质。实际上只是官僚"考古家"的分赃,只是对这批档案进行合法、公开的破坏和抢劫。(3)自历史博物馆拍卖八千麻袋档案后,大小官僚阔人才敢把早先陆续偷窃去的历史档案文件,借口是八千麻袋里的东西,大胆地公开拿出来发表。(4)最后,鲁迅先生一针见血地指出:这一事件的实质是北洋政府的腐败。

(三)北京大学对内阁大库档案的收集与整理

这一问题要掌握北京大学对内阁大库档案整理成立的机构,该机构档案整理的步骤及其总结的经验与教训:1. 整理机构:1922年2月成立,称"清代内阁大库档案整理委员会"(后改为"明清史料整理会")。2. 整理步骤:主要分三个步骤:(1)分类整理;(2)编号摘由;(3)纂修、汇编、公布。3. 经验:北京大学运用了名称、年代、机关、地区几个分类原则,大小类目层次清晰,具有逻辑联系,这是档案整理方法的发展。4. 教训:北京大学的整理方法仍然存在一些局限:(1)太重于形式,只知区别名称、排比年代,而忽视档案的内容;(2)只知注意档案本身,而忽视衙署职司文书手续的研究,致使各类档案均失掉它的联络性;(3)过于注意搜求珍贵史料以资宣传,而忽略了多数平凡材料的普遍整理。北京大学整理历史档案的经验与教训对于以后历史档案的整理都是十分有益的。

三 练习题及参考答案

(一) 填空题

1. 北洋政府的平行文种有_____和_____两种。

(咨，公函)

2. 北洋政府在_____和_____一级机关中设立_____、_____、_____、_____等机构，制定了_____、_____、_____、_____等规章制度。

(中央，省，档案房，档案科，文件保管室，文牍清理室，保存文件股（处），《编档办法》，《保存文件规则》，《编档规则》，《编纂规则》)

3. 北洋政府于_____年开始纂修清史，历经14年才修成_____。

(1914，《清史稿》)

4. 北洋政府的编史机构主要有_____、_____、_____。

(国史馆，清史馆，故宫博物院)

5. 故宫博物院文献部成立于_____年，由_____负责，1927年改为_____，1929年又改为_____，1951年改称_____，1955年更名为_____，1958年改名为_____，并入中央档案馆后改称_____。

(1925，沈兼士，掌故部，文献馆，档案馆，中国第一历史档案馆，明清档案馆，明清档案部)

6. 北洋时期破坏档案的突出表现是_____和_____。

(袁世凯焚毁称帝文电，八千麻袋事件)

7. 北京大学接收了_____的部分_____后，成立_____（后改为_____）进行_____、_____和_____工作，印行多种_____，举办_____。

(历史博物馆，明清档案，清代内阁大库档案整理委员会，明清史料整理会，整理，纂修，公布，档案汇编，档案展览)

(二) 判断题

北洋政府国务院中掌管文书档案工作的机构为总务厅。

(错。北洋政府国务院中掌管文书档案工作的机构为秘书厅。)

(三) 名词解释

1. 八千麻袋事件：1921年北洋政府教育部因经费困难，将8000麻袋、重 15 万斤珍贵的清代内阁大库档案以 4000 元大洋的价格卖给北京一纸店。而后这批档案又经几人倒买倒卖，辗转流失。清内阁大库档案被辗转倒卖散失的事件称"八千麻袋事件"。这一事件反映了北洋政府的腐败和丑恶。

2. 《谈所谓〈大内档案〉》：鲁迅在 1927 年 12 月的著文。文章揭露了"八千麻袋事件"的真相，痛斥和抨击了北洋政府大小官僚和清朝遗老对待历史档案的恶劣态度和盗窃行径。

3. 明清史料整理会：北京大学 1922 年成立的整理明清档案的机构。初称"清代内阁大库档案整理委员会"，后改此名。

（四）问答题

1. 北洋政府的上行文种有哪一种？

（呈）

2. 北洋政府的平行文种有哪些？

（咨、公函）

3. 北洋政府的下行文种有哪些？

（令、布告、状、批）

4. 北洋政府规定的公文文体有哪十三种？

（大总统令、院令、部令、训令、指令、委任状、处分令、布告、咨、公函、呈、批、任命状）

5. 袁世凯军令分为哪五种？

（宣令、规令、训令、密令、批令）

6. 袁世凯统率办事处使用的公文有哪五种？

（封交、封寄、电寄、函、电）

7. 袁世凯颁布了哪三大公文程式？

（《大总统公文程式》《大总统府政事堂公文程式》《官署公文程式》）

8. 袁世凯将公文分为哪三个等级？

（大总统级、政事堂级、一般官署级）

9. 袁世凯的专职秘书机构是什么？

（机要局）

10. 北洋政府国务院的文档工作由什么机构负责？

（秘书厅）

11. 北洋政府中央和省级机关设立了哪些档案机构？

档案房、档案科、文件保管室、文牍清理室、保存文件股（处）

12. 北洋政府外交部制定了哪五个关于档案事务的章则？

《编档办法》（两次）、《保存文件规则》、《编档规划》、《编纂规则》

13. 北洋政府机关档案工作的发展表明了什么？

（表明了传统的封建的档案工作正逐步向近代档案管理方向过渡。）

14. 北洋政府机关档案工作的发展表现在哪两个方面？

（首先已有类似全宗整理档案的做法；其次规定了文书处理部门立卷的原则。）

15. 北洋政府档案工作的发展表现在哪两个方面？

（一是近代国家机关中出现了一批专职档案室；二是在一些主要机关中确立和实施了一整套档案工作的规章制度。）

16. 北洋政府破坏档案的两大表现是什么？

（袁世凯焚毁称帝文电和"八千麻袋事件"。）

17. 我国第一个近代意义的档案馆是什么？成立于何时何地？

（故宫博物院文献馆，1929年3月，北京）

18. 故宫博物院文献馆的建立标志着什么？

（档案与图书管理机构相分离）

19. 北洋政府中央机关的档案现存何处？约有多少卷？

（中国第二历史档案馆，9.9万卷）

20. 北洋政府的编史机构主要有哪些？

（国史馆、清史馆、故宫博物院）

21. 近代最早编制的档案参考工具是什么？

（根据档案重要程度和保管年限编制的档案检索簿）

22. 近代最早阐述明清档案整理的重要学术文献是什么？作者是谁？

（《中国史料的整理》，陈垣）

23. 现存唯一一部清代正史是什么？共有多少卷？主编是谁？

《清史稿》，536卷，赵尔巽（xùn，音"讯"）

24. 近代篇幅巨大的一部断代史是什么？共有多少卷？作者是谁？

（《新元史》，257卷，柯劭忞）

25. 1921年北洋政府下令把什么列入正史？

（《新元史》）

第五章 辛亥革命、北洋军阀、国民政府的档案工作

（五）简述题

1. 北洋政府时期制定了哪些档案规章？

这一时期有关档案事务的规章有两类，一类是沿袭清代编纂档册的基础，对档案的整理、保管、利用等方面规定了较为严密的方法和制度；另一类是革除了清代编纂档案的做法，在管理、保存、利用档案原件方面提出了较为科学的做法。

2. 北洋政府时期文书处理程序与文书制度的内容是什么？

北洋政府时期，公文运转程序基本上是按照隶属关系和机关地位的高低来进行的。在文书制度中，除了规定公文的名称种类、使用方法、使用范围和使用对象外，还包括其他的关于文书工作的规章制度，主要有：一是规定了公文用纸、书写格式和拟写方法；二是实行年终移交制度。

3. 北洋政府时期传统的档案工作向近代档案管理过渡表现在什么地方？

北洋政府时期，传统的档案工作向近代档案管理过渡表现在：第一，已有类似全宗整理档案的做法；第二，规定了文书处理部门立卷的原则；第三，提出了编目和编制检索工具的规定；第四，规定了档案的保管期限和销毁原则；第五，健全了调阅档案的制度。

（六）论述题

试分析北京大学对内阁大库档案收集与整理的经验教训。

1. 当历史博物馆卖出历史档案正在社会上流散时，北京大学开始了对历史档案的收集与整理工作。1922年北京大学研究所国学门成立。

2. 北京大学对内阁大库档案的收集与整理，是北京大学师生保护档案，爱护祖国珍贵历史遗产的爱国表现，他们编辑出版的档案史料为史学及其他领域的学术研究提供了宝贵材料，档案的价值逐渐被人们认识。北京大学的这一行动，不仅收集、整理、保存了大量的历史档案，同时在档案的整理方法方面也为以后历史档案的整理提供了很多宝贵经验。

3. 但北京大学的整理方法仍然有一些局限：第一，太重于形式，而忽视档案的内容；第二，只注意档案本身，而忽视衙署职司文书手续的研究，致使各类档案均失掉它的联络性；第三，过于注意搜求珍贵史料以资宣传，忽略了多数平凡材料的普遍整理。

第三节　国民政府的档案和档案工作

一　本节内容要点

（一）国民政府前期的档案管理

（二）文书档案改革运动

（三）文化教育团体对明清历史档案的收集和整理

（文献馆、"中央研究院"历史语言研究所、清华大学历史系、禹贡学会、北京大学"明清史料整理会"）

（四）近代档案教育的兴起

（私立武昌文华图书馆专科学校、崇实档案学校）

（五）20世纪三四十年代我国近代档案学的产生与发展

二　要点内容分析

（一）国民政府前期的档案管理

1. 对前政权档案的接管机构：国民政府中央各部院都设立了"北平档案保管处"，负责接收和南运北洋政府有关部门的档案。2. 国民政府统治前期机关立卷和档案分类：（1）文书立卷环节的选择。国民政府初期对立卷环节的选择大致有三种做法：一是仍在文书处理部门立卷。如内政部的规定。二是由文书处理部门编制，档案室查核归卷、装订。如交通、财政部、参谋本部多数机关采用此种方法。三是文书处理部门与档案部门合一的做法。实业部就是这样做的。（2）档案分类方法。各机关根据本部门档案形成的具体情况大致规定两种分类方法：一种为按本部门组织机构区分；另一种是按各机构职掌（主管的业务）区分。

（二）文书档案改革运动

重点掌握运动的历史背景、主要内容及评价。其中包括运动开展的时间、倡导人及文书档案连锁法的内容及评价等。

1. 历史背景：（1）必然原因：①提高行政效率的需要。随着国民党统治的确立和暂时统一局面的形成，近代国家机关行政效能越来越被政府人士重视，而档案管理在近代国家中的作用也越来越被人们认识；②国外行政管理科学化的影响。为适应这一要求，此时有一批政府人士和学者，介绍了欧美档案管理的技术和方法。总之，由于国民政府提高行政效率的需要，以及国外行政管理科学化对中国政界的影响，20世纪30年代初期文书档案的改革也就势在必行了。（2）直接原因：蒋介石在发动第五次反革命"围剿"前夕，在国家机关搞起了一个"行政效率运动"。作为"行政效率运动"重要组成部分的"文书档案改革运动"，在国民党政府内政部次长甘乃光的主持下，于1933年开展了起来。

2. 主要内容：（1）推行文书档案连锁法是这次文书档案改革运动的中心内容。文书档案连锁法就是把文书工作和档案工作两者合一的做法。目的是通过几道简便的手续，把文书工作的档案工作连锁起来，其核心是在一个机关范围内，以集中的原则组织文书档案工作。概括地说，就是由机关总收发室按既定的分类方案，将本机关全部收发文分类编号，采用三联单进行一次登记，然后把文件送至主办单位，经办完毕的公文，随即由机关档案室进行立卷归档。具体来说，就是三个"统一"，即统一分类、统一编号和统一登记。（2）成立行政效率研究会文书档案组。在推行文书档案连锁法的同时，1934年12月，国民政府行政院正式成立了行政效率研究会。研究会专门设立了文书档案组，并聘请了一些专门委员，继续内政部文书档案改革工作的研究。研究会还出版了机关刊物《行政效率》（创刊于1934年7月，1935年11月停刊）。1935年5月出版了《行政效率·档案专号》。在《行政效率》杂志前后发表的202篇文章中，关于文书档案工作方面的有67篇，占了全部发文的近1/3。（3）1935年2月国民政府行政院设立档案整理处。从其职责看，档案整理处是负责业务指导性质的档案工作行政领导机构。

3. 评价：这次文书档案改革运动，其规模之大、影响之深是前所未有的。（1）对于近代档案工作的发展起到了相当的促进作用。它把近代档案工作推到了一个新的高度。自此以后，机关文书档案管理得到了一定程度的改善。（2）提高了社会对于档案工作的认识。（3）对我国档案学的发展起到了促进作用。在这次改革运动中，一些报刊，特别是《行政效率》杂志刊载了相当数量的有关文书档案工作研究的文章。但是由于国民党政权腐朽反动的本质，这次文书档案改革只是停留在某些机关重点试验和计划阶段，大部分机关只是"受到了运动的影响"，而无实际改革的行动。而且改革必然会触及封建落后势力的利益，也就必然会遇到各种阻力，运动也就逐渐消失了。

4. 文书档案连锁法的内容与评价。

（1）内容（见上题）。（2）评价：分类统一的优点是在连锁办法中划一各司相同的类别、号数，既能减少管卷员记忆类目，又便于查找文卷。因此，这是一个适合中国实际的组织兼职掌的分类法。这一分类法有利于促成国家机关分类的统一。连锁法由总收发室编一总收发文号，化繁为简，文书手续简化，档案室检索，无重复号数，一索即得。且对于编目、保管都便于处理。连锁办法用三联单统一登记，减少了重复登号录由手续，不仅节省数倍人力、物力和时间，且大大提高了效率。总之文书档案连锁法一方面简化了文书收发、编号、登记等手续，加速了文件的运转；另一方面在档案管理上打击了卷阀的操纵，提供了机关文书档案管理的统一办法。这些都有利于行政效能的提高。但"连锁法"混淆了立卷和分类的关系。

（三）文化教育团体对明清历史档案的收集和整理

1. 整理明清档案的主要文化机构：（1）文献馆；（2）"中央研究院"历史语言研究所；（3）清华大学历史系；（4）禹贡学会；（5）北京大学"明清史料整理会"。

2. 文献馆的性质及其《档案整理规程》的主要内容：（1）性质：文献馆是1925年在原清宫旧址上为整理保藏清宫遗留下来的历史档案而设立的，最初称文献部。1929年改称文献馆。主要从事历史档案的收集、整理、编目、分类、保管、编辑、摄影、陈列等工作。文献馆于1933年后，对明清档案进行了普遍的整理。根据历年整理工作的经验，于1936年制定了《文献馆整理档案规程》。（2）主要内容：这一《规程》在总则中规定："整理要以原来行政之系统为整理系统"，"其原有包扎或标识不得任意拆散废弃"。可见《规程》提出了一些比较科学的原则和做法。诸如：要注意利用原有基础；要注意历史档案的完整性。这些原则和做法，较之北京大学1922年的整理方法显然是一个很大的进步和发展。

3. 《文献特刊》的性质和出版时间：1935年10月文献馆出版了机关刊物《文献特刊》，后改为《文献论丛》，这是我国史学界研究档案学的最早刊物。

4. 清华大学历史系档案分类法：对于明清档案的分类采取了两种方法。一为十进式分类，即主要以问题为区分原则；二为机械式分类，即按机关及其内部机构为区分原则。这两种方法也正是世界档案史上事由原则

第五章 辛亥革命、北洋军阀、国民政府的档案工作

和全宗原则的反映，清华大学的成果也说明了这是世界各国档案整理发展的共同规律。

5. 我国近代文化教育机构对明清档案收集、整理的历史背景及意义。（1）历史背景：国民政府成立后，对于明清历史档案的收集、保管仍然没有采取有效的措施，除故宫博物院文献馆对明清档案进行一些收集、整理外，20世纪20—30年代某些学术团体和高等学校，曾自发地进行过规模较大的收集和整理。这种情况的产生是由30年代刚刚发展起来的资产阶级学术研究日益迫切需要第一手材料的状况决定的。（2）意义：①上述文化学术机关和高等院校对明清历史档案的收集和整理，对于收藏和保护历史真迹，防止历史档案的继续流散，从而挽救档案免于毁坏厄运起到了重大作用。今天清内阁等机构的档案能够基本上保全下来，与当时一些文化学术机构和爱国学者以及历史档案工作人员的努力是分不开的。②明清历史档案的收集与整理，不仅多方面促进了学术研究的发展，同时在档案整理实践中也提出了一些比较科学的原则和做法。史学界的学者写出了一批关于明清历史档案整理的学术论文，这又从另一方面促进了中国档案学的产生和发展。

（四）近代档案教育的兴起与档案学的产生和发展

1. 近代档案教育的兴起：（1）近代最早的档案高等教育机构的名称及其产生时间：国民政府教育部于1939年在湖北私立武昌文华图书馆专科学校内，附设了一个档案管理专科，学制两年；（2）崇实档案学校的性质、创办时间及创办人：1946年3月殷钟麒在重庆创办了一所私立崇实档案学校，实际上是一所函授学校。

2. 近代档案学的产生与发展：（1）20世纪30年代和40年代档案学代表作的名称与作者。30年代的代表作有周连宽的《县政府档案管理法》、何鲁成的《档案管理与整理》等。40年代的代表作有：1940年出版的龙兆佛的《档案管理法》，1946年出版的傅振伦的《公文档案管理法》，1949年5月出版的殷钟麒的《中国档案管理新论》。

（2）近代档案学研究中关于档案分类的一般原则与方法。①十进分类法：这是仿照美国杜威图书十进位分类法而改制的。所谓十进分类法就是把全部档案按照一定原则分为十类，每类分为十项，每项分为十目，以下子目、细目都以十为限类推。可知此法各类、项、目等都以十进位，也就是说，每一级中相同性质的条目只有十个，所以叫十进分类法。这种分类

法的优点是变化有规律，便于记忆。但因受十进位限制，不能根据档案的实际情况设类别，只能机械地、死板地以十归类，因而常有削足适履之弊。②纲目分类法：这是一种固定以组织机构和职掌（该机构掌管的主要业务）为区分原则的分类方法。与十进分类法相比有三个优点：一是按组织机构区分容易掌握，便于分合；二是各类目符号各异层级醒目，便于检索；三是不以十为限，符合实际。③类户分类法：这是以"类"和"户"相结合的分类方法。所谓"类"就是本机关的组织机构或职掌；所谓"户"就是来文机关的名称。

（3）我国近代档案学各领域的研究重点及其历史特点

①研究重点：我国近代档案学汇集了行政界、史学界、档案教育界三大领域的档案学研究成果，然而，在档案学研究中各界所处地位及研究重点却不同。我国近代档案学产生形成时期行政界的研究处于主流地位，而史学界和档案教育界的研究处于辅助地位。在上述三个领域中研究重点也各有侧重：行政界以提高行政效率为目的，以机关政务档案管理为中心，在档案行政、档案人事以及管理技术三大方面形成了一套较为完整的体系；史学界则对历史档案的管理，即档案馆管理理论提出了以充分利用原有的整理基础为核心的较为系统的管理理论和方法；档案教育界则较全面地介绍了西方档案学和图书馆学及在我国的应用。

②历史特点：第一，同研究重点。第二，行政界关于档案学研究的范围多局限于机关档案室档案的管理，这只能视作档案学研究对象和研究范围的一部分。原因是我国近代历史上机关档案工作比较发达，已具有相当的规模和水平，相反，档案馆工作却十分落后，国民政府始终没有建立起近代规模的档案馆。这不能不严重影响档案学对档案馆管理理论的深入研究和探讨，包括对档案史料的编纂公布，档案为历史研究和社会多方面利用的理论。同时，机关档案管理的研究，是在30年代以打击"卷阀"把持垄断档案为主要内容的文书档案改革运动之后开展起来的，而"卷阀"的盘踞操纵档案尤以地方最为严重，因此档案学著作不能不以研究地方机关的档案管理为主要对象，这是由其具体的历史条件决定的。第三，这时的档案学理论在很大程度上受图书管理理论的深刻影响。研究一个机关范围内的档案管理，自然无法采用国外档案分类的普遍原则，即来源原则，而比较容易吸收以问题为区分原则的以数字或符号为代号的图书管理方法。加之，不少图书馆学者从事档案管理的研究，就更直接地把一些图书

第五章 辛亥革命、北洋军阀、国民政府的档案工作

管理的原则和方法引入档案管理。因此，他们缺乏"案卷"观念，而把以一本书或一部书为接收和分类单位的图书管理法运用于档案管理，以致在理论上对文书与档案、文书工作与档案工作无法进行科学划分。第四，这时的档案学还只限于文书档案（包括历史档案）管理的研究，对于生产技术档案管理的理论几乎所有的著作都没有涉及，这与旧中国科学技术落后、经济不发达、技术档案工作十分薄弱密切相关，以致技术档案管理理论还是一个空白。

三 练习题及参考答案

（一）填空题

1. 国民政府初期，立卷环节的选择，大致有_____种做法，其中之一是_____与_____两合一的做法。

（三，文书处理部门，档案部门）

2. 国民政府行政院于_____年成立领导、指导全国档案工作的专门机构，称为_____。

（1934，行政院档案整理处）

3. 国民政府档案机构大多设在各部委的_____内，也有的隶属于_____、_____。如内政部总务司_____内设_____。各司分设_____。外交部则设立_____，其他各部分别称为_____、_____、_____等。

（总务司，秘书科，文书科，第二科，总档案室，档案室，档案处，掌卷室，管卷室，管卷股）

4. _____年至_____年，南京国民政府提出了_____，_____的口号，推行_____，它以_____为中心，成立_____，以内政部次长_____为主任，下设_____，出版_____杂志，刊载文书档案改革论文_____篇。

（1933，1935，"提高行政效率，建立万能政府"，"行政效率运动"，"文书档案改革运动"，行政效率研究会，甘乃光，文书档案组，《行政效率》，67）

5. 国民政府迁都_____后，加强了西南一些_____和_____的档案管理，如建立_____、_____、_____、_____四级分类法，按_____、_____排列档案，_____与_____分别保管等。

（重庆，大中型企业，金融机关，纲，类，卷，案，地域字号，四角号码，文书档案，生产技术档案）

6. 40年代，国民政府颁发了_____、_____、_____、_____等规定，在一些中央机关出现了_____、_____、_____、_____、_____、_____6级编档法，要求_____、_____种类齐全。

（《减少归档办法》，《非常时期重要文卷及书籍规章处理办法》，《旧有档案清理办法》，《档案手册》，件，本，卷，项，类，门，档案目录，表格簿册）

7. 旧记整理处集中了包括_____、_____等_____个机关、团体的档案文件，其中大部分是_____年间形成的。

（内政，外交，三百八十，1911—1931）

8. _____年3月殷钟麒在重庆开办了_____。

（1946，私立崇实档案学校）

9. _____是中国近代第一部档案整理的专门规章，制定于_____年，提出了一些比较科学的原则和做法，如要注意_____，要注意_____。

（《国立北平故宫博物院文献馆整理档案规程》，1936，利用原有基础，历史档案的完整性）

10. 我国史学界研究档案学的最早刊物叫_____，后改为_____。

（《文献特刊》，《文献论丛》）

（二）判断题

1. 国民政府地方政权机构分省县乡三级，同时还设有行政院直辖市和省辖市。

（错。国民政府地方政权机构分省县二级。）

2. 在行政三联制中，考核工作是最重要的一环。

（错。在行政三联制中，文书工作是最重要的一环。）

3. 公文使用标点是对流传中国数千年的传统习惯的一次改革。

（对。民国时期，公文中标点的使用，打破了传统的句读读法，使公文变得条理分明，易于理解，有利于国家政策法令的公布与贯彻执行，也是对流传中国数千年的传统习惯的一次改革。）

4. 国民政府国防部于1948年7月颁布《档案手册》。

(对。该手册规定"非常时期"军事系统的档案机构分为三类：临时档案室、中心档案室和一般档案室，并由联勤总司令部设档案库，统一保管全军的永久档案。临时档案室受中心档案室指导，中心档案室定期向全军档案库移交档案。)

5. 民国时期档案学思想萌芽的条件逐渐成熟。

（错。我国清代中期以后，档案学思想萌芽的条件逐渐成熟。首先，清代封建中央集权制的发展，档案文件数量的增多，产生了认识档案和档案工作的客观需要；其次，清代一些封建官僚和历史学者对档案和档案工作很重视。）

（三）名词解释

1. 行政三联制：就是设计、执行、考核三者相联的制度。

2. 文书档案连锁法：是1933年国民政府开展文书档案改革运动的中心内容，即把文书工作和档案工作两者合一的做法。

3. 纲目分类法：国民政府时期的档案分类方法。即固定以组织机构和职掌为第一、二级区分原则的分类法。

4. 《文献特刊》：1935年10月国立北平故宫博物院文献馆出版的机关刊物，后改为《文献论丛》。该刊为我国史学界研究档案学最早的刊物，发表了不少研究我国档案管理的文章，也介绍了英、美等资本主义国家档案工作的状况。

5. 崇实档案学校：1946年3月殷钟麒在重庆创办的私立档案专科学校，实际是一所函授学校。设文书处理科和档案管理科，并分初级、高级两个班。讲授的课程比较注重实用，多是档案工作实际经验的总结。1948年12月停办，毕业学生近300人。

（四）问答题

1. 民国文书由哪三大部分组成？

叙由、本文（正文）、结尾

2. 民国公文按轻重缓急分为哪五类？

（急要件、重要件、次要件、密件、普通件）

3. 民国时期的任命状可分为哪四种形式？

（特任官、简任官、荐任官、委任官的任命状形式）

4. 1928年国民政府规定的公文有哪九种？

（令、训令、指令、布告、任命状、呈、咨、公函、批）

5. 国民政府统治大陆期间先后公布了几次公文程式？

（4次）

6. 民国时期的主要公文程式是什么？颁布于何时？

（1928年11月15日再次修改的公文程式）

7. 国民政府公文处理程序的基本规则是什么？颁布于何时？

（《修正内务部办事细则》，1928年）

8. 民国时期先后出现的公文有多少种？

（37种）

9. 我国公文中使用标点符号始于何时？

（民国时期）

10. 现存最完整、数量最多的民国地方司法文书是什么？

浙江龙泉司法文书（共计1.7万余卷，88万多页，记录的诉讼案件超过2万个。）

11. 行政效率运动提出的口号是什么？

（"提高行政效率，建立万能政府"）

12. 南京国民政府对文书工作进行了几次改革？

（4次）

13. 国民政府文书档案工作改革的直接目的是什么？

（提高文书档案工作乃至国家行政管理的效率。）

14. 国军连队中负责文书事宜的人员叫什么？

（文书上士）

15. 何谓"卷阀"？

（指操纵把持案卷，垄断要挟的档案管理人员。）

16. 国民政府各机关建立的档案机构多数称为什么？个别名为什么？

（档案室或管卷室；档案处）

17. 国民政府对档案的管理大多采用什么形式？时称什么？

（各机关集中保管本机关档案，"集中制"）

18. 蒋介石曾大量使用的文种是什么？

（手谕）

19. 蒋介石的机要文书部门称为什么？设立于何时？

（侍从室，1932年）

20. 国民政府秘书处下设哪三科？

第五章 辛亥革命、北洋军阀、国民政府的档案工作

（总务科、机要科、撰拟科）

21. 国民政府文官处下设哪两局？

（文书局、印铸局）

22. 民国时期领导全国档案工作的机构叫什么？成立于何时？

（国民政府行政院档案整理处，1934年）

23. 国民政府机关档案工作的封建性表现在哪些方面？

（管理体制的分散、管理方法的落后、管理人员的世袭）

24. 国民政府档案管理的发展表现在什么方面？

（一些机关档案工作人员自发地建立章则和办法，在各机关之间相互流传使用。）

25. 伪满洲国的历史档案馆称为什么？成立于何时何地？

（旧记整理处，1938年3月，沈阳）

26. 我国档案教育的开端是什么？

（国民政府教育部1939年在私立武昌文华图书馆专科学校内附设的档案管理专科，学制两年，招生对象为高中毕业生。）

27. 我国20世纪二三十年代整理历史档案的经验总汇是什么？制定于何时？

（《文献馆档案整理规程》，1936年）

28. 《整理档案规程》提出了哪些比较科学的原则和做法？

（要注意利用原有基础，要注意历史档案的完整性。）

29. 近代最早阐述明清档案整理的重要学术文献是什么？

（《中国史料的整理》，陈垣）

30. 我国档案学思想萌芽的一个重要特点是什么？

（在档案学思想中注入了广泛的历史意识。）

31. 中国近代档案学研究的核心问题是什么？

（档案分类法）

32. 档案学形成的标志性著作是什么？作者是谁？

（何鲁成《档案管理与整理》，1938年出版）

33. 代表20世纪40年代档案学水平的著作是什么？作者是谁？

（殷钟麒《中国档案管理新论》，1949年出版）

34. 我国最早公布档案史料的期刊是什么？

（《掌故丛编》）

35. 我国史学界研究档案学的最早刊物是什么？

(《文献特刊》)

(五) 简述题

1. 民国时期的公文结构有什么变革？

1929年1月，国民政府颁布文稿用纸式样规定，在公文稿面上有"事由"一栏，这样，在公文正文中就只有"本文"和"结尾"两部分。

2. 行政三联制的具体做法是什么？

具体做法是先由各机关根据业务范围对各项工作做出计划，逐层上报；再由中央政府进行总设计，制订总计划；然后贯彻执行，执行中和结束后进行考核。在执行上采取"分层负责制""分级负责制"，并建立"幕僚长"制度。在行政三联制中，文书工作是最重要的一环。

3. 国民政府机关档案工作建立的长处和不足是什么？

国民政府初期的机关档案工作，随着其政权机关的建立也逐步建立和健全。从1928年到1932年间，国民政府中央各部陆续建立了一批专门档案机构。

在管理体制上，多数机关采用档案室集中保管本机关档案的组织形式，这个时期不仅专职档案机构比北洋政府时期更为普遍，而且一个机关档案集中的趋势加强了。

国民政府机关档案管理现状的封建性，主要表现在体制的分散、管理的落后，以及人员的世袭等。从体制看，档案管理是分散的，这是近代科学管理的根本障碍。档案管理的落后，尤其不能适应近代国家机器对于行政效率的要求。档案管理人员的世代相袭、师徒相承的封建世袭传统更是普遍存在。

4. 国民政府时期档案管理的方法有哪些？

国民政府时期档案管理的发展主要表现在一些机关档案工作人员自发地建立章则和办法，各机关相互间又互为流传使用这些办法，在各种办法中，流行较广的有：文书档案连锁法、公用局档案管理法、教育部档案管理法、图书管理法、不分类立卷的档案管理法。

5. 我国档案学思想萌芽的特点有哪些？

首先，我国封建社会档案工作一直是文书工作后缀部分并主要为机关行政管理服务，因此，只有对具体档案管理方法和经验的总结。

其次，我国档案学思想的提出通常是由主管文书档案工作的官吏，或者是封建衙门以办法条规的形式颁布。

最后,与同一时代的欧洲国家相比,我国历史学家由于编史修志工作等实践,对档案的史料价值与历史功能有更深刻的认识。

(六) 论述题

1. 试述南京国民政府时期文书档案改革运动的主要内容和意义。

主要有三项内容:(1) 中心内容是试行文书档案连锁法;(2) 国民政府行政院于 1934 年成立行政效率研究会,下设文书档案组;(3) 1934 年 11 月成立行政院档案整理处,这是一个领导和指导全国档案工作的专门机构。

南京国民政府文书档案改革运动,对于近代档案工作的发展起到了积极的促进作用。它把近代档案工作推进到了一个新的高度。自此以后,国民政府机关文书档案管理工作得到了一定程度的改善,特别是在分类方面,除一些机关采用文书档案连锁法外,十进位分类法和纲目分类法也被广泛采用。

2. 试述我国近代档案学产生的历史条件、主要内容及其特点。

(1) 历史条件:我国档案工作历史悠久,有着十分丰富的工作经验和优良传统。辛亥革命后,我国公文的种类、形式开始有了较大的变化。北洋政府为强化国家机器,建立了近代的机关档案工作,这些为我国档案学的产生奠定了实践基础。国民政府建立后,由于政治统治的需要和受到西方资本主义国家文书档案工作的影响,开展了以文书档案改革为主要内容的"行政效率运动"。20 世纪 30 年代初,档案界比较深入地探讨了档案工作的科学理论。与此同时,史学界也纷纷收集、整理明清历史档案,他们的实践活动进一步促进了档案理论的研究。此时,行政界、学术界形成了档案科学理论研究的高潮,我国近代档案学应运而生。

(2) 主要内容:关于档案学的一般概念;关于档案行政组织;关于档案管理的原则和方法理论;关于档案工作人员的选拔问题。

(3) 特点:档案工作的发展受社会诸因素的制约,必然使我国早期档案学理论深刻地带有历史的特点和时代的局限性。首先,这时档案学的研究范围只限于机关档案室的管理;其次,档案学理论在很大程度上受图书管理理论的影响;最后,这时的档案学只限于文书档案(包括历史档案)管理的研究。

第六章

新民主主义革命时期、新中国成立初期的档案工作

教学目标和要求：本章主要介绍新民主主义革命时期、新中国成立初期的档案工作。使学生了解和掌握建党初期档案工作的特点、"中央文库"与《文件处置办法》、新中国成立初期机关档案工作的建立与发展、大区机关档案的集中和国家档案局的成立及意义、国务院《关于加强国家档案工作的决定》的主要内容及意义。

教学重点：中央文库、《文件处置办法》、国家档案局、国务院《关于加强国家档案工作的决定》

教学难点：建党初期档案工作的特点、"中央文库"与《文件处置办法》、国务院《关于加强国家档案工作的决定》的主要内容及意义

基本概念：中央文库、《文件处置办法》、晋察冀边区敌伪文献清理处、敌伪政治档案、南京史料整理处、巴县档案、《材料工作通讯》、国家全部档案

本章思考题：

1. 略述《六大以来》的出版时间、内容及意义。
2. 简述《中国人民解放军布告》对接管国民政府档案的规定。
3. 简述新中国成立初期档案工作面临的具体任务。
4. 试述1954年大区机关撤销后档案的集中管理及其意义。
5. 试述国家档案局的成立及其性质、任务和意义。
6. 试述国务院《关于加强国家档案工作的决定》的主要内容及其意义。

参考书目：

费云东、潘合定：《中共文书档案工作简史》，档案出版社，1987年。

刘迎红：《新民主主义革命时期中国共产党文书档案工作研究》，黑龙江人民出版社，2021年。

闫静：《1949年至1966年的中国档案学——作为一门独立学科的创建》，中国社会科学出版社，2021年。

第一节　新民主主义革命时期我党领导的档案工作

一　本节内容要点

（一）中共档案工作的建立
（二）毛泽东任党中央秘书
（三）1920—1925年党中央现存档案（3700多件）
（四）建党初期档案工作的特点
（五）中央秘书处文件保管处（后改称"中央文库"）
（六）《文件处置办法》制定的历史条件、内容及意义
（七）党在国统区和革命根据地的档案工作
（八）农村革命根据地及解放区的文书档案工作

二　要点内容分析

（一）中共档案工作的建立

1. 毛泽东任党中央秘书时保存的档案：当时中央局的秘书由中央局五个成员之一的毛泽东担任。据统计，1920年至1925年党中央现存的档案有三千七百多件，这正是在毛泽东同志任秘书时保存下来的。

2. 建党初期档案工作的特点：在新民主主义革命时期的斗争环境中，党的档案工作在整体上没有也不具备条件作为一项独立的专门工作进行和系统开展，档案工作的业务主要是由机关的秘书、文书机构和人员来承担。两者之间的这种历史渊源，使得在相当长时期内档案工作被看成机关秘书工作的一部分。

（二）"中央文库"与《文件处置办法》

1. 1927年至1931年党中央秘书处文件保管机构的名称和负责人：中央的文件由秘书处文书科长张唯一负责的文件保管处专门保管，1931年

初，改称"中央文库"。

2.《文件处置办法》制定的历史条件、内容及历史意义

历史条件：中央规定各机关将"不需要的文件必须随时送到保管处保存"，使其保管的文件数量激增，为了确保文件的安全，当时担任中央政治局常委、中央军委书记的周恩来同志提出了区别不同情况保存和整理文件的意见，并请当时在上海的瞿秋白同志于1931年春为党中央起草了《文件处置办法》。周恩来同志在审阅后批示道："试办下，看可否便当。"

内容：《文件处置办法》的具体内容有：（1）规定了文件的分类编目办法。中央机关的文件分为四大类。每个大类又各有一个分类总号，并各编一本目录。为检索方便，大类之下各有分类号和编有分类目录。这样，每个文件就都有两个分类号。（2）对文件的存毁问题做了原则性规定。对外的宣言、告民众书等要努力收集，事务性质及小信、没有什么内容的报告则不予保存。油印、铅印的文件只须保存一份。（3）要求开展资料的收集、保管工作。中央及地方、各团体的机关报"必须尽力保存一全份"，并另找一安全地点与档案文件分开保存。（4）在《办法》的末尾有一"总注"，提出："如可能，当然最理想的是每种二份，一份存阅（备调阅，即归还），一份入库，备交将来（我们天下）之党史委员会。"这里所说的"库"，即中央秘书处文件保管处。

历史意义：《文件处置办法》是目前发现的党中央最早的关于档案工作的指导性文件。（1）它充分体现出老一辈无产阶级革命家对在革命斗争中形成的档案文件的珍惜之情。其中提出的关于档案文件的收集、整理和保管方面的规定，详细周密、科学实用。（2）尤其是"总注"中的提法，说明革命先辈对革命抱有必胜信念，从而激励档案保管人员充分意识到自己的历史责任，在极其艰苦的情况下把记载中国革命斗争历程的档案文件保存下来，所以《文件处置办法》不仅是指导当时档案工作的重要文件，也是今天进行革命传统教育、研究党的档案事业史的宝贵材料。

（三）党在国统区和革命根据地的档案工作

1. 陈来生保管"中央文库"的档案：1942年6月，年仅27岁的陈来生接过了这一重任。他采用"小鱼钻网眼"的办法从敌人眼皮底下将文件全部搬运到自己家中，之后又几度迁移库址，七年如一日对档案进行秘密晾晒，采取防虫、防鼠、防潮措施，还要进行档案的接收、调用工作。终于在1949年上海解放时，将共计104包、16箱档案完好无损地交给中共

第六章 新民主主义革命时期、新中国成立初期的档案工作　　155

上海市委并转交党中央。陈来生同志及全家保藏党的档案的功绩，受到了党的嘉奖。

2. 1941年党中央机关电报档案的整理：1941年，党中央机关为便于查找电文，对长期保留下来的电报档案进行了一次系统整理，整理工作大体分五个步骤进行。经过整理的电报，利用效率显著提高。

3. "红军战史编辑委员会""红军历史征编委员会"对档案的收集、整理与汇编：1931年4月，中央革命军事委员会发出通令，决定成立由叶剑英任总编的"红军战史编辑委员会"，收集、整理各种反映红军斗争情况的历史材料，编辑红军的战斗历史。可以说，这种汇编工作既属于利用工作，同时又具有收集、整理工作性质。通过此项工作，许多零散文件得以保存了下来。中央军委于1937年5月发出《关于征集红军历史材料的通知》，向红军指战员广泛征集各种革命历史档案资料和红军史料，以编写红军的十年战史，并为此专门成立了由邓小平、陆定一等11位同志组成的红军历史征编委员会。收集工作在一定程度上弥补了档案文件的损失。

4.《中国人民解放军布告》中关于接管国民政府档案的政策规定：1949年4月21日南京解放，中央军委于25日发布了毛泽东亲自起草的《中国人民解放军布告》，其中指出，国民党各级政府以及官僚资本主义企业的供职人员要各安职守，听候人民政府处理，对保护档案有功者奖，破坏者予以严惩。党的这一政策对于接收旧政权档案收到了良好的效果。

三　练习题及参考答案

（一）填空题

1. 党的"一大"后，由_____负责保管中央局档案，"三大"后，由_____负责保管档案，中央局秘书由中央局五个成员之一的_____担任。

（李达，中央局秘书，毛泽东）

2. 毛泽东文稿档案共有_____件，时间跨度为_____年（1912—1976）。

（25068，64）

3. 毛泽东全宗共有档案_____件，藏书_____册。

（47381，96473）

4. 我党第一个档案工作机构是_____，习惯上称为_____，也称

"_____"或"_____",负责人是时任中央秘书处文书科科长的_____。

(中央秘书处文件保管处,中央文库,中共中央档案库,党中央地下档案库,张唯一)

5. 1926年我党在上海秘密建立_____,1931年初改称_____。同年中央机关撤往_____,中央文库仍留在_____,由_____代管,先后派_____、_____、_____等人负责文件的保管,1942年起由_____负责管理,直到上海解放为止,共形成和保管档案_____包。_____年转交_____保存,共存在了_____年,积累了_____多份档案资料,现存_____。

(中央秘书处文件保管处,中央文库,苏区,上海,上海执行局,龚饮冰,陈为人,韩慧英,陈来生,104,1949,党中央,18,15000,中央档案馆)

6. 抗战时期党中央秘书处新增设了_____、_____和_____。

(速记室,收发室,材料科)

(二) 名词解释

1. 中央文库:即中共中央档案库,前身是1927年9月成立的中央秘书处文件保管处,1931年初改称"中央文库"。同年中央机关撤往苏区,中央文库仍留在上海,由上海执行局代管。先后有陈为人、韩慧英、陈来生等人负责文件保管,直到1949年才转交党中央,共存在18年。全部档案现存中央档案馆,积累了15000多份文件材料。

2. 《文件处置办法》:1931年由瞿秋白起草,周恩来审批。是我党历史上重要的关于档案管理制度的文件,也是目前发现的党中央最早的关于文书档案工作的指导性文件。其中提出的关于档案文件收集、整理和保管方面的规定,详细周密、科学实用,体现出老一辈革命家对档案文件的珍惜之情。

3. 晋察冀边区敌伪文献清理处:晋察冀边区政府设立的专门接管和清理敌伪档案的机构。1945年8月在张家口成立。

4. 敌伪政治档案:是指国民党统治时期的和汪精卫卖国政府的特务、宪兵、警察机关,司法、审判机关,人事和各种政治训练机关以及反动党团组织、反动社团、帮会、会道门等的档案。

第六章 新民主主义革命时期、新中国成立初期的档案工作

（三）问答题

1. 中国共产党的第一份会议文件是什么？
（1921年在党的一大上通过的《关于当前实际工作的决议》）

2. 党的一大确定由谁负责保管档案？
（李达）

3. 党的三大决定建立什么制度？
（秘书制）

4. 我党最早的专职秘书叫什么？
（技术书记）

5. 1920—1925年期间党中央的现存档案有多少件？
（3700多件）

6. 中共中央最早的机关刊物是什么？
《向导》（1922—1927年）

7. 建党初期党内普遍使用的文种是什么？
（通告）

8. 党内使用最多、内容最广泛的文种是什么？
（报告）

9. 我党文书工作的原则是什么？
（保密、准确、及时）

10. 中共中央秘书处成立于何时？首任秘书长是谁？
（1926年6月，王若飞）

11. 中共中央秘书处成立之初下设哪三个科？
（文书科、交通科、会计科）

12. 我党第一个档案工作机构是什么？1931年改称什么？负责人是谁？
（1927年9月成立的中共中央秘书处文件保管处，中央文库，张唯一）

13. 我党最早的关于档案工作的指导性文件是什么？
（《文件处置办法》）

14. 党的文件保管采用什么办法？
（一文多套收藏制度）

15. 党的第一份机密电报产生于何时？
（1930年1月）

16. 红军中专门处理电文的部门是什么？

（机要科）

17. 何谓"红色文献"？

（中国共产党领导我国各族人民在进行新民主主义革命中形成的文献资料。）

18. 红军从连队到总司令部设有哪些文书档案人员？

（秘书、技术书记、文书、参谋）

19. 方志敏烈士在狱中写下的著名文稿是什么？

（《可爱的中国》《清贫》等）

20. 1942年毛泽东为中央办公厅机要部门的题词是什么？

（"保守党的机密，慎之又慎"）

21. 抗日战争时期党中央的档案室称为什么？

（中共中央秘书处材料科）

22. 解放战争时期我党档案工作的突出事件是什么？

（党中央对档案的三次大转移。）

（四）简述题

1. 党对文件的保管采取了什么措施？

为了使档案工作既能及时为党的革命斗争服务，又能保护好党的机密，党对文件的保管采取了一些专门的或与之有关的措施：关于档案文件的收集工作，中央规定各地方机关要向上级报送文件；整理工作按规定属于秘书部门的职责。由于条件的限制，当时的整理实际上仅是粗略地将保管的文件分为重要与无用两大类，然后进行登记并放在文件夹或文件箱内；为了保护党的机密，对保管工作采取了一些特殊措施，保存文件采用"多套制"。

2. 党在国统区对文件和档案采取了什么保密措施？

在地下斗争的环境中，保密是文书、档案工作应注意的首要问题。为此，中央秘书处采取了极为严格的关于文书处理和档案管理的保密措施。为了保护党的领导人和党的机密的安全，中央秘书处设立了文件阅览室，规定中央领导人只能在这里批阅文件。关于密藏文件的地点，必须绝对保密，并设警号，随时准备将文件转移。

（五）论述题

1. 试述《文件处置办法》制定的历史背景、具体内容和重要意义。

历史背景：中央规定各机关将"不需要的文件必须随时送到保管处保

第六章 新民主主义革命时期、新中国成立初期的档案工作

存",使其保管的文件数量激增,为了确保文件的安全,时任中央政治局常委、中央军委书记的周恩来提出了区别不同情况保存和整理文件的意见,并请当时在上海的瞿秋白于1931年春为党中央起草了《文件处置办法》。周恩来审阅后批示道:"试办下,看可否便当。"

具体内容:(1) 规定了文件的分类编目办法。中央机关的文件分为四大类,每个大类又各有一个分类总号,并各编一本目录。为检索方便,大类之下各有分类号和编有分类目录。这样,每个文件都有两个分类号(分类总号和分类号)。(2) 对文件的存毁问题做了原则性规定。对外的宣言、告民众书等要努力收集,事务性质及小信、没有什么内容的报告则不予保存。油印、铅印的文件只须保存一份。(3) 要求开展资料的收集、保管工作。中央及地方、各团体的机关报"必须尽力保存一全份",并另找一安全地点与档案文件分开保存。(4)《办法》的末尾有一"总注",提出:"如可能,当然最理想的是每种二份,一份存阅(备调阅,即归还),一份入库,备交将来(我们天下)之党史委员会。"

重要意义:它是目前发现的党中央最早关于档案工作的指导性文件。(1) 充分体现出老一辈无产阶级革命家对在革命斗争中形成的档案文件的珍惜之情。其中提出的关于档案文件的收集、整理和保管方面的规定,详细周密、科学实用。(2) "总注"中的提法,表明革命先辈对革命抱有必胜信念,从而激励档案保管人员充分意识到自己的历史责任,在极其艰苦的情况下把记载中国革命斗争历程的档案文件保存下来,所以它不仅是指导当时档案工作的重要文件,也是今天进行革命传统教育、研究党的档案事业史的宝贵材料。

2. 略述《六大以来》的出版时间、内容及意义。

1941年12月由党中央书记处编印发行,分为上下两卷。主要选用了党的六大以来形成的历史档案汇集而成,收录文件518篇,内容分为8个部分。毛泽东亲自指导和参加了编辑工作。这个文件汇编的出版对指导总结党的历史经验和加强党的思想建设起到了有效作用。

3. 略述《中国人民解放军布告》对接管国民政府档案的规定。

1949年4月25日发布了由毛泽东亲自起草的《中国人民解放军布告》,指出:国民党各级政府和官僚资本企业的供职人员要各安职守,负责保护机关企业的档案,听候人民政府接收处理,对保护档案有功者奖,破坏、偷盗、携带档案潜逃或拒不交代者严惩。这一政策对于接收旧政权

档案收到了良好的效果。

第二节　新中国成立后国家档案事业的初步建设

一　本节内容要点

（一）对民国时期政权机关档案的接收和整理
（二）新中国成立初期机关档案工作的建立和发展
（三）推行文书处理部门立卷
（四）档案理论研究与档案教育
（五）大区机关档案的集中管理
（六）国家档案局的成立及意义
（七）全国党的第一、二次档案工作会议
（八）国务院《关于加强国家档案工作的决定》

二　要点内容分析

（一）对民国时期政权机关档案的接收和整理

1. 驻宁办事处档案组的成立：1950年1月27日政务院指导接收工作委员会华东区工作团驻宁办事处成立，同年3月驻宁办事处设立档案组，开始整理遗留在南京的民国政府中央机关档案。

2. 南京史料整理处的成立：1951年2月中国科学院历史研究所第三所在原"中国国民党党史史料编纂委员会"旧址成立南京史料整理处。其任务是收集保管民国时期中央政府各机关及其所属单位的档案，原驻宁办事处所存档案成为该处保存档案的基础。

3. 我国现存最完整的地方历史档案——巴县档案的数量、所属年代及主要内容：（1）数量：这批档案主要是清代四川巴县衙门、民国巴县政府等机关的档案全宗，共十一万一千七百多卷。（2）年代：其时间起自康熙九年（1670年）至民国三十年（1941年），不但反映了巴县地区前后二百六十多年的历史，而且有许多重大历史事件的珍贵史料，如清政府杀害石达开告示、清政府通缉孙中山令等。（3）内容：这批档案的内容涉及巴县地区、四川及西南地区政治、经济、军事、文教卫生、司法及清政府外交等方面，也可以说是二百六十多年巴县及其周围地区社会的缩影。

第六章 新民主主义革命时期、新中国成立初期的档案工作

(二) 新中国成立初期机关档案工作的建立和发展

着重掌握：1951年颁布的《公文处理暂行办法》中《档案》一章的主要内容及意义。1. 主要内容：《公文处理暂行办法》（以下简称《办法》）共计八章（总则、种类、体式、办理程序、行文关系、催办检查、档案、保密）四十条，其中第七章《档案》自二十七条至三十七条，共计11条，占该《办法》1/4的内容，足见当时对档案工作的重视。《办法》规定：档案是党和国家机密的基本范围之一，必须建立严密的管理制度、检查制度，并供给必要的物质设备；党、政、军档案应分别管理；党的历史档案要集中管理；各机关档案应以集中管理为原则；各机关应于秘书部门之下设置专管档案的机构；文件处理完毕后随时归档，归档文件以一案一卷为原则；调阅档案应建立简便的制度；要根据档案的历史价值和使用时效确定档案的存毁，不得随便销毁档案，机关档案要为机关工作服务；等等。2. 意义：《办法》是新中国成立后第一个关于文书和档案工作的法规性文件，它使各级党政军机关及企事业单位的文书工作和档案工作有所依据和遵循，对于各级党政军机关档案工作的建立与健全起到了很大的促进作用。

(三) 档案理论研究和档案教育

1. 《材料工作通讯》的性质、出版时间及其更名为《档案工作》的时间。1951年5月31日，中央办公厅创办了档案业务刊物《材料工作通讯》，不定期出刊，内部发行，发至党、政、军、中央各直属机构及中央分局的档案室。共出版10期，至1953年5月，更名为《档案工作》杂志。

2. 新中国档案教育开始的标志及意义。(1) 标志：1952年，中央办公厅、组织部和宣传部委托中国人民大学筹办档案专修班，经过积极筹备，档案专修班于同年11月15日正式开学，这是新中国创办档案高等教育的开始。档案专修班一边总结我国档案工作的实践经验，研究继承档案工作的历史遗产；一边吸收外国经验，聘请苏联档案专家来校讲学。1953年7月，档案专修班扩大为档案专修科，并于1955年发展成为历史档案系。(2) 意义：中国人民大学档案系的成立，是我国档案教育史上的一件大事。从此以后，我国有了一个培养高级档案专门人才的基地，填补了我国档案高等教育的空白，同时，也是培养训练档案教育师资的中心。它的成立，为我国档案学的进一步发展创造了有利的条件。

(四) 大区机关档案的集中管理和国家档案局的成立及意义

1. 1954年6月和8月中央颁布的两个《办法》的主要内容及意义：

(1) 主要内容：1954年6月30日，中共中央办公厅发布了《关于中央局撤销后档案集中管理的办法》，同年8月6日，中央人民政府政务院秘书厅也颁布了《关于大区行政机构撤销后档案集中管理的办法》。这两个《办法》都指出了集中档案的重要意义，规定了在统一领导下集中大区机关档案的原则、范围和步骤，并要求成立临时的档案保管机构。具体规定：①《办法》明确指出，大区撤销机关的档案是党和国家的宝贵财富，应按照统一集中与保持原机关档案完整的原则妥善保管。各中央局撤销后，中央局的档案和青年团大区工作委员会的档案应上交到党的中央档案馆。大区行政部门的档案，应上交中央国家档案保管机构。②关于档案集中的范围，凡机关收到的、发出的和内部使用的一切文件、材料、电报等的原稿和成文都属档案范围，必须集中上交。③原大区机关的档案工作人员，也就地集中，组成档案的临时保管机构，进行档案的集中和整理工作。(2) 意义：各大区一级党政机构的撤销和档案的集中管理，是新中国档案建设上的一件大事。①由于贯彻了统一集中与保持原机关档案完整的原则，保证了大区一级党政撤销机关档案的完整与安全，为以后撤销机关档案的处理提供了经验，树立了榜样。②由于大区档案的集中，要求设立有关档案工作的领导机构，进行统一领导，也要求有专门的档案工作的业务机构，负责大区档案的整理和保管工作，因此促进了国家档案领导机构的产生。同时也为中央档案馆及某些省档案馆的建立创造了条件。总之，各大区一级党政机构的撤销和档案的集中，对以后档案事业的发展有着重要的影响。

2. 国家档案局的性质、任务及其成立的意义

1954年11月8日，国家档案局成立。(1) 该机构性质：国家档案局是在国务院直接领导下，掌管国家档案事务的机构。(2) 具体任务：在统一管理国家档案工作的原则下，建立国家档案制度，指导和监督各级国家机关和人民团体的档案工作；负责全国国家档案馆网的规划，并筹建和领导国家档案馆；研究和审查国家档案文件材料的保存价值，并监督和审议有关国家档案文件材料的销毁问题，草拟有关国家档案工作的法规性文件；办理国务院交办的其他有关国家档案事务。所以，国家档案局的成立，在我国档案事业建设中具有重要的意义。(3) 成立的意义：标志着我国档案工作从此有了统一的领导机关，以制定档案工作的规章制度，贯彻集中统一的管理原则，推动全国档案事业的发展；说明了党和国家对档案

第六章　新民主主义革命时期、新中国成立初期的档案工作　　163

工作的重视，从此以后，我国档案事业的发展也有了组织上的保证。

（五）全国党的第一、二次档案工作会议和国务院《关于加强国家档案工作的决定》

1. 党的第一、二次档案工作会议召开的时间及通过的文件名称

国家档案局成立后，党的第一次全国档案工作会议在中共中央办公厅主持下，于1954年12月1日召开。会议中心内容是讨论通过《中国共产党中央与省（市）级机关文书处理工作和档案工作暂行条例》。1956年4月5日，又召开了党的第二次全国档案工作会议。会上讨论通过了《中国共产党县级机关文书处理工作和档案工作暂行办法》《文电统一管理的具体办法》《党的机关档案材料保管期限的一般标准》。

2. 国务院《关于加强国家档案工作的决定》的主要内容及意义

（1）主要内容：国务院《关于加强国家档案工作的决定》中，对我国档案事业建设中的基本原则和重要内容，都做出了明确规定。第一，指出了"国家的全部档案，包括中华人民共和国成立以来各机关、部队团体、企业和事业单位的档案，中华人民共和国成立以前的革命历史档案和旧政权档案，都是我国社会政治生活中形成的文书材料，都是我们国家的历史财富"。第二，明确规定了档案工作的任务，"就是要在统一管理国家档案的原则下建立国家档案制度，科学地管理这些档案，以便于国家机关工作和科学研究工作的利用"。第三，确立了档案工作的基本原则是"集中统一地管理国家的档案，维护档案的完整与安全，便于国家各项工作的利用"。第四，指出了加强档案事业建设的具体任务：应加强国家档案工作的统一管理。全国档案工作，都应由国家档案管理机关统一地、分层负责地进行指导和监督。第五，指出了档案工作既是一项专门业务，又是一项机要工作，因此，各级国家机关的领导人员必须予以足够重视，并要求一切在职的档案工作人员，努力学习，做好档案工作。

（2）意义：国务院颁布的《关于加强国家档案工作的决定》（以下简称《决定》），是新中国档案事业建设中的重大事件，对于我国档案事业的建设具有深远的影响。①《决定》明确了国家档案的范围，宣布了国家的全部档案都是国家的历史财富，彻底解决了档案的所有制问题；②《决定》还确立了我国档案工作统一集中管理的原则，从而奠定了我国档案建设的理论基础；③《决定》指出了档案工作的性质以及具体的任务，使全社会更加重视档案建设，并使档案工作沿着正确的方向发展。国务院《决

定》的发布，极大地推动和促进了我国档案事业的发展和提高。

三 练习题及参考答案
（一）填空题
1. 新中国成立后第一份关于保守国家机密的法规性文件是_____，颁布于_____年6月。
（《保守国家机密暂行条例》，1951）
2. _____和_____，是新中国档案建设上的一件大事。
（各大区一级党政机构的撤销，档案的集中管理）
3. 我国第一个专业档案馆是_____年建立的_____。
（1952，中国地质资料馆）
4. 国家档案局成立于_____年11月8日，第一任局长是_____。
（1954，曾三）
5. 《材料工作通讯》1953年7月改名为_____，1994年1月又更名为_____。
（《档案工作》，《中国档案》）
6. 1952年中国人民大学创办了_____，1953年7月扩大为_____，1955年发展为_____，1978年改名_____，同年招收_____，1979年起又招收_____，1985年扩大为_____，2003年又改称_____。
（档案专修班，档案专修科，历史档案系，档案系，本科生，研究生，档案学院，信息资源管理学院）
7. _____是新中国成立后最早问世的档案学著作，作者是_____。
（《档案管理法》，陆晋遽）
8. 新中国成立后史学界编纂的第一部大型资料书是_____，共_____卷全_____册，_____万字。
（《中国近代史资料丛刊》，13，80，3400多）

（二）名词解释
1. 南京史料整理处：1952年2月中国科学院历史研究所第三所（即近代史研究所）在南京设立的机构。其主要任务是收集、整理、保管民国时期北洋政府的档案和国民政府遗弃的档案。1964年改归国家档案局领导,更名为"中国第二历史档案馆"。

2. 巴县档案：我国现存最完整的地方历史档案。是 1953 年发现的原清代四川巴县衙门、民国巴县政府等机关的档案全宗,共 111700 多卷,原为巴县档案库收藏,故称"巴县档案"。内容涉及巴县、四川及西南地区的内政、财政、军事、外交等方面,对于清史、中国近代史、现代史和四川史的研究有着极大价值。

3. 《材料工作通讯》：我国历史上第一个档案工作的业务刊物。1951 年 5 月 31 日创刊,由中共中央办公厅秘书处主办,1953 年 7 月改名为《档案工作》,1994 年 1 月改名为《中国档案》,现为国家档案局机关刊物。

4. 国家全部档案：国家全部档案由三大部分组成,即包括中华人民共和国成立以来各机关、部队、团体、企事业单位的档案,中华人民共和国成立以前的革命历史档案和旧政权档案。

（三）问答题

1. 新中国成立后第一份档案工作标准化文件是什么？颁布于何时？

（中共中央办公厅制定的《关于统一文件纸形与格式的规定》,1950 年 4 月 26 日）

2. 新中国成立后第一个关于文书档案工作的法规性文件是什么？

（《公文处理暂行办法》）

3. 巴县档案发现于何时何地？发现者是谁？

（1953 年,西南博物院院长冯汉骥先生在四川省巴县长江南岸樵坪场的一座古庙中发现。）

4. 我国档案工作的历史遗产包括哪两个方面？

（旧中国档案学的遗产、我党在新民主主义革命时期的文书档案工作经验）

5. 国家档案全宗由哪三大部分组成？

（中华人民共和国成立后的档案、革命历史档案、旧政权档案）

6. 我国档案工作的基本原则是什么？

（统一领导、分级集中管理国家全部档案,维护档案的完整与安全,便于社会各方面的利用。）

7. 我国档案事业的最高行政领导机关是什么？

（国家档案局）

8. 国家档案局的成立标志着什么?

(标志着一个有领导、有计划地建设国家档案事业新阶段的开始。)

9. 国家档案事业体系由哪八个方面组成?

(档案事业管理工作、档案室工作、档案馆工作、档案专业教育、档案科学技术研究、档案宣传出版工作、档案外事工作、档案学会工作)

10. 一史馆和二史馆的前身分别是什么?

(故宫博物院文献部、南京史料整理处)

11. 我国第一个专业档案馆是何时建立的?馆名叫什么?

(1952年,中国地质资料馆)

12. 新中国第一个档案专业教育机构是什么?

(1952年创办的中国人民大学档案专修班)

13. 我国集中保管东北地区旧政权档案的历史档案馆叫什么?

(东北图书馆档案部)

14. 新中国成立初期集中明清中央档案最多的历史档案馆叫什么?

(故宫博物院档案馆)

15. 新中国成立后首次发布的最重要的指导性档案行政法规是什么?

(国务院《关于加强国家档案工作的决定》)

16. 《关于加强国家档案工作的决定》在中国历史上第一次提出了什么?

(档案是"国家的历史财富"。)

17. 新中国档案建设上的一件大事是什么?

(各大区一级党政机构的撤销和档案的集中管理。)

18. 全国档案建设的两件大事是什么?

(国家档案局的成立和党的全国档案工作会议的召开)

19. 党和国家对文书档案工作的一项重要规定是什么?

(文书处理部门立卷)

20. 曾三提出了什么重要理论?

(建立档案馆系统的理论)

21. 我国历史上第一个档案工作刊物是什么?创办于何时?

(《材料工作通讯》,1951年5月创刊,中共中央办公厅秘书处主办)

22. 新中国第一个档案学研究机构是什么?

(国家档案局档案学研究室)

第六章　新民主主义革命时期、新中国成立初期的档案工作　　　167

23. 新中国成立后最早问世的档案学著作是什么？作者是谁？出版于何时？

（《档案管理法》，陆晋邃，1952年9月）

24. 新中国成立后史学界编纂的第一部大型资料书是什么？

中国史学会主持编纂、翦伯赞发起的《中国近代史资料丛刊》（共13卷全80册3400多万字）。

（四）简述题

1. 新中国成立后档案工作面临的具体任务是什么？

及时地接收中华民国时期各政权机关的档案；接收明清档案和改组旧的历史档案馆；迅速建立各级党政机关的档案工作；积极培养新的档案工作人员并初步开展档案业务理论研究工作。

2. 新中国成立后为什么要推行文书处理部门立卷工作？

随着社会主义的迅速发展，一方面国家机关也不断地增加和扩大，机关工作也日益繁忙和复杂，作为国家管理、处理政务的工具之一的文件，也逐渐增加和多样化。另一方面，为了保存党和国家的历史财富，配合政策研究、科学研究和历史研究工作的开展，档案工作已被日益重视，档案室及其工作制度在各机关也逐渐建立和健全。但是，在当时，由于立卷及归档制度不够健全，归档以文件为单位，处理完毕的文件，不能及时整理，大都堆积起来，有的甚至遗失、出卖或焚毁。档案室工作十分被动，积存文件整理不完，影响了其他工作的开展，限制了档案的利用。

3. 大区机关撤销后档案的集中管理有什么意义？

1954年大区一级党政机构撤销后，其档案对于了解各地区情况有重大价值，必须妥善保管。为此，中央办公厅和国务院于1954年6月、8月先后颁发了大区撤销后档案集中管理办法。这两个《办法》明确指出应按照统一集中与保持原机关档案完整的原则妥善保管。中央局、大区青年团的档案应上交党的中央档案馆，大区行政部门的档案应上交中央国家保管机构。集中范围包括各机关收发和内部使用的一切文件材料。原大区机关档案人员就地集中。

此次档案的集中，使大区撤销机关的档案完整安全地保存下来，并给以后处理撤销机构的档案树立了范例，同时也推动了档案馆和档案管理机关的成立，对后来档案事业的发展有着重要影响。

4. 全国党的第一次档案工作会议通过的《中国共产党中央与省级机关

文书处理工作和档案工作暂行条例》主要内容是什么？

1954年12月1日召开了全国党的第一次档案工作会议。会议的中心是讨论通过《中国共产党中央与省级机关文书处理工作和档案工作暂行条例》。《条例》规定了档案工作的基本原则，规定了档案工作的任务、组织机构和各项制度，规定了机关档案工作原则和档案室的任务，规定了档案工作机构的设置。此外，也指出了档案工作的范围、档案与资料的区别等问题。

（五）论述题

1. 试述国家档案局成立及其性质、任务和意义。

性质：国家档案局于1954年11月8日经国务院总理周恩来提请人大常委会讨论批准成立。它是国家档案事业的最高行政领导机关。

任务：（1）在统一管理国家档案工作原则下建立国家档案制度，指导和监督各级国家机关和人民团体的档案工作；（2）负责全国国家档案馆网的规划，筹建和领导国家档案馆；（3）研究和审查国家档案文件材料的保管期限标准和销毁问题；（4）制定有关国家档案工作的法规性文件；（5）办理国务院交办的其他档案事务。

意义：国家档案局的成立是我国政权建设和文化建设上的一件大事，具有重要的意义：（1）我国档案工作从此有了统一的领导机关，以制定档案工作的规章制度，贯彻集中统一的管理原则，推动全国档案事业的发展；（2）标志着国家档案事业进入一个新阶段，此后，我国档案事业的发展有了组织上的保证。

2. 试述国务院《关于加强国家档案工作的决定》的主要内容及其意义。

为了进一步提高档案工作的水平，使其更好地为社会主义建设服务，1956年3月27日，国务院做出了《关于加强国家档案工作的决定》。

主要内容：国务院《关于加强国家档案工作的决定》，对我国档案事业建设中的基本原则和重要内容都做了明确的规定。第一，指出了"国家全部档案"的组成，即"国家的全部档案，包括中华人民共和国成立以来各机关、部队团体、企业和事业单位的档案，中华人民共和国成立以前的革命历史档案和旧政权档案，都是我国社会政治生活中形成的文书材料，都是我们国家的历史财富"。第二，明确规定了档案工作的任务，"就是要在统一管理国家档案的原则下建立国家档案制度，科学地管理这些档案，以便于国家机关工作和科学研究工作的利用"。第三，确立了档案工作的基本原则是"集中统一地管理国家的档案，维护档案的完整与安全，便于国家各项工作的利用"。第四，指出了加强国家档案工作统一管理的三项具体任务。全国档案工作都应由国家档案管理机关统一地、分层负责地进行指导和监督。第五，提出了健全机构、加强业务指导、培养干部，提高档案科学水平的几项要求。第六，提出了档案工作的性质和作用，即档案工作既是一项专门业务，又是一项机要工作，因此，各级国家机关的领导人员必须予以足够重视，并要求一切在职的档案工作人员努力学习，做好档案工作。

意义：国务院颁布的《关于加强国家档案工作的决定》（以下简称《决定》），是新中国成立以来最重要的关于档案工作的法规性文件，是新中国档案事业建设中的重大事件，它确立了我国档案事业的领导体制和工作原则，对于我国档案事业的建设具有深远的影响。(1)《决定》明确了国家档案的范围，宣布国家的全部档案都是国家的历史财富，彻底解决了档案的所有制问题。(2)《决定》确立了我国档案工作统一集中管理的原则，从而奠定了我国档案建设的理论基础。(3)《决定》指出了档案工作的性质以及具体的任务，使全社会更加重视档案建设，并使档案工作沿着正确的方向发展。国务院《决定》的发布，极大地推动和促进了我国档案事业的发展和提高。

第七章

开始全面建设社会主义时期、社会主义建设新时期的档案工作

教学目标和要求：本章讲授开始全面建设社会主义时期、社会主义建设新时期的档案工作。使学生了解和掌握党政档案统一管理、档案馆事业的发展、科技档案工作的建立、开放历史档案的决定、《档案法》的颁布实施。

教学重点：《关于统一管理党政档案工作的通知》、1962 年全国档案工作会议、中央档案馆、《档案法》。

教学难点：党政档案统一管理的内容和意义、1962 年全国档案工作会议提出的对于档案事业建设六个方面的认识、开放历史档案的决定、《档案法》的颁布实施

基本概念：《关于统一管理党政档案工作的通知》、中央档案馆、《档案法》、中国档案文献遗产工程、档案资源观、档案记忆观、四个体系

本章思考题：

1. 简述党政档案统一管理的内容和意义。
2. 简述开放历史档案决定的发布。
3. 试述《档案法》的主要内容及重大意义。
4. 评述改革开放 40 年来档案事业发展的成就和特点。

参考书目：

刘国能、黄子林：《中国档案事业概述》，档案出版社，1993 年。

裴桐：《当代中国的档案事业》，中国社会科学出版社，1998 年。

刘国能：《体系论：中国档案事业体系》，中国档案出版社，2001 年。

第七章　开始全面建设社会主义时期、社会主义建设新时期的档案工作

第一节　开始全面建设社会主义时期的档案工作

一　本节内容要点

（一）党政档案统一管理
（二）国家档案馆事业的发展
（三）档案馆工作的性质、任务
（四）科技档案工作的建立
（五）1962 年召开的全国档案工作会议
（六）1958—1962 年的档案工作经验教训

二　要点内容分析

（一）党政档案统一管理

重点掌握：党政档案统一管理的内容和意义：1. 内容：1959 年 1 月 7 日中共中央发布了《关于统一管理党政档案工作的通知》。《通知》指出：把党的档案工作和政府的档案工作统一起来是完全必要的。在档案工作统一管理之后，各级档案管理机构既是党的机构，又是政府机构；为加强党对档案工作的领导，应规定各级档案管理机构在中央由中央办公厅主任直接领导，在地方由各级党委秘书长直接领导。党中央关于统一管理党政档案工作的通知，对于我国档案事业的进一步发展具有重大意义。2. 意义：首先，这个通知指出了当时我国档案建设的指导思想，巩固和发展了档案工作集中统一管理的原则。其次，党领导的革命建设事业在档案中得到了全面系统的反映，保证了党的档案的完整保存。再次，各省、市、自治区和专、县档案工作机构的建立和健全，将从组织上保证完成档案工作面临的任务。最后，党政档案管理机构合一，对于全国档案事业进行统一业务指导、统一规划，也起到了很大的推动作用。

（二）国家档案馆事业的发展

1. 20 世纪五六十年代中央级档案馆名称及其成立或更名的时间：（1）中央档案馆于 1959 年 10 月 8 日建成，馆址在北京西郊，是党中央、国务院直属的科学文化事业机构。（2）故宫博物院档案馆于 1955 年 12 月更名为中国第一历史档案馆，1958 年 6 月改名为明清档案馆。中央档案馆

建成以后，该馆并入中央档案馆改称明清档案部，所藏档案仍在故宫旧址，1963年12月又恢复使用中国第一历史档案馆的名称。（3）1964年4月，为加强对档案馆的领导，南京史料整理处改归国家档案局领导，并更名为中国第二历史档案馆。（4）1960年7月，东北档案馆成立。

2. 1965年全国档案馆数量。至1965年10月，全国共建立档案馆2483个，其中29个省、市、自治区都建立了档案馆，专、县级档案馆发展到两千多个。至此，全国从中央到地方档案馆布局初具规模。

3. 省、县级两次档案馆工作会议及通过的文件：国家档案局于1959年12月和1960年1月，先后在广东省兴宁县和上海市召开了全国县档案馆工作和省档案馆工作现场会议，总结交流省、县档案馆工作经验，讨论制定了《省档案馆工作暂行通则》和《县档案馆工作暂行通则》（国家档案局于1960年3月18日颁布实行）。两个《暂行通则》明确规定了档案馆工作的性质、任务，为开展档案馆工作确定了统一的章程。

（三）科技档案工作的建立

1. 新中国成立后加强科技档案工作的第一个文件的名称：1957年6月13—15日，国务院科学规划委员会第四次扩大会议讨论通过了《关于改进档案资料工作方案》。这个《方案》是我国为加强科技档案管理而制定的第一个文件。

2. 大连会议召开的时间及通过的文件：1959年12月1—9日，国家档案局在大连市召开了华北、东北协作区技术档案工作扩大会议，全国各省、市、自治区以及中央各工交、科技部门都有代表参加，实际上这是第一次全国技术档案工作会议，会议讨论通过了《技术档案室工作暂行通则》。

（四）1962年全国档案工作会议。重点要掌握1962年全国档案工作会议提出的对于档案事业建设的几个方面的规律性认识。国家档案局于1962年12月17—26日在北京召开了全国档案工作会议，总结了1958年至1962年的工作经验教训，其总结要点如下。

1. 正确认识档案工作的作用和特点。档案是党和国家的重要历史财富，是生产斗争和阶级斗争的工具和条件之一。在检查党和国家方针政策的执行、工作查考、经验总结及科学研究中，具有重要的凭证和参考作用，不仅对本机关今天的工作和生产有用，而且对党和国家各项工作在长远的年代里也有用。

2. 要研究和认识档案的形成规律，并按照其形成规律进行管理。档案的形成规律表现在以下几个方面：首先，档案是由文书材料、技术文件等转化而来的，是工作和生产活动的必然产物，而不是凭主观愿望可以随意编写的，更不是由于档案人员的什么要求而产生的。其次，档案是在各机关形成的，且各机关形成的档案，是一个有机的整体。再次，档案是在各项工作和生产活动中形成的，自部门至具体问题或具体产品间都有不可分割的联系，要保持其本来的自然联系，而不能打乱、分割它们之间的联系。最后，因为各机关的档案要在相当长的时间里查考利用，所以不能过早地向档案馆集中，但也不能在其失去本机关经常查找利用的现行效能后仍不向档案馆移交。

3. 必须正确地安排收集、整理、保管、鉴定、统计和提供利用六项工作，但必须以收集、整理、保管工作为前提，只有把收集、整理、保管工作做好了，利用工作才能顺利进行。认为做好了利用工作，其他工作也必然被带动起来，甚至认为只要做好利用工作就行了，实践证明这种认识是错误的。

4. 必须正确地对待机关档案室工作和档案馆工作。档案室工作和档案馆工作是党和国家档案工作的两个组成部分。机关档案室工作是档案工作的基础，档案馆是永久保管党和国家历史档案的基地。

5. 充分认识与掌握技术档案的特点，是做好技术档案工作的重要条件。

6. 坚持党政档案工作统一管理原则，加强统一的业务指导，统一规章制度，认真贯彻执行党中央和国务院的指示和方针政策。

以上六个方面的认识，是通过实践活动总结出来的带有规律性的经验，其中有些是正面经验，有些是从教训中提炼出来的经验，因此这些认识具有重要的指导意义。

三 练习题及参考答案

（一）填空题

1. 新中国成立后加强科技档案工作的第一个文件是_____年通过的_____。

（1957，《关于改进档案资料工作方案》）

2. 我国第一个县级档案馆是_____年建立的_____。

(1958，河南省襄城县档案馆)

3. 中央档案馆是党中央、国务院直属的_____，成立初期设_____个部。

(科学文化事业机构，三)

4. 至1965年10月全国共建立档案馆_____个，其中专、县级档案馆发展到_____多个。

(2483，2000)

(二) 判断题

1. 根据中央《通知》指示，1959年3月，中共中央办公厅秘书局档案管理处的业务指导工作与国家档案局合并，国家档案馆成为在党领导下统一管理全国党政系统档案工作的机构。

(错。根据中央《通知》指示，1959年3月，中共中央办公厅秘书局档案管理处的业务指导工作与国家档案局合并，国家档案局成为在党领导下统一管理全国党政系统档案工作的机构。)

2. 到1959年，我国所有省、市、自治区都建立了档案馆。

(错。到1965年，我国所有省、市、自治区都建立了档案馆。)

3. 中央档案馆成立时，实际上包括了三个不同性质的档案馆。

(对。中央档案馆成立时，最初内部设有三个部，即中共中央档案部、中央国家机关档案部、明清档案部，实际上中央档案馆包括了三个不同性质的档案馆，分别保管党成立以来的革命历史档案、需要永久保管的中央国家机关档案和明清历史档案。)

(三) 名词解释

1. 《关于统一管理党政档案工作的通知》：1959年1月7日由中共中央发布的通知。指出了党政档案统一管理的必要性及统一管理后档案机构的隶属关系，对于我国档案事业的进一步发展具有重大意义。

2. 中央档案馆：是党中央、国务院直属的科学文化事业机构。1959年10月8日建成开馆。成立初期内部设有三个部，即中共中央档案部、中央国家机关档案部、明清档案部，实际上包括了三个不同性质的档案馆，分别保管党成立以来的革命历史档案、需要永久保管的中央国家机关档案和明清历史档案。

(四) 问答题

1. 1958年提出的档案工作方针是什么？

第七章　开始全面建设社会主义时期、社会主义建设新时期的档案工作

(以利用工作为纲)

2. "大办档案"产生了什么错误?

(浮夸、虚假和形式主义)

3. 我国加强科技档案工作的第一个文件是什么?

《关于改进档案资料工作方案》(1957年6月)

4. 第一次全国技术档案工作会议召开于何时何地?讨论了什么文件?

(1959年12月1—9日,大连,《技术档案室暂行通则》)

5. 1959年提出的档案工作新方针是什么?

(进一步提高档案工作水平,积极开展档案资料的利用工作,为社会主义事业服务。)

6. 1960年国家档案局提出了什么要求?

(总结经验、巩固成绩、改进作风、提高水平)

7. 新中国成立后档案工作的一次空前盛会是什么?召开于何时何地?

(全国档案资料工作先进经验交流会,1959年6月,北京)

8. 继国务院《决定》之后的又一份重要文件是什么?

(《关于统一管理党政档案工作的通知》)

9. 第一、二次全国少数民族地区档案工作会议召开于何时何地?

(1960年8月,呼和浩特市;1994年9月,乌鲁木齐市)

10. 我国少数民族三大经典影片档案是什么?

《五朵金花》(1959年)、《刘三姐》(1960年)、《阿诗玛》(1964年)

11. 我国档案机构的三大基本类型是什么?

(档案室、档案馆、档案局)

12. 我国档案馆主要可以分为哪三大类?

(各级国家档案馆、专业档案馆、企事业档案馆)

13. 我国国家档案馆一般可分为哪两大类?

(历史档案馆、综合档案馆)

14. 我国国家档案馆和档案事业的主体是什么?

(国家综合档案馆)

15. 我国中央级综合性档案馆有哪三个?

(中央档案馆、中国第一历史档案馆、中国第二历史档案馆)

16. 中央档案馆首任馆长、副馆长是谁?

曾三(兼);裴桐、邱兰标

17. 毛泽东手稿中时间最早的是哪一件？写于何时？

《商鞅徙木立信论》（毛泽东上中学时的作文），1912 年 6 月

18. 中央档案馆现存的毛泽东文稿档案共有多少件？

（25068 件）

19. 我国第一个县级档案馆是何时建立的？馆名叫什么？

（1958 年，河南省襄城县档案馆）

20. 中国电影资料馆成立于何时何地？拥有哪两座大型库房？

（1958 年 9 月，北京，北京电影资料库、西安电影资料库）

21. 全国各级各类档案馆共保存着多少卷档案？其中重点档案有多少卷？

（2.57 亿卷，1200 多万卷）

22. 现存的全国重点历史档案文献共有多少卷（册）？

1700 余万卷（册）

（五）简述题

1. 大连会议对技术档案工作有什么意义？

大连会议的召开和《技术档案室工作暂行通则》的制定与发布，标志着技术档案工作作为国家档案事业的重要部分，从组织上自中央到地方已经全面纳入国家档案管理范围。《技术档案室工作暂行通则》的发布，标志着我国科技档案工作从此有了统一的规章制度，使这项工作步入正规和高质量发展的轨道。

2. 到 1962 年我国档案学研究取得了什么成就？

档案学建设成为一门独立学科；形成了由多门分支学科、科目组成的档案学科学体系；建立了一支以全国高校教师为主力军的科研队伍。

（六）论述题

1. 试述党政档案统一管理的内容和意义。

1959 年 1 月 7 日中共中央发布了《关于统一管理党政档案工作的通知》，指出了党政档案统一管理的必要性及统一管理后档案机构的隶属关系，对于我国档案事业的进一步发展具有重大意义。

（1）内容：《通知》指出：把党的档案工作和政府的档案工作统一起来是完全必要的。在档案工作统一管理之后，各级档案管理机构既是党的机构，又是政府机构；为加强党对档案工作的领导，应规定各级档案管理机构在中央由中央办公厅主任直接领导，在地方由各级党委秘书长直接

领导。

（2）意义：首先，这个通知指出了当时我国档案建设的指导思想，巩固和发展了档案工作集中统一管理的原则；其次，党所领导的革命建设事业在档案中得到全面系统的反映，保证了党的档案的完整保存；再次，各省、市、自治区和专、县档案工作机构的建立和健全，将从组织上保证完成档案工作所面临的任务；最后，党政档案管理机构合一，对于全国档案事业进行统一业务指导、统一规划，起了很大的推动作用。

2. 试述1962年会议总结的我国自1958年以来档案工作的经验。

第一，正确认识档案工作的作用和特点；第二，要研究和认识档案的形成规律，并按照其形成规律进行管理；第三，必须正确地安排收集、整理、保管、鉴定、统计和提供利用六项工作；第四，必须正确地对待机关档案室工作和档案馆工作；第五，充分认识与掌握技术档案的特点，是做好技术档案工作的重要条件；第六，坚持党政档案工作统一管理的原则，加强统一的业务指导，统一规章制度，认真贯彻执行党中央和国务院的指示和方针政策。

第二节　社会主义建设新时期的国家档案事业

一　本节内容要点

（一）档案工作的恢复和整顿
（二）全国档案工作领导体制的调整
（三）开放历史档案的决定
（四）颁布实施《中华人民共和国档案法》
（五）档案信息化建设和档案信息资源开发利用
（六）"档案强国"和档案文化建设
（七）"两个转变"和"四个体系"
（八）全国民生档案工作

二　要点内容分析

（一）档案工作的恢复和整顿

1.《档案工作》复刊时间：《档案工作》杂志于1980年正式复刊，另外还新创刊了《档案学通讯》《档案学研究》等；2. 至 1990 年底全国各级各类档案馆数量：到 1990 年底，全国各级各类档案馆已从 1982 年底的 2554 个发展到 3522 个，形成了一个多门类、多层次的档案馆网络。

（二）开放历史档案的决定

重点掌握：党中央书记处做出开放历史档案决定的时间、条件和意义。

1. 时间：1980 年 5 月。

2. 条件：在社会主义物质文明和精神文明建设过程中，科学研究和经济建设部门，特别是学术界迫切需要大量系统地利用历史档案。1979 年 6 月，一些学术界的人大代表在全国人大五届二次会议上提交了开放历史档案的提案。同时，随着改革开放，在中外学术交流活动中外国学者也提出利用中国历史档案的要求。为了适应新形势的需要，党中央书记处于 1980 年 5 月正式做出了开放历史档案的决定。

3. 意义：开放历史档案使档案馆自身的各项工作更为活跃。各馆花大力气加强了接收、征集档案的工作。档案的收集范围不断扩大，还开展了向社会和个人征集档案文件的活动，使馆藏量得到显著增长。开放历史档案成为我国档案馆事业发展的新开端。

（三）颁布实施《中华人民共和国档案法》

1. 《中华人民共和国档案法》公布与施行的时间及颁布的历史条件、要点及意义。

（1）公布与施行的时间：1987 年 9 月 5 日，中华人民共和国主席颁布主席令，正式公布《中华人民共和国档案法》（简称《档案法》），决定自 1988 年 1 月 1 日起施行。

（2）颁布的历史条件：在我国档案事业建设的几十年历程中，尤其在经过"十年动乱"后，广大档案工作者深深体会到，要使档案事业真正得到社会重视，使广大人民保护和利用档案的正当民主权利得到保障，使破坏档案的行为得到应有处罚，就必须对档案工作中一些带有根本性的原则问题由国家进行立法，使档案工作的开展有法可依。早在 1979 年，国家档案局局长张中同志就提出要制定《档案法》的主张，并以全国政协委员的身份接连三次提出"建议制定国家档案法"的提案。全国人大常委会和国务院采纳了他的建议，由国家档案局于 1980 年初正式组织人员开始了起草工作。在此后七年中，先后完成近 30 稿，形成了一个比较成熟的草案。

(3) 要点：《档案法》共六章二十六条，内容十分丰富。其要点为：第一，明确了国家管理档案的范围"是指过去和现在的国家机构、社会组织以及个人从事政治、军事、经济、科学、技术、文化、宗教等活动直接形成的对国家和社会有保存价值的各种文字、图表、声像等不同形式的历史记录"。并肯定了存在国家、集体和个人三种档案所有权形式。第二，规定了我国档案工作的原则是"统一领导、分级管理"。根据这一原则，中央和地方政府要设立档案行政管理部门，分别主管国家和本行政区域内的档案事业。机关、团体、企业事业单位和其他组织的档案机构或档案工作人员，负责保管本单位的档案，并对所属机构的档案工作实行监督和指导。中央和县级以上地方各级各类档案馆，是集中管理档案的文化事业机构。这样，全国就形成了对档案和档案工作实行自上而下统一领导、分级管理的网络。第三，确定了档案管理的基本内容和任务。要求各级各类档案馆和档案机构应建立科学的管理制度，并采用先进技术，实现档案管理的现代化。明确了档案馆与博物馆、图书馆、纪念馆在档案管理和利用方面的相互协作关系。第四，具体规定了档案的利用和公布办法。凡国家档案馆保管的档案，一般应自形成之日起满30年向社会开放。某些类型或有特殊情况的档案的具体开放可按规定另行决定。第五，规定了社会组织和公民对档案的权利和义务。

(4) 意义：《档案法》是我国法制建设取得的一项新的成果，它的颁布实施对我国档案事业的发展具有重要的现实意义和深远的历史意义。①它是我国国家最高权力机关颁布的关于档案事业的第一部法律，是协调国家机关、集体单位和公民三者在档案方面关系的法律准绳。它的问世，使档案事业的建设有了法律依据和保障，改变了过去仅靠政策、行政措施等手段来推动档案事业的做法，标志着档案和档案工作从此进入了法制管理的轨道。②它增强了全社会的档案意识，保证了档案财富的完整与安全，使档案资源得到有效利用，更有利于为社会主义现代化建设服务。

2.《中华人民共和国档案法实施办法》颁布的时间及其性质与作用：1990年11月19日，国家档案局发布第一号令，颁布《中华人民共和国档案法实施办法》。这是与《档案法》相配套的一个全面系统的档案行政法规，将《档案法》的原则规定更加具体化，为深入实施《档案法》创造了极其有利的条件。

（四）档案信息化建设和档案信息资源开发利用

1. 档案信息化建设："十一五"期间，档案信息化步伐加快，信息化建设及电子文件管理、数字档案馆建设成果显著，各类档案管理系统的研发工作逐渐展开，档案利用服务依托信息化平台进入新时代。

2. 档案信息资源开发利用：2005年12月，国家档案局发布了《关于加强档案信息资源开发利用工作的意见》，2006年9月启动了试点工作，确定了6个方面的主题，体现出更加鲜明的技术推动与资源整合特色。"十二五"期间实施了公共档案信息资源共享服务工程项目，打造"一站式"档案信息资源共享和服务平台，为社会提供全方位的档案信息服务。2008年5月1日，《政府信息公开条例》正式施行，各级综合档案馆设立已公开现行文件的利用中心（政府信息查阅中心），成为政务公开和信息发布的重要平台和场所，极大推动了新时期我国档案利用服务的发展。

（五）"档案强国"和档案文化建设

1. "档案强国"：2012年2月，国家档案局提出了建设"档案强国"的战略新目标，其基本内涵包括四个方面，也就是"四个强大"，即建立起强大的档案事业发展保障体系、强大的档案资源体系、强大的档案利用体系、强大的档案专业人才队伍。

2. 档案文化建设：档案文化建设是档案工作为适应"文化强国"建设需要而提出的重大举措，档案部门参与文化强国建设有四个方面的着力点，即要把档案转化为文化产品，要为文化建设提供档案，要为文化建设建立档案，要建设档案文化。

（六）"两个转变"和"四个体系"

1. 两个转变：即转变重事轻人、重物轻人、重典型人物轻普通人物的传统观念和认识，重视所有涉及人的档案的价值；转变重机关团体利用、轻个人利用，重为机关团体服务、轻为群众服务的传统观念和认识，像重视机关团体利用那样重视人民群众的利用。

2. 统筹"四个体系"建设：在进一步推进档案资源体系、档案利用体系、档案安全体系的基础上，着力构建以党的领导为根本、以依法治档为关键、以数字化网络化信息化为依托的档案治理体系。

（七）全国民生档案工作

2007年12月29日，国家档案局印发了《关于加强民生档案工作的意见》，各级档案部门大力加强民生档案工作，建立和开发民生档案为民生

第七章 开始全面建设社会主义时期、社会主义建设新时期的档案工作

服务，将面向社会服务提到了"以民为本"的"公共服务"新高度。

三 练习题及参考答案

（一）填空题

1. 党中央书记处于_____年5月正式做出了_____的决定。

（1980，开放历史档案）

2. 我军唯一的中央级国家档案馆是_____年建立的_____。

（1980，中国人民解放军档案馆）

3. 我国第一个文件中心于_____年在_____成立。

（1988，甘肃省永靖县）

4. 到1990年底，全国各级各类档案馆已从1982年底的_____个发展到_____个。

（2554，3522）

5. 世界上唯一一份档案报纸名为_____，主办者是_____。

（《中国档案报》，国家档案局）

6. 新编纂的《清史》采用"_____"体例，分为_____大部分。

（新综合体，五）

7. 中国首届档案学博士论坛于_____年11月17—18日在_____召开，会议的中心议题是_____和_____。

（2001，中国人民大学档案学院，电子文件研究，新世纪档案职业的走向）

8. 我国档案信息化建设的里程碑式文件是_____，发布于_____年11月。

（《全国档案信息化建设实施纲要》，2002）

9. 中国首部真正意义上的信息化法律是_____，颁布于_____年4月1日。

（《中华人民共和国电子签名法》，2005）

10. 安徽省率先以_____为试点整合国家档案资源，率先建立了全国第一家_____。

（和县，省级电子文件中心）

11. 《档案事业发展"十一五"规划》列入了三个重大项目：一是"_____"，二是"_____"，三是"_____"。

（中西部贫困地区县级国家综合档案馆建设投资补助资金项目，全国重点档案抢救与保护专项资金项目，国家数字档案建设与服务工程）

12.《档案事业发展"十二五"规划》提出了_____、_____、_____三大战略。

（安全第一，以人为本，服务为先）

13.《"十四五"全国档案事业发展规划》中档案信息化强基工程包含_____、_____、_____三个项目。

（中西部档案信息化提升项目、全国档案查询利用服务平台建设项目、国家电子档案战略备份中心建设项目）

14. 全国第一家社区信用档案库叫_____，建立于_____年4月4日。

（石家庄市新华区社区信用档案库，2002）

15. 我国首家省级民办档案馆是_____，_____年3月22日开馆。

（广东省岭海档案馆，2017）

16. 在2015年公布的第_____批《中国档案文献遗产名录》中，全国共有_____件档案入选。

（四，29）

（二）名词解释

1. 中国档案文献遗产工程：国家档案局于2000年组织实施的重大项目。目的是配合"世界记忆工程"的开展，唤醒和加强全社会的档案保护意识，有计划、有步骤地开展抢救保护中国档案文献遗产行动。

2. 档案资源观：是指人们对于档案作为一种不可替代的信息资源所具有的促进知识和科技创新、推动生产力发展的价值和作用的基本认识。

3. 档案记忆观：是指人们对于档案作为社会各项活动的原始记录而具有的构建人类社会记忆的作用和价值的基本认识。

4. 两个转变：即转变重事轻人、重物轻人、重典型人物轻普通人物的传统观念和认识，重视所有涉及人的档案的价值；转变重机关团体利用、轻个人利用，重为机关团体服务、轻为群众服务的传统观念和认识，像重视机关团体利用那样重视人民群众的利用。

5. 四个体系：是指覆盖人民群众的档案资源体系、服务人民群众的档案利用体系、确保档案安全保密的档案安全体系、提升档案治理能力的档案治理体系。

（三）问答题

1. 我国档案馆事业发展的新开端是什么？
（开放历史档案）
2. 我国档案工作最成功的经验是什么？
（建立了全国规模的档案行政管理体系，对全国档案事业实行统筹规划，组织协调，统一制度、监督和指导。）
3. 当代中国档案事业管理体制的灵魂是什么？
（集中统一管理档案工作的原则）
4. 档案出版社成立于何时何地？后更名为什么？
（1982年1月，北京，中国档案出版社）
5. 档案学首家核心期刊是什么？主办者是谁？
《档案学通讯》，中国人民大学档案学院（信息资源管理学院）
6. 世界上唯一一份档案报纸是什么？主办者是谁？
（《中国档案报》，国家档案局）
7. 中国档案学会成立于何时何地？会刊名叫什么？
（1981年11月，北京，《档案学研究》）
8. 我军唯一的中央级国家军事档案馆是什么？成立于何时何地？
（中国人民解放军档案馆，1980年2月，北京）
9. 我国第一个文件中心建立于何时何地？名称叫什么？
（1988年8月，甘肃省永靖县档案局，甘肃省永靖县文件中心）
10. 少数民族档案史料评述学术讨论会召开于何时何地？
（1987年11月，昆明）
11. 《中华人民共和国档案法》的颁布与实施标志着什么？
（标志着我国档案工作从此走上了"依法治档"的轨道）
12. 2000年国家档案局启动了什么重大工程？
（中国档案文献遗产工程）
13. 2000年12月6日国家档案局发布了什么重要文件？从何时起施行？新修订的版本从何时起正式实施？
（《归档文件整理规则》，2001年1月1日，2016年6月1日）
14. 中国首部真正意义上的信息化法律是什么？颁布于何时？
（《中华人民共和国电子签名法》，2005年4月1日）

15. 《中华人民共和国政府信息公开条例》颁布于何时？从何时起施行？

（2007年4月5日，2008年5月1日）

16. 安徽档案工作创造了哪两个全国第一？

（率先以和县为试点整合国家档案资源；率先建立了全国第一家省级电子文件中心。）

17. 安徽和县的档案改革模式是什么？

（在全国率先提出档案工作全面融入、主动服务为第一要务的原则和"四变"思路、"两好"目标，积极创新发展模式。即打破条框分割，从源头上整合档案信息资源，把县房产局、建设局、交通局、国土局的科技档案、专门档案及时完整地移交到县档案馆，初步确立以档案部门为主体，各专业主管部门配合的国家档案资源管理模式。这一模式的特点是一家主管、集中保管、及时移交、"一站式"服务。）

18. 深圳和上海浦东等地的档案改革模式是什么？

（在全国大中城市率先实行国家综合档案与城建档案合一的管理体制，城建档案馆并入市档案局馆）

19. 我国首次在什么法规性文件中使用"公共档案馆"概念？

（2002年5月颁布的《深圳经济特区档案与文件收集利用条例》）

20. 公共档案馆的"五位一体"功能是什么？

档案史料的安全保管基地、爱国主义教育的重要基地、档案信息资源开发利用的服务中心（档案利用中心）、已公开现行文件利用中心（政府信息查阅中心）、电子文件中心

21. 全国首家档案行业协会成立于何时？名称叫什么？

（2005年6月，深圳市档案行业协会）

22. 全国第一家社区信用档案库叫什么？建于何时何地？

（石家庄市新华区社区信用档案库，2002年4月4日）

23. 我国首家省级民办档案馆是什么？何时开馆？

（广东省岭海档案馆，2017年3月22日）

24. 《档案事业发展"十一五"规划》列入了哪三个重大项目？

（一是"中西部贫困地区县级国家综合档案馆建设投资补助资金项目"；二是"全国重点档案抢救与保护专项资金项目"；三是"国家数字档案建设与服务工程项目"。）

第七章　开始全面建设社会主义时期、社会主义建设新时期的档案工作　185

25. 《档案事业发展"十二五"规划》提出了哪三大战略？

（一是"安全第一"战略，重点在安全保障能力建设上有根本提高，全面完善确保档案安全保密的档案安全体系；二是"以人为本"战略，重点在档案资源建设上有普遍改进，全面完善覆盖人民群众的档案资源体系；三是"服务为先"战略，重点在档案公共服务能力建设上有实质加强，全面完善方便人民群众的档案利用体系。）

26. 浓缩中国重要档案史料的最完整、最权威的文献是什么？

《档案文献光盘库》（包括《中国明清史档案文献光盘库》《中华民国史档案文献光盘库》《中国革命史档案文献光盘库》）

27. 国家清史编纂工程启动于何时？分为哪三大部分？

（2002年底，主体工程、基础工程、辅助工程）

28. 清代档案刊布实现信息化的标志是什么？

（中国第一历史档案馆于2005年启动了"全文数字化清代档案文献数据库"重点工作项目。）

29. 我国首家档案信息化研究机构成立于何时？名称叫什么？

（2007年11月3日成立的北京东方飞扬档案信息化研究院）

30. "金档工程"的全称叫什么？启动于何时？其内容可概括为什么？

"国家数字档案建设与服务工程"，2005年12月，一二三四五：一个中心（中央、国家档案信息中心）；两个平台（管理平台［馆内为主］、应用平台［对外为主］）；三个数据库（目录信息库、原文信息库、多媒体信息库）；四个保障系统（标准规范、人才、管理、安全）；五个管理系统（纸质档案、照片档案、声像档案、缩微制品、电子文件［电子档案］）。

31. 全国首家投入运行的数字档案馆是什么？

（青岛市数字档案馆）

32. 21世纪初我国参与了哪三大国际文化工程？

（1）世界遗产工程（文物古迹）；（2）世界记忆工程（档案）；（3）人类口头与非物质文化遗产工程（民俗文化）。

33. 第一、二、三、四批入选《中国档案文献遗产名录》的档案各有多少件？

第一批48件（组）、第二批35件（组）、第三批30件（组）、第四批29件（组）

34. 目前入选《世界记忆名录》的中国档案文献有哪13项？

传统录音档案、清代内阁秘本档、纳西东巴古籍文献、清代大金榜档案、清代"样式雷"图档、本草纲目、黄帝内经、西藏元代官方档案、侨批档案——海外华侨银信、南京大屠杀档案、甲骨文、近现代中国苏州丝绸档案、清代澳门地方衙门档案（1693年至1886年）

35. 第一、二、三、四、五届中国档案学博士论坛召开于何时何地？论坛主题是什么？

（1）第一届：2001年11月17—18日，中国人民大学档案学院，电子文件研究、新世纪档案职业的走向；（2）第二届：2006年6月17—18日，中国人民大学信息资源管理学院，档案：资源的开发与学科的自觉；（3）第三届：2014年10月18—19日，中国人民大学信息资源管理学院，回望经典：中外档案学的比较与借鉴；（4）第四届：2017年10月28—29日，中国人民大学信息资源管理学院，中国档案学的继承与发展；（5）第五届：2022年7月28—30日，湘潭大学公共管理学院，新时代档案学和档案事业发展研究。

36. 第一、二、三、四届全国民族档案学术研讨会召开于何时何地？会议主题是什么？

（1）第一届：2016年10月21—23日，云南大学历史与档案学院，档案与少数民族社会记忆；（2）第二届：2018年8月22—24日，辽宁大学历史学院，历史档案的保护、整理与研究；（3）第三届：2020年10月23—25日，云南大学历史与档案学院，数字时代的民族档案信息资源保护、开发、共享；（4）第四届：2021年6月18—20日，西北大学长安校区公共管理学院，区域协调发展中的文献资源开发与公共文化服务。

37. 全国档案战线的时代楷模是谁？

刘义权（原中国人民解放军档案馆馆员）

38. "两个转变"的基本内涵是什么？

（一是转变重事轻人、重物轻人、重典型人物轻普通人物的传统观念和认识，重视所有涉及人的档案的价值；二是转变重机关团体利用、轻个人利用，重为机关团体服务、轻为群众服务的传统观念和认识，像重视机关团体利用那样重视人民群众的利用。）

39. "三个体系"的思想内涵是什么？

（一是覆盖人民群众的档案资源体系，二是服务人民群众的档案利用体系，三是确保档案安全保密的档案安全体系。）

40．"档案资源观"的主流思想有哪些？

（档案是一种重要的不可替代的文化财富和社会资源；档案资源应尽可能全面地反映社会面貌，因而不可避免地走向领域拓展；档案资源建设应该注重满足公众的需求和可获取性；数字档案已成为档案资料的重要组成部分；收藏和开发是构建档案资源的重要途径；档案工作者是档案资源的积极建设者，对于资源质量、价值和易用性承担重要责任。）

41．"档案记忆观"的主要观点有哪些？

档案是一种社会（或历史、集体）记忆的载体（或工具），是构建社会记忆重要且不可替代的要素；档案馆是社会记忆的保存场所，档案工作者有责任通过自身的业务活动积极主动地参与社会记忆的建构、维护与传承；档案工作者的观念、工作原则和方法对于社会记忆的真实、完整与鲜活产生正面或负面的影响。

42．"档案多元观"的主要观点有哪些？

从多元视角解读档案及其管理，凸显出档案形成主体的多元、档案价值和范围的多元、档案管理机构和模式的多元。具体表现为档案来源、形式、价值、描述、整合和获取的多元。（1）档案来源多元；（2）档案形式多元；（3）档案价值形态和价值鉴定方式多元；（4）档案描述多元；（5）档案整合和获取多元。

（四）简述题

1．1985年全国档案工作领导体制做了什么调整？

我国自1959年实行党政档案工作统一管理以来，各级档案管理机构一直既是党的机构，又是政府机构，而以党的系统直接领导为主。

1985年2月，决定国家档案局由党中央办公厅改归国务院领导；地方各级档案局为各级人民政府的直属局，其领导关系由省、市、自治区党委和人民政府根据实际情况确定；各级档案馆除中央档案馆外均归各级档案局管理。

2．新时期档案学研究的具体进展表现在哪些方面？

一是加强了档案基础理论的研究；二是加强了档案事业管理的研究；三是档案馆、机关档案工作的研究有进一步发展；四是开展了档案管理现代化研究；五是加强了对国外档案工作和档案学的研究；六是开展了对档案学本身的研究。

3. 开放历史档案的决定是怎样发布的？

1979年6月，学术界的一些人大代表在全国人大五届二次会议上提出了开放历史档案的提案。为适应新形势的需要，党中央书记处于1980年5月正式做出了开放历史档案的决定。为贯彻党中央决定，国家档案局于1980年5月召开了省级以上档案馆工作会议，强调档案馆的科学文化事业性质，提出档案部门要解放思想，处理好利用与保密、利用工作与基础工作两个关系，并确定了历史档案的开放范围和利用方法。开放历史档案成为我国档案馆事业发展的新开端。

（五）论述题

试述《中华人民共和国档案法》的主要内容及重大意义。

主要内容：1. 明确了国家管理档案的范围，并肯定了存在国家、集体和个人三种档案所有权形式。2. 规定了我国档案工作的原则是"统一领导，分级管理"。3. 确定了档案管理的基本内容和任务。要求各级各类档案馆和档案机构应建立科学的管理制度，并采用先进技术，实现档案管理现代化。明确了档案馆与博物馆、图书馆、纪念馆在档案管理和利用方面的相互协作关系。4. 具体规定了档案的利用和公布办法。凡国家档案馆保管的档案，一般应自形成之日起满30年向社会开放。5. 规定了社会组织和公民对档案的权利和义务。

意义：1. 它是我国国家最高权力机关颁布的关于档案事业的第一部法律。它的问世，标志着档案事业从此进入了法制管理的轨道。2. 增强了全社会的档案意识，保证了档案财富的完整与安全，使档案资源得到有效利用，更有利于为社会主义现代化建设服务。

下篇 外国档案事业史

绪　　论

外国档案事业史是中国档案事业史的姊妹学科。这是一门研究外国档案事业的形成和发展过程及其规律性的学科，过去叫"世界档案史"，后改称"外国档案史""外国档案工作""外国档案管理（学）"。通过对本门课程的学习，可以开阔档案工作者的视野，了解和借鉴外国档案管理的历史经验和先进技术，促进世界各国档案事业的共同发展。

一　外国档案事业史的研究内容

外国档案事业史通过对外国文件管理、档案管理、档案事业管理等理论和方法的系统阐释，使学生全面掌握外国来源原则、文件生命周期理论、文件连续体理论、文件中心理论、档案全宗理论、档案价值鉴定理论、档案开发利用理论的主要内容和相关技术，了解外国文件管理机构、档案管理机构、档案法规、档案教育以及档案学的新发展、新成就、新水平，以开阔学生的专业视野，培养学生的专业素质。

（一）古代部分

1. 奴隶社会（约公元前 3500 年—公元 476 年）

2. 封建社会（476—1789 年）

476 年：西罗马帝国灭亡

（二）近代部分（1789—1918 年）

1789 年：法国档案改革

（三）现当代部分（1918 年至今）

1918 年：苏俄档案改革

二　外国档案事业史的学习目的

（一）总结外国档案事业发展的历史经验和档案学的发展规律，为发

展我国档案事业和档案学理论服务

（二）完善档案学的学科体系和档案专业的知识结构，丰富专业史知识

（三）为我国开展国际档案活动提供信息

（四）为我国档案部门提供外国档案馆藏中有关中国档案史料的线索，以充实和丰富国内的馆藏

三 教材和参考书

（一）教材

《外国档案事业史》，黄霄羽主编，中国人民大学出版社2004年版。

（二）参考书

1.《世界档案史简编》，李凤楼、张恩庆、韩玉梅、黄坤坊编著，档案出版社1983年版。

2.《欧美档案学概要》，黄坤坊编著，档案出版社1986年版。

3.《外国档案管理概论》，韩玉梅、张恩庆、黄坤坊编著，档案出版社1987年版。

4.《美国档案文件管理》，张仲仁、翁航深著，四川省社会科学院出版社1987年版。

5.《档案工作的理论与方法》，美国档案工作者协会编，档案出版社1988年版。

6.《现代档案与文件管理必读》，国际档案理事会工作组、彼得·瓦尔纳主编，档案出版社1992年版。

7.《世界档案——历史·现状·理论》，延艺云编著，光明日报出版社1993年版。

8.《世界档案大事记》，牛创平、时元弟、韩玉梅、张恩庆、黄坤坊编著，档案出版社1993年版。

9.《外国档案管理》，韩玉梅主编，档案出版社1994年版。

10.《外国现代档案管理教程》，韩玉梅主编，中国人民大学出版社1995年版。

11.《六十国档案工作概况》，陈兆祦主编，档案出版社1995年版。

12.《外国档案事业史》，陈子丹著，云南大学出版社1999年版。

13.《外国档案工作纵横论》，黄霄羽著，中国档案出版社2002年版。

14.《外国档案管理学》,黄霄羽主编,中国人民大学出版社 2008年版。

四 练习题及参考答案

1. 外国档案工作的时间和空间是什么?
从古至今的数千年,世界各国(中国除外)
2. 外国档案工作的研究内容是什么?
(研究档案、档案工作和档案事业的产生发展过程及其规律性。)
3. 外国档案工作的研究目的是什么?
(开阔中国档案工作者的视野,了解和借鉴外国档案管理工作发展的历史经验。)
4. 外国档案工作古代部分的起止时间是什么?
(公元前 3000 年前后至公元 1789 年。)
5. 外国档案工作近代部分的起止时间是什么?
(1789 年法国档案改革至 1918 年苏俄社会主义档案工作改革。)
6. 外国档案工作现代部分的起止时间是什么?
(1918 年苏俄社会主义档案工作改革至今。)
7. 外国档案史的起始时间与世界通史有什么不同?
(世界通史从人类社会起源开始,外国档案工作则是从奴隶社会开始。)
8. 外国档案史在古代与近代的时间划分上与通史有何不同?
(世界通史的古代时期止于 1640 年英国资产阶级革命,外国档案史的古代时期一直延伸到 1789 年法国档案改革。)
9. 外国档案史在近代与现代的时间划分上与通史有何不同?
(世界通史的现代时期始于 1917 年俄国十月革命爆发,外国档案工作的现代时期始于 1918 年苏俄社会主义档案工作改革。)
10. 我国第一本正式出版的外国档案史教材是什么?出版于何时?
《世界档案史简编》(李凤楼、张恩庆、韩玉梅、黄坤坊编著,档案出版社 1983 年版)
11. 我国第一部国别档案管理研究著作是什么?出版于何时何地?作者是谁?
《美国档案文件管理》(张仲仁、翁航深,四川省社会科学院出版社

1987年版）

12. 开创新时期外国档案管理研究的代表作是什么？出版于何时何地？作者是谁？第一次阐述了什么内容？

（韩玉梅主编《外国现代档案管理教程》，中国人民大学出版社1995年版，第一次系统阐述了外国文件管理的理论与实践。）

第八章

档案产生、档案机构出现、档案管理萌芽与档案法规、档案教育起源

教学目标和要求：本章主要阐明外国古代档案、档案机构、档案管理及档案法规、档案教育概况。帮助学生了解和掌握外国古代档案的产生、发现、种类和内容，档案机构的类型，档案的整理、编目、保管、利用以及档案立法和档案教育。

教学重点：学术界对档案起源理解的分歧；奴隶社会档案和档案库的主要类型；档案管理活动的萌芽（在奴隶社会主要体现为：整理与分类、保管与编目、鉴定与利用）。

教学难点：奴隶社会档案馆库的性质和特点、档案管理活动的主要特点。

基本概念：纸草档案、泥板档案、亚述巴尼拔档案图书馆、棕榈树叶档案、亚历山大档案图书馆、预言书、羊皮纸档案、神庙档案馆、国库档案馆、罗马皇帝档案馆

复习与思考题：
1. 简述外国档案的起源和发现。
2. 奴隶社会时期的档案包括哪些类型？
3. 简述奴隶社会时期外国档案作用的表现。
4. 试述外国档案馆库的起源。
5. 从古代东方、古代希腊到古代罗马，档案机构的发展有哪些表现？
6. 试述奴隶制时期的各种档案馆库。
7. 综述奴隶社会时期外国档案管理活动的主要特点。
8. 论述奴隶社会时期外国档案的利用。
9. 论述古代两河流域的档案整理、档案立法和档案教育活动。

参考书目：

［苏联］乌特钦科、卡里斯托夫主编：《古代的希腊》，贾刚、陈文林、萧家琛译，人民教育出版社，1956年。

林志纯主编：《世界通史资料选辑》上古部分，商务印书馆，1962年。

［埃及］阿·费克里：《埃及古代史》，高望之等译，商务印书馆，1973年。

［印度］恩·克·辛哈、阿·克·班纳吉：《印度通史》，张若达、冯金辛等译，商务印书馆，1973年。

周一良、吴于廑主编：《世界通史（上古部分）》，人民出版社，1973年。

［古罗马］阿庇安：《罗马史》上下卷，谢德风译，商务印书馆，1978年。

涂厚善：《古代两河流域的文化》，商务印书馆，1978年。

刘家和主编：《世界上古史》，吉林人民出版社，1980年。

《世界档案史教学参考资料》（上），中国人民大学档案系，1981年油印本。

李凤楼、张恩庆、韩玉梅、黄坤坊：《世界档案史简编》第一编第一、二、三章，档案出版社，1983年。

黄霄羽主编：《外国档案事业史》萌生篇第一、二章，中国人民大学出版社，2004年。

［俄罗斯］阿甫基耶夫：《古代东方史》，王以铸译，上海书店出版社，2007年。

吴于廑：《古代的希腊和罗马》，生活·读书·新知三联书店，2008年。

［古希腊］色诺芬：《希腊史》，徐松岩译，上海三联书店，2013年。

第一节　档案的产生

档案的产生和发展与人类社会的进步和发展程度密切相关，反映了人类记忆的发展轨迹和水平。档案作为档案工作的物质基础、档案管理的基本对象和档案学研究的基本概念，无疑是考察外国档案事业历史进程的起点。

一 本节内容要点
（一）档案的起源和发现
（二）档案的类型
（三）外文"档案"一词的缘起

二 要点内容分析
（一）档案的起源和发现
1. 档案起源的时间：奴隶社会时期
2. 档案起源的地点：古代东方国家
3. 关于档案起源的三种观点：一是认为产生于原始社会；二是认为在国家出现之前的原始社会末期；三是认为产生于奴隶社会。我们认为第三种比较合理。
4. 档案的发现：主要通过近代考古发掘的方式发现。

（二）档案的类型

从载体角度划分有八种类型：1. 石刻档案；2. 泥板档案；3. 纸草档案；4. 棕榈叶档案；5. 桦树皮档案；6. 羊皮纸档案；7. 蜡板档案；8. 金属档案。

从内容角度划分有六种类型：1. 宗教档案；2. 皇权王位档案；3. 经济档案；4. 军事和外交档案；5. 法典档案；6. 科学文化档案。

（三）外文"档案"一词的缘起

最早源于希腊文"Archeion"。原意为"办理公务的地方"，后指"存放档案的地方"或"档案"。

三 练习题及参考答案
（一）填空题

1. 古代_____、_____、_____、_____是_____的发祥地，是最先进入_____的地区，也是最早产生_____和_____的地方，最早的_____和_____是通过_____发掘出来的。

（埃及，两河流域，印度，中国，人类文明，阶级社会，档案，档案工作，古代档案，档案库，考古）

下篇 外国档案事业史

2. 公元前_____年古埃及人发明了_____，这种文字通常被刻在_____、_____、_____、_____、_____等石料上，有时也写在_____、_____、_____、_____上。

（3500，象形文字，陵墓，庙墙，石棺，调色板，雕像，泥板，木板，兽皮，纸草）

3. 在金字塔的_____和_____的墙壁上都留下了祝愿死者_____、_____的_____、_____、_____、_____等经文。

（墓室，走廊，幸福，复活，赞美诗，祝词，祈祷文，请愿书）

4. "象形文字"一词是从"_____"和"_____"两个词派生出来的。

（祭司，雕刻）

5. 公元前_____年前后，上埃及首领_____征服了下埃及，定都_____，随之建立了_____和_____，产生了保存_____的处所。

（3000，美尼斯，孟斐斯，官职制度，行文制度，文字记录）

6. 世界上现存最古老的纸草档案名叫_____，又称_____，现存_____。

（《伊浦味陈辞》，《莱丁纸草》，荷兰莱顿博物馆）

7. 世界上现存最长最大的纸草档案是_____，_____年英国人哈里斯在_____附近的一个墓室中发现，现存于_____。

（《哈里斯大纸草》，1855，底比斯，伦敦不列颠博物馆）

8. 《哈里斯大纸草》由_____张纸草粘接而成，长约_____米，因被英国人哈里斯收购而得名。

（79，40.5）

9. 迄今发现的最早的外科医学文献是_____，据说出自古埃及医师_____。

（《艾德温·史密斯纸草文稿》，伊姆霍特普）

10. 世界上最古老的纸画名叫_____，距今有_____年的历史。

（《美杜姆的鹅》，4500）

11. 古埃及最早的年代记是_____，现存_____块残片，收藏在意大利西西里岛的_____。

（《巴勒莫石碑》，6，巴勒莫城国家考古博物馆）

12. 罗塞塔石碑是公元前_____年埃及祭司为法老_____立的歌

第八章　档案产生、档案机构出现、档案管理萌芽与档案法规、档案教育起源　　199

功颂德碑。_____年由法国人在埃及发现，现存于_____。

（196，托勒密五世，1799，英国伦敦博物馆）

13. 在古埃及比较重要的发现是_____年在开罗以南发现了_____，挖掘出大约_____块泥板档案。

（1885，泰尔·埃尔—阿玛尔那档案库，360）

14. 世界上最早的字母文字是_____，仅有_____个字母。

（腓尼基字母文字，22）

15. 迄今所见最早的楔形文字出土于_____南部的古代遗址_____。

（伊拉克，乌鲁克）

16. 古代两河流域的_____、_____、_____和_____等，用_____制作泥板，在上面刻印_____，用于_____、_____、_____、_____、_____等。

（苏美尔人，阿卡德人，巴比伦人，亚述人，黏土，楔形文字，颁发命令，记载历史，制定法律，征收捐税，编写宗教文献）

17. 用泥板刻写文字，大约延续了_____年，使用范围扩展到_____、_____、_____以及_____等地。

（2000，埃及，赫梯，波斯，克里特岛）

18. _____、_____和巴勒莫石碑是三件非常重要的古代文书。

（苏美尔王表，都灵王表）

19. 《汉谟拉比法典》是以古巴比伦王国第_____个国王的名字命名的，亦称_____，共_____条，分为_____、_____、_____三部分，对研究_____有重大价值，不仅有刻在_____上的_____，还有从_____中发掘的_____，这一发现证明古巴比伦存在_____，现存巴黎_____。

六，《石柱法》，282，序（前）言，正文（法律条文），结语（尾），世界法学史，石柱，法典原件，亚述帝国首都尼尼微王宫档案库遗址，泥板复制件，副本制度，卢浮宫博物馆

20. 《汉谟拉比法典》最著名的两个原则是"_____"和"_____"。

（以眼还眼、以牙抵牙，让买方小心提防）

21. "贝希斯敦铭文"刻在_____西部一个名叫_____村的山崖

上。内容是颂扬_____重新统一_____的功绩,但却促成了_____(亦称_____)的兴起,铭文用_____、_____、_____三种_____刻成。_____年由英国人_____释读成功。

(伊朗,贝希斯敦,大流士一世,波斯帝国,东方考古学,亚述学,古波斯文,巴比伦文,新埃兰文,楔形文字,1835,亨利·劳林逊)

22. 埃勃拉泥板是_____年由意大利考古学家发掘出来的,属于_____年前的文字记录。

(1975,4400)

23. 公元前_____年前后,印度逐渐过渡到_____,约在公元前_____世纪出现了_____,最早的书写材料主要是_____、_____以及_____。现存最早的手抄本为_____,约为_____世纪所作。

(1000,奴隶社会,4,书写文字,棕榈叶,布,金属片,棕榈叶手稿,2)

24. 现存最早的桦树皮档案产生于公元_____年,名叫_____。

(450,婆罗门手稿)

25. 阿育王石刻亦称"_____",形成于_____时代_____在位时期,分为_____和_____两种,前者也叫_____,刻于_____上,现存_____余处;后者刻于_____上,现存_____余件,铭文为_____和_____两体并用,拼写_____语。

法敕,孔雀王朝,阿育王,石刻诏谕,石柱诏谕,摩崖诏谕,山崖,20,石柱,10,婆罗米字母,伽罗斯底字母(佉卢字母),古雅利安语

26. "尼罗蔽荼"是_____的译音,汉意为_____,是印度_____、_____的总称,相当于我国的_____。

(梵语,青色藏书,古代史册,官方文书记录,史诰)

27. _____年英国人_____在_____发现了_____,内有_____块刻有_____的泥板档案,装在_____和_____里,内容大部分是_____和_____。

(1900,伊文思,克里特岛,米诺斯王宫档案库,4000,线形文字,木箱,石膏箱子,租税表,财产清单)

(二)判断题(正确的在题后括号内画"√",错误的画"×")

1. 最早产生档案和档案工作的地方是古代东方国家。(√)

第八章 档案产生、档案机构出现、档案管理萌芽与档案法规、档案教育起源

2. 《巴勒莫石碑》是巴比伦最早的年代记，现藏于希腊克里特历史博物馆。（×）

正确答案：是埃及最早的年代记，现藏于意大利西西里岛的巴勒莫城国家考古博物馆。

3. 罗塞塔石碑是英国人在1799年发现的。（×）

正确答案：法国人。

4. 纸草纸是古代两河流域苏美尔人发明的。（×）

正确答案：古代埃及人。

5. 古代两河流域是最早产生档案和档案工作的地区之一。（√）

6. 世界上最古老的文字是古埃及的象形文字。（×）

正确答案：苏美尔人的楔形文字。

7. 《汉谟拉比法典》以苏美尔人的楔形文字写成，分为三部分。（√）

8. 《汉谟拉比法典》现存英国伦敦博物馆。（×）

正确答案：巴黎卢浮宫博物馆。

9. 泥板档案主要发现于尼罗河流域。（×）

正确答案：两河流域。

10. 各国考古发掘的泥板档案已达1000多万块。（×）

正确答案：100多万块。

11. 海湾战争对古代档案库遗址造成很大破坏。（√）

12. "吠陀"意为"知识""启示"，用古梵文写成，共有四部。（√）

13. 古印度重要的铭文包括阿育王的铭文和笈多王朝的铭文。（√）

（三）名词解释

1. 纸草档案：这是写在纸草上的一种古代档案。纸草纸是古埃及人在公元前30世纪初发明的书写材料，公元前25世纪后成为古埃及的主要书写材料。公元前5世纪传入希腊，后又传入罗马，直到12世纪才完全停止使用。许多国家的档案馆和博物馆都收藏有纸草档案。已出土的纸草档案中最大的一件被称为《哈里斯大纸草》，它由79张纸草纸粘接而成，长约40.5米，宽约5米。

2. 《莱丁纸草》：是迄今发现的最古老的纸草档案。因保存在荷兰莱顿博物馆而得名。原称《伊浦味陈辞》，伊浦味是古埃及的贵族，他写在纸草上的这份陈辞记述了公元前1750年前后古埃及中王朝末期发生的一次奴隶大起义。

3. 泥板档案：是古代两河流域的苏美尔人刻写在黏土泥板上的文字遗物。用泥板刻写文字大约延续了 3000 年，到公元 1 世纪才逐渐被淘汰，使用范围从两河流域扩展到古代埃及、赫梯、波斯和古希腊的广大地区。各国考古发掘的泥板档案已达 100 多万块。

4. 棕榈树叶档案：是指书写在加工好的棕榈树叶片上的档案。棕榈树叶是古代印度及其周边国家广泛使用的一种书写材料，用铁笔在上面刻写文字。在古代印度等南亚国家，棕榈叶多用于书写佛经，形成大量佛教经文档案。但古印度的棕榈叶手稿却没有保存下来，现存的棕榈树叶档案都是近世形成的。

5. 桦树皮档案：是指书写在经过加工的桦树皮上的文字记录。制作好的桦树皮是一种坚固耐用又具有防虫作用的书写材料。印度收藏有公元 450 年的桦树皮档案，被称为"婆罗门手稿"。俄罗斯收藏有几百卷 11—15 世纪的桦树皮档案。美国收藏有印第安人递交给总统的白桦树皮请愿书。

6. 预言书：亦称"秘密书"，是古希腊人以阿波罗神的名义进行占卜活动形成的文字记录。被珍藏在丘比特神庙里，并设有专门的祭司部管理。约在公元前 6 世纪末从库麦传入罗马，成为古罗马最早的档案。

7. 羊皮纸档案：是写在经过加工的兽皮上的一种古代档案。因羊皮居多，故名羊皮纸。相传是公元前 3 世纪古希腊的帕加马王国最先发明和使用的。公元前 2 世纪以后的数百年间，羊皮纸与纸草纸同时被普遍使用。3—13 世纪，羊皮纸成为欧洲各国的主要书写材料，14 世纪逐渐被中国纸取代。现今不少国家的档案馆都收藏有这种档案。

8. 玛雅石柱：玛雅各城邦记录国家大事的石柱。玛雅各城邦都很重视记载自己的历史，习惯把国家的重大事件用象形文字刻在石碑或石柱上，一般每隔 20 年就立石记事一次。现已发现的石碑或石柱就有数百个。这些历史碑铭的发现，为后人了解古代玛雅文化提供了珍贵而确凿的历史资料。

（四）问答题

1. 文字的产生经历了哪三个阶段？

（表形、表意、表音）

2. 古代东方国家的文字可分为哪四种类型？

（苏美尔楔形文字、古埃及象形文字、中国甲骨文字、印度印章文字）

第八章 档案产生、档案机构出现、档案管理萌芽与档案法规、档案教育起源

3. "象形文字"一词是从哪两个词派生出来的？

（雕刻和祭司，即在石头上雕刻文字的祭司）

4. "楔形文字"又称为什么？

（钉头文字、箭头文字）

5. 古埃及象形文字包含哪三种字符？

（音符、意符、限定符）

6. 象形文字的释读成功标志着什么？

（埃及学的诞生）

7. 古埃及文字的书体分为哪三种？

（圣书体、僧侣体、世俗体）

8. 古埃及圣书文字分为哪三种字体？

碑铭体、僧侣体、民间体（又叫书信体或土俗字）

9. 象形文字主要在哪些古代国家使用？

（古埃及、腓尼基、印度、中国）

10. 世界上现存最古老的纸草档案是什么？又称为什么？现存何处？

（《伊浦味陈辞》，《莱丁纸草》，荷兰莱顿博物馆）

11. 世界上现存最长最大的纸草档案是什么？现存何处？

（《哈里斯大纸草》，长达 40.5 米，伦敦不列颠博物馆）

12. 上古文明的三大奇书是什么？

（古埃及的《亡灵书》、中国的《山海经》、玛雅人的《波波武经》）

13. 埃及最早的年代记是什么？现存何处？

（《巴勒莫石碑》，意大利西西里岛的巴勒莫博物馆）

14. 最早的传记性文件是什么？

（《梅腾自传》）

15. 古王国时期最长、最重要的传记作品是什么？

（大臣乌尼的《乌尼自传》和哈尔胡夫的《哈尔胡夫自传》）

16. 古埃及为死人奉献的一种符箓是什么？又称为什么？

《死人（者）书》，"白日（昼）通行证（书）"

17. 古埃及最流行的石碑是什么？

（方尖碑）

18. 古埃及的绘画大概有哪三种样式？

（线刻、象形文字、墓壁画）

19. 世界上最古老的纸画名叫什么？距今有多少年？

（《美杜姆的鹅》，距今已有 4500 年的历史）

20. 纸草文献最早发现于何时何地？

（1752 年，意大利）

21. "死海古卷"发现于何时何地？

（1947 年，死海西岸的岩洞中）

22. 两河流域文明又称为什么？简称什么？

（美索不达米亚文明，两河文明）

23. 两河流域文明大致可划分为哪两个阶段？

（苏美尔文明、巴比伦—亚述文明）

24. 古代两河流域文明创造了哪五项世界第一？

（最早的地图、最早的数学和几何学记录、最早的天文学记录、最早的图书档案馆、最早的电池和水泵）

25. 世界上最古老的文字是什么？

（苏美尔楔形文字）

26. 世界上最早的字母文字是什么？共有多少个字母？

（腓尼基字母文字，仅 22 个字母）

27. 世界六大古文字是什么？

（苏美尔楔形文、埃及圣书文、印度哈拉巴文、玛雅文、中国甲骨文、中国古彝文）

28. 古代东方国家使用的文字主要有哪两种？

（象形文字、楔形文字）

29. 楔形文字的释读成功标志着什么？

东方考古学（亚述学）的诞生

30. 世界上第一部法典是什么？

（《乌尔那木法典》）

31. 在两河流域发现的最早的法典是什么？

（《苏美尔法典》和《俾拉拉玛法典》）

32. 世界上现存最完整、最古老的成文法是什么？又称为什么？现存何处？

《汉谟拉比法典》，《石柱法》（原文刻写在一根黑色玄武岩石柱上），巴黎卢浮宫博物馆亚洲展览馆。

第八章　档案产生、档案机构出现、档案管理萌芽与档案法规、档案教育起源

33. 《汉谟拉比法典》全文分成哪三个部分？法律条文共有多少条？
（前言、正文、后记，282 条）

34. 《汉谟拉比法典》最著名的两个原则是什么？
（"以眼还眼、以牙还牙"；"让买方小心提防"）

35. 波斯王大流士在位时建立的石刻名叫什么？用哪三种文字刻写？
（《贝希斯敦铭文》，古波斯文、新埃兰文、巴比伦文）

36. "贝希斯敦铭文"的发现有何重大意义？
为古波斯文和古巴比伦文的成功释读提供了重大线索，促成了东方考古学（亦称亚述学）的兴起。

37. 迄今发现的最古老的英雄史诗是什么？
（《吉尔伽美什史诗》）

38. 印度最早的文字是什么？
（印章文字）

39. 古印度的经典文字是什么？
（梵文）

40. 印度现存最早的手写本是什么？产生于何时？
（棕榈叶手稿，2 世纪）

41. 现存最早的桦树皮档案产生于何时？名称叫什么？
（公元 450 年，婆罗门手稿）

42. 古印度最著名的佛教经文档案是什么？用何种文字写成？
（《吠陀经》，古梵文）

43. 阿育王石刻又称为什么？形成于何时？
（"法敕"，孔雀王朝时代）

44. 阿育王石刻又分为哪两种？现存多少处？
石刻诏谕（又叫摩崖诏谕）、石柱诏谕，不下 30 处。其中石刻诏谕 20 多处，石柱诏谕 10 余件。

45. 阿育王石刻铭文用何种语言文字刻写？
使用语言为雅利安语俗语，即普拉克里特语，字母兼用婆罗米字母和伽罗斯底字母（或译"佉卢字母"），两体并用。

46. 线形文字又叫什么？可分为哪两种？
（线条文字，线形文字甲、线形文字乙）

47. 克里特文字有哪三种？

（象形文字、线形文字 A、线形文字 B）

48. 古希腊《预言书》的形成者是谁？

（阿波罗神庙内的祭司）

49. 羊皮纸发明于何时？发明者是谁？何时停止使用？

（公元前 3 世纪，帕加马人，14 世纪）

50. 世界上使用最广泛的字母文字体系是什么？

拉丁字母（罗马字母）

51. 古罗马最早的档案文件是什么？

（《秘密书》）

52. 古罗马第一部成文法是什么？颁布于何时？

（《十二铜表法》，公元前 449 年制定和公布）

53. 美洲印第安人创造的三大古文化是什么？

（玛雅文化、阿兹特克文化、印加文化）

54. 美洲最早留下文字记录的民族是什么？

（玛雅人）

55. 印加人创造的结绳文字称为什么？

（基布）

56. 世界上最生动发达的图画文字是什么？

（美洲印弟安人中大科达人的图画字）

57. 西半球最早的石刻档案是什么？发现于何地？

（《墨西哥石碑》，墨西哥南部）

58. 档案主要是通过什么方式发现的？

（近代考古发掘）

59. 奴隶社会档案载体的一大特点是什么？

（多种档案制成材料并存）

60. 按载体划分的外国古代档案有哪八种？

（石刻档案、泥板档案、纸草档案、棕榈叶档案、桦树皮档案、金属档案、羊皮纸档案、蜡板档案）

61. 按内容划分的外国古代档案有哪六种？

（宗教档案、皇权王位档案、经济档案、军事和外交档案、法典档案、科学文化档案）

62. 古代世界使用时间最长、范围最广的三种档案是什么？

(泥板文书、纸草档案、羊皮纸档案)

63. 外文中的"档案"一词最早来自何种文字?

(希腊文 Archeion)

64. 外文"档案"一词有哪三种含义?

(档案文件、档案机构、档案工作者)

(五) 简述题

简述外国档案的起源和发现。

档案是人类社会的一种文化遗产,也是人类活动的真实历史记录。文字的形成,阶级和国家的出现是档案产生的必要条件。文字可用来记录语言,表达抽象概念。奴隶制国家要进行管理工作,需要有条理的文书,这些有条理的文书保存起来以备日后查用,就形成了档案。

最早的古代档案是通过考古发掘发现的。19世纪,各国考古人员在古埃及、古代两河流域等古代东方地区发现了许多古代档案库遗址,从中挖掘出大量古代档案,证实古代东方各奴隶制国家是人类文明的发祥地,也是最早产生档案和档案工作的地方。

(六) 论述题

论述古代档案的种类及其制成材料。

古代档案主要是指纸张使用之前以各种原始书写材料为载体的各类档案,其种类主要有石刻档案、泥板档案、纸草档案、羊皮纸档案、金属档案、蜡板档案、棕榈叶档案、桦树皮档案 8 种。古埃及和古希腊早在公元前 2000 多年已开始使用石材制作档案;最早使用泥板制作档案的是两河流域的苏美尔人,以后扩展到古埃及、赫梯、波斯以及古希腊地区,从公元前 3000 年开始使用,大约延续了 2000 年;纸草是公元前 3000 年古埃及人发明的书写材料,到 11 世纪才停止使用;羊皮纸是公元前 3 世纪古希腊的帕加马王国最先发明和使用的书写材料,在公元前 3 世纪至 13 世纪是欧洲各国长期使用的一种主要书写材料,11 世纪前与纸草纸并用,14 世纪以后才逐渐被纸张取代;金属档案指刻在金、铁、铅等金属板片上的文字记载;蜡板是古罗马人广泛使用的一种书写材料,一份蜡板档案一般由三块蜡板片组成;棕榈树叶是古代印度及周边国家广泛使用的一种书写材料,用铁笔刻写在上面的文字记录,被称为棕榈叶档案;桦树皮经过加工制作成一种坚固耐用又有防虫作用的书写材料。

第二节 档案机构的出现

古代东方不仅是档案的发源地，也是最早出现档案机构的地区。档案机构是开展档案工作的基础设施。奴隶制各国的档案机构主要以收藏和保管档案为职责，不向社会公众开放，因此算不上真正意义上的档案馆，只能说是档案库。而且这些档案机构除了收藏档案以外，还保管图书、珍宝和其他物品。

一　本节内容要点
（一）古代埃及
（二）古代两河流域
（三）古代印度
（四）古代希腊
（五）古代罗马

二　要点内容分析
（一）古代埃及（公元前3100—前30年）

古埃及档案工作的历史从公元前3500年的前王朝时期开始，到公元前4世纪初被马其顿—希腊统治为止，约有3000年。可分为前王朝、早期王国、古王国、中王国、新王国五个时期。古埃及的档案主要有石刻档案和纸草档案，档案收藏机构有法老档案馆、宰相档案馆和神庙档案馆。

主要有三种类型的档案库：1. 法老档案库；2. 宰相档案库；3. 神庙档案库。

（二）古代两河流域（公元前3000—前538年）

两河流域在希腊语中被称为"美索不达米亚"，意为"两河之间的地方"，位于西亚。公元前3000年前后，在苏美尔地区最先形成一些奴隶制国家，为管理国家和进行交往，就产生了文字记录。古代两河流域的档案主要是泥板档案，档案收藏机构有著名的亚述国王档案图书馆，在档案整理、编目、立法和教育方面都达到了相当高的水平。

主要有四种类型的档案库：1. 神庙档案库；2. 王宫档案库；3. 王国

第八章　档案产生、档案机构出现、档案管理萌芽与档案法规、档案教育起源　　209

档案图书馆；4. 私人档案库。

（三）古代印度（公元前2200年—前1750年间）

印度是世界四大文明古国之一，有悠久的档案工作历史。公元前1000年前后，印度逐渐过渡到奴隶社会，约在公元前4世纪出现了书写文字。古代印度的档案主要有金石档案、棕榈叶档案、桦树皮档案，档案收藏机构有佛教徒建立的寺院档案馆、国王档案馆和皇帝档案馆，在档案的书写材料、存档制度、编目、保护和利用等方面都取得了很大成就。

主要有三种类型的档案库：1. 寺院档案库；2. 国王档案库；3. 皇帝档案库。

（四）古代希腊（公元前2000—前146年）

古希腊起源于爱琴海地区，到公元前1世纪被罗马吞并，其历史长达2000多年。古希腊的档案主要有线形文字泥板档案和题铭档案，档案收藏机构有王宫档案馆、城邦档案馆和王国档案图书馆。希腊化时代出现了在世界上享有盛名的亚历山大档案图书馆和帕加马王国档案图书馆。

主要有三种类型的档案库：1. 王宫档案库；2. 城邦档案库；3. 王国档案图书馆。

（五）古代罗马（公元前8世纪—公元476年）

古罗马起源于意大利半岛，公元前1世纪末成为奴隶制强国，到476年西罗马帝国灭亡，前后经历了约1500年的历史。古罗马的档案主要有纸草档案、蜡板档案和羊皮纸档案，档案馆库主要有预言书保管库、贵族档案馆和平民档案馆、国库档案馆（后改为统一国家档案馆）和皇帝档案馆。

主要有五种类型的档案库：1. 预言书保管库；2. 贵族档案库；3. 平民档案库；4. 统一国家档案馆；5. 皇帝档案库。

三　练习题及参考答案

（一）填空题

1. 公元前_____世纪_____建造了_____，并在此设立_____的城邦档案馆，其中保存了三大悲剧作家的_____。

（4，伯里克利，密特伦神庙，雅典共和国，剧本国定本）

2. 古代世界最大的档案图书馆是_____，约建于_____年。

（亚历山大档案图书馆，公元前290）

3. 罗马共和国最重要的档案馆是＿＿＿＿，馆址在＿＿＿＿。

（国库档案馆，萨图尔诺农神庙的地下室）

（二）判断题（正确的在题后括号内画"√"，错误的画"×"）

1. 宰相档案库是古埃及特有的一种档案机构。（√）

2. 传记性文件是宰相档案库中最重要的收藏品。（×）

正确答案：法典文件（法律皮卷）。

3. 在古埃及比较重要的发现是1885年在开罗以南发现了泰尔·埃尔—阿玛尔那档案库。（√）

4. 王宫档案库是古希腊最重要的一种档案收藏机构。（×）

正确答案：城邦档案库。

5. 罗马共和国时期最重要的公务档案馆是最高祭司团档案库。（×）

正确答案：国库档案馆（后改为统一国家档案馆）。

（三）名词解释

1. 国库档案馆：古罗马共和国时期最重要的公务档案馆。设在萨图尔诺农神庙（Temple of Saturn）的地下室，由财政官管理。除了保存公务档案外，还保存共和国的其他贵重物品，如金钱、战利品、军旗和其他财宝。公元前1世纪，馆藏重点从实物珍宝转为文字珍宝，名称也改为"塔布略里亚"，即统一国家档案馆。

2. 古罗马皇帝档案馆：是奴隶制末期规模最大、内部机构最健全的一种档案馆。建于罗马帝国时期，内设备忘、记事、书信和处置四个档案部。它是奴隶制时期档案馆库发展到最高水平的标志。

（四）问答题

1. 古埃及有哪三种类型的档案库？

（法老档案库、宰相档案库、神庙档案库）

2. 古埃及最典型的法老档案库是什么？

（泰尔·埃尔—阿玛尔那档案库）

3. 古埃及特有的档案库是什么？

（宰相档案库）

4. 宰相档案库最重要的收藏是什么？

（法律皮卷）

5. 古代世界最大的档案图书馆是什么？

第八章　档案产生、档案机构出现、档案管理萌芽与档案法规、档案教育起源　211

（亚历山大档案图书馆）

6. 古代两河流域有哪四种类型的档案库？

（神庙档案库、王宫档案库、王国档案图书馆、私人档案库）

7. 两河流域最著名的商业文件库是什么？

（埃吉比家族的私人档案库）

8. 古代世界最著名的王室书库是什么？

（亚述巴尼拔档案图书馆）

9. 印度最古老的档案馆是什么？

（寺院档案馆）

10. 古代印度有哪三种类型的档案馆？

（寺院档案馆、国王档案馆、皇帝档案馆）

11. 古代印度著名的国王档案馆是什么？

（维查耶那加尔国王档案馆）

12. 古代印度著名的皇帝档案馆是什么？

（阿克巴皇帝档案馆）

13. 古希腊主要有哪三种类型的档案馆？

（王宫档案馆、城邦档案馆和王国档案图书馆）

14. 古希腊最典型的王宫档案馆是什么？

（米诺斯王宫档案馆）

15. 古希腊最重要的档案馆是什么？

（城邦档案馆）

16. 密特伦神庙档案馆是何时何人所建？馆址在何处？

公元前4世纪，伯里克利（雅典的统治者），雅典城邦

17. 亚历山大档案图书馆保存了哪三大悲剧作家的手稿？

埃斯库罗斯（爱斯奇里斯）、索福克勒斯（索福克利斯）、欧里庇得斯（幼里披底）

18. 古罗马最早的档案机构是什么？

（预言书保管库）

19. 古罗马主要有哪五种类型的档案馆？

预言书保管库、贵族档案馆、平民档案馆、国库档案馆（统一国家档案馆）、皇帝档案库

20. 罗马共和国最重要的档案馆是什么？馆址在何处？它的馆藏有什

么特点？

（国库档案馆；萨图尔神庙的地下室；不仅收藏文字珍宝，也收藏实物珍宝。）

21. 统一国家档案馆被称为什么？由何人领导？工作人员有哪两种？

"塔布略里亚"，财政官，司书和档案员（"塔布略里"）

22. 罗马统一国家档案馆专用库房的建造标志着什么？

（开始脱离在神庙和国库保管档案的传统）

23. 奴隶制时期档案工作发展到最高水平的标志是什么？

（皇帝档案馆的建立和健全）

24. 奴隶制末期规模最大、内部机构最健全的档案馆是什么？

（罗马皇帝档案馆）

25. 罗马帝国皇帝档案馆是何时何人所建？馆址在何处？

（公元前46—前44年，恺撒大帝，帕拉丁山上的恺撒王宫内）

26. 奴隶制各国的档案机构为何只能说是档案库？

（奴隶制各国的档案机构主要以收藏和保管档案为职责，不向社会开放和限制利用，因此算不上真正意义上的档案馆，只能说是档案库。）

（五）简述题

1. 简述亚述国王档案图书馆。

亚述国王巴尼拔的档案图书馆是古代世界最大的王室书库。馆址在亚述帝国的都城尼尼微（今巴格达市郊）。该馆不仅对泥板档案进行了整理和编目，保管有序，而且规定有查用、制作和校正副本、司书签字、用印等制度。在这里发掘出大约30000块泥板档案和图书，包括行政文件、法律文件、公务信函、外交文件、经济报表、天文观测记录、建筑报告，以及从全国各地和其他国家收集到的各种图书等。

2. 简述亚历山大档案图书馆。

亚历山大档案图书馆是古代世界最大的王国档案图书馆。约建于公元前290年的希腊化时期，馆址在埃及王国的首府亚历山大。收藏纸草卷约70万个，设有专门的研究室、标本陈列室等，作家、学者、研究者可以在这里免费从事研究工作。是当时的国际性学术研究中心之一。据史学家分析，亚历山大档案图书馆毁于公元391年的一场火灾，馆藏档案典籍在这场大火中化为灰烬。

第八章 档案产生、档案机构出现、档案管理萌芽与档案法规、档案教育起源

（六）论述题

1. 试述外国档案馆库的起源。

档案馆库是国家机器中必不可少的一个组成部分，它在世界上各种类型的档案机构中历史最为悠久。近两个世纪的考古发现证实，最古老的档案馆库起源于人类第一个阶级社会——奴隶社会时期。古埃及、古代两河流域、古代印度以及古代中国是人类文明的发祥地，是最先进入奴隶社会的地区，自然也是最早产生档案馆库的地方。这些地方具备了档案馆库产生的两个基本条件：一是有了最早的文字记录——书写在纸草、羊皮纸和刻写在泥板等原始载体上的文书，以及管理这些文书的工作。这是档案馆库产生的物质基础。二是奴隶主阶级为了进行统治，为了治理国家，必须设置机构保存那些能够证明其至高无上权力，能够使奴隶手无寸铁的凭证或证据。

2. 试述奴隶制时期的各种档案馆库。

在长达数千年的奴隶制时期存在过各种古代档案馆库，它们是：法老或王宫档案库、神庙档案馆、宰相档案馆、私人档案库、王国档案图书馆、城邦档案馆、预言书保管库、贵族档案馆和平民档案馆、国库档案馆、皇帝档案馆。这些档案馆库都是适应不同地区各个奴隶制国家的需要而产生的，同时也在一定程度上反映了奴隶制的形成和发展。其中的皇帝档案馆是奴隶制末期规模最大、内部机构最健全的一种档案馆。该馆始建于古罗马时期，公元4世纪迁往拜占庭，内部设有备忘、记事、书信和处置四个档案部，分别收藏皇帝诏令、奏章、来往书信和内务文件这四大类档案，每个部设专人管理并处理相关事务。皇帝档案馆是奴隶制时期档案馆库发展到最高水平的标志。

第三节 档案管理活动的萌芽

一 本节内容要点

（一）档案整理和分类

（二）档案保管与编目

（三）档案鉴定和利用

二 要点内容分析

（一）档案整理和分类

1. 古代两河流域泥板档案的分类排放：古代东方已经出现了简单的档案整理与分类，从早在公元前 2000 年前后古代两河流域苏美尔地区的拉伽什、乌尔、埃勃拉等城邦中神庙档案库和王宫档案库遗址发掘出来的泥板档案，大多分类排放、井然有序。更为典型的是亚述国王巴尼拔的档案图书馆，将馆藏分为七大类：历史类、地理类、法律类、商业教育类、税收贡物类、神话传说类、科学类，每一类泥板档案都单独存放。

2. 古埃及档案的粗略分类：古埃及也对档案进行了粗略的整理和分类，如爱得夫神庙档案库就用 22 个箱子专门保存宗教档案，用 12 个箱子专门保存天文档案，并在墙壁上刻写档案，注明各箱档案的内容。

3. 古罗马收发文的"二元主义"分类法：古罗马的档案整理与分类有了进一步发展，出现了"二元主义"分类方法。这是指古罗马人将文件按照时间顺序进行收存登记，原件发给收文者并由其保存，发文者只保存所发文件的誊录簿，这就形成了收文和发文誊录簿各为一类的"二元主义"分类法。

4. 罗马帝国皇帝档案库的馆藏分为皇帝诏令、奏章、来往文书和内务文件四大类。

（二）档案保管与编目

一般不专设档案官吏，由高级官员兼管档案，并进行简单的编目工作。

（三）档案鉴定和利用

奴隶社会还没有出现档案鉴定；档案利用具有很强的阶级性特点，利用对象往往局限于统治阶级或档案所有者。

档案利用主要集中于三个方面：1. 处理国内事务；2. 处理外交事务；3. 用于科学、历史和文化研究。

三 练习题及参考答案

（一）填空题

1. 档案在古埃及是由_____兼管，全称是_____，其档案馆设在_____内，收藏_____方面的档案，馆藏中最重要的是_____。

第八章　档案产生、档案机构出现、档案管理萌芽与档案法规、档案教育起源　215

（宰相，"最高法官、宰相、档案大臣、工部大臣"，宰相府，国家内部管理，法律皮卷）

2. 在埃及发现的_____墓中的铭文，记载着为解决_____而查用_____的事例。

（麦斯，遗产问题，经济档案）

3. 公元前_____世纪_____时期，埃及祭司_____用_____编纂了一部_____，他把埃及历史分为_____、_____、_____三个时期，开创了埃及史的_____。

（3，托勒密一世，马涅托，希腊文，埃及史，古王国，中王国，新王国，分期法）

4. 写在_____和_____上的著名宗教文献_____是一部集_____、_____和_____于一体的汇集。

棕榈叶，白桦树皮，《吠陀》，颂词（诗），祈祷文，咒语

5. 被誉为"东方荷马史诗"的印度两大史诗是_____和_____。

（《罗摩衍那》，《摩诃婆罗多》）

6. 印度古代历史传说、神话故事的汇集是_____，又译作_____。

（《往世书》，《宇宙古史》）

7. 公元_____世纪，罗马皇帝档案馆迁到_____，即今_____，分设四个_____，分别收藏_____、_____、_____、_____四大类档案，这是一种用_____体现和固定_____的方法。

4，拜占庭，伊斯坦布尔，档案部（保管部），皇帝诏令类，奏章类，来往文书类，内务文件类，机构设置，档案分类

8. 军事外交祭司既是_____和_____，又是_____的保管者，全部_____、_____和_____都由他们保管。

（祭司，外交官，外交文件，宣战法，国际法条例，条约）

9. 西赛罗把保存在国家档案馆中的_____看成_____。

（元老院决议，"插入鞘中的剑"）

10. 欧洲历史上第一部系统完备的法律文献是_____，包括_____个部分。

（《罗马民法大全》，四）

11. 档案工作在_____时代就已开始，这种活动与_____管理、

_____管理，甚至_____管理融为一体，相互_____或_____。

(上古，文件，图书，金库，包容，交叉)

(二) 判断题（正确的在题后括号内画"√"，错误的画"×"）

1. 古巴比伦王国不存在档案的副本制度。(×)

正确答案：古巴比伦王国已经存在档案的副本制度。

2. 公元 4 世纪开始编纂的《往世书》是印度古代文学的汇集。(√)

3. 古罗马在档案整理与分类方面出现了"二元主义"分类法。(√)

(三) 问答题

1. 古埃及的档案是由何人兼管？全称是什么？

(宰相，最高法官、宰相、档案大臣、工部大臣)

2. 古代两河流域的档案是由何人兼管？

("努班达")

3. 古印度宗教、哲学和法律的汇编是什么？

(《摩奴法典》)

4. 印度古代历史、传说、神话、故事的汇集是什么？

《往世书》(又译为《宇宙古史》)

5. 古印度的两大史诗是什么？被誉为什么？

《罗摩衍那》和《摩诃(hē，音"喝")婆罗多》，"东方荷马史诗"

6. 印度的三大圣典是什么？

(《吠陀经》《奥义书》《薄伽梵歌》)

7. 欧洲第一部重要的历史著作是什么？作者是谁？

《历史》(又名《希波战争史》，共 9 卷)，古希腊历史学家希罗多德

8. 继《历史》之后又一部重要的历史著作是什么？作者是谁？

(《伯罗奔尼撒战争史》，共 8 卷，古希腊历史学家修昔底德)

9. 古希腊的三位哲人是谁？

(苏格拉底、柏拉图、亚里士多德)

10. 罗马帝国皇帝档案馆在档案整理和分类中采用什么方法？

(档案分类与馆内机构设置相一致的方法)

11. 古罗马在档案保管方面采用了什么方法？

(二元主义分类法)

12. 古罗马最伟大的史学家是谁？

(塔西佗)

13. 西塞罗把档案看作什么？

("插入鞘中的剑")

14. 古代统治者把档案比作什么？

("君主的心脏、安慰和珍宝"、国家的"胸甲和灵魂")

15. 欧洲历史上第一部系统完备的法律文献是什么？包括哪四部分？

(《罗马民法大全》，《查士丁尼法典》《法学汇纂》《法理概论》《新法典》)

16. 欧洲历史上第一部系统的成文法是什么？

(《查士丁尼法典》，它是依据罗马皇帝的敕令加工整理的法律汇编)

17. 古罗马祭司利用档案执行哪三大职能？

(宗教职能、社会职能、国家职能)

18. 奴隶社会的档案利用主要集中于哪三个方面？

(1) 用于处理国内事务；(2) 用于处理外交事务；(3) 用于科学、历史研究和文化教育。

(四) 简述题

1. 简述"二元主义"分类法。

这是指古罗马人将文件按照时间顺序进行收存登记，原件发给收文者并由其保存，发文者只保存所发文件的誊录簿，这就形成了收文和发文誊录簿各为一类的二元主义分类法。尽管这种分类方法使收文和发文脱节，难以反映同一事件的全貌和体现文件之间的历史联系，但它仍然一直延续到封建社会。

2. 简述古代档案的保护方法。

焙烧是保护泥板档案的一种方法；为了防潮，把纸草卷装在木筒或象牙筒内；棕榈叶档案的保护方法，是将其夹在两块木板中间，然后用布包裹起来。

(五) 论述题

论述奴隶社会时期档案的利用。

奴隶社会时期档案的利用具有很强的阶级性特点，利用对象往往局限于统治阶级或档案所有者。利用档案是一种特权。档案利用主要集中于三个方面。

1. 用于处理国内事务。包括巩固政权，为统治者歌功颂德、征收赋税、审理民事纠纷案件等。

2. 用于处理外交事务。古埃及、巴比伦和赫梯等国家在与其他国家签订条约或发生争端时，均以外交档案作为查考资料或凭证；古罗马在与其他国家发生军事或外交纠纷时，统治者就会查阅相关文件，作为宣战或采取其他策略的依据。

3. 用于科学、历史研究和文化教育。档案中包含了丰富的科学文化和历史知识，在古代东方国家受到研究者的重视。巴比伦的天文记录、埃及的数学和医学档案，都成为积累和传承科学知识的工具；更为典型的是利用档案编纂历史著作，这种行为从古埃及、两河流域到古罗马都十分普遍。

第四节　档案法规和档案教育的起源

一　本节内容要点
（一）档案法规的起源
（二）档案教育的萌芽

二　要点内容分析

严格来说，奴隶社会尚未出现专门的档案立法活动和成文的档案法规，也没有真正意义上的档案教育。它们都产生于近代时期，但其源头可以追溯到奴隶社会时期。

（一）档案法规的起源

1. 古代两河流域的档案规章：（1）用印制度：埃勃拉、亚述；（2）泥板保密制度："信封泥板"；（3）副本制度：古巴比伦；（4）分类和编目规定：亚述。

2. 古代希腊的档案规章：（1）分类制度；（2）用印制度。

3. 古代罗马的档案规章：（1）工作人员的分工规定；（2）档案防伪规定；（3）档案集中管理规定。

（二）档案教育的萌芽

世界上最早的档案学校：在苏美尔设立的司书学校。

第八章 档案产生、档案机构出现、档案管理萌芽与档案法规、档案教育起源

三 练习题及参考答案

（一）填空题

1. 在_____发现的_____表明，该馆不仅对泥板档案进行了_____和_____，_____有序，而且规定有_____、_____和_____、_____、_____等制度。

（尼尼微，亚述巴尼拔档案图书馆，整理，编目，保管，查用，制作，校正副本，司书签字，用印）

2. 在苏美尔设有培养办文人员的_____，学生以_____为教材，学习_____和_____技能。

（司书学校，档案文件复制本，语言，抄写原文）

3. 在_____发现的档案库遗址，共有_____间库房，其库藏大都属于_____方面的泥板，也有很多_____。该档案库还附设有一所_____，专门培养_____和_____。

（尼普尔城神庙，80，经济行政，文学手稿，祭司学校，祭司，司书）

4. 美国科考队于_____世纪初在_____发现的尼普尔档案图书库内附设有一所_____。

（20，两河流域，祭司学校）

5. 古希腊在档案馆内设有专门的_____，建立有_____、_____、_____和_____制度。

（司书，清点，登记，保管，封印）

（二）论述题

论述古代两河流域的档案整理、档案立法和档案教育活动。

1. 早在公元前 2000 多年，两河流域的苏美尔人、巴比伦人和亚述人就已经开始整理他们的泥板档案。亚述国王巴尼拔的档案图书馆把馆藏的档案和图书分为历史、地理、法律、商业交易、税收贡物、传说神话、科学七大类。每一类泥板档案都单独放在一间小屋内，整齐地装在泥罐里，泥罐则有序地排列在架子上。

2. 埃勃拉王国的档案管理已有一定的章法可循。古巴比伦王国的档案管理开始形成副本制度。亚述王国的档案图书馆规定了制作副本等制度，该馆还出现了用印制度，馆藏的每块泥板都刻有经办司书的名字，并加盖印记。

3. 尼普尔档案图书馆内附设一所祭司学校，收藏了许多教学用书，包括参考书、辞典、天文图表、年代表等，用于培养办理文件和管理档案的专门人员——司书。在亚述王国统治时期，设在神庙或王宫内的祭司学校已更为普遍。

第九章

档案载体变革、档案机构丰富、档案管理发展与档案学萌芽

教学目标和要求：了解档案载体第一次变革的影响以及封建社会档案机构的进一步丰富；了解封建社会档案管理活动的进一步发展以及档案学理论萌芽的一系列成果。要求学生了解和掌握欧洲中世纪档案的形成和发展，种类和内容，档案机构的类型，档案的分类、整理、保管、保护、利用。

教学重点：档案载体第一次变革对档案事业产生的深远影响（对档案、档案工作、档案机构、档案人员和档案学理论的影响），封建社会档案馆库的性质和特点；重点掌握欧洲封建社会档案学者对档案整理方法、鉴定、编目以及利用的理论总结，掌握档案学理论萌芽的条件以及代表人物。

教学难点：欧洲封建社会档案馆库的性质和特征、档案管理活动的主要特点

基本概念：《末日审判书》、梵蒂冈机密档案馆、国家公文馆、宪典宝库、事由原则、拉明根、波尼法西奥

复习与思考题：
1. 综述档案载体的第一次变革及其深远影响。
2. 简述欧洲中世纪档案的种类和内容。
3. 简述封建社会时期档案机构丰富发展的表现。
4. 试述欧洲封建社会时期的各种档案馆。
5. 简述奴隶社会和封建社会档案馆库的性质和特点。
6. 简述欧洲中世纪的档案整理和分类方法。
7. 综述封建社会时期档案管理活动的初步进展。

8. 封建社会末期档案学理论的萌芽具备了哪些条件？

9. 简述欧洲档案学者探讨的基本理论问题及其原因。

参考书目：

［苏联］科斯敏斯基、斯卡斯金主编：《中世纪史》，朱庆永译，生活·读书·新知三联书店，1957年。

周一良、吴于廑主编：《世界通史（中古部分）》，人民出版社，1973年。

郭守田主编：《世界通史资料选辑》中古部分，商务印书馆，1981年。

《世界档案史教学参考资料》（上），中国人民大学档案系，1981年油印本。

李凤楼、张恩庆、韩玉梅、黄坤坊：《世界档案史简编》第二编第四、五、六章，档案出版社，1983年。

［德国］布伦内克：《档案学：欧洲档案工作的理论与历史》，中国人民大学档案系，1985年油印本。

黄霄羽主编：《外国档案事业史》发展篇第三、四章，中国人民大学出版社，2004年。

第一节 档案载体的第一次变革

如果说奴隶社会档案在载体上的一大特点是多种材料并存，那么到了封建社会，档案的载体形式开始出现统一的趋向。引起这一变化的主要原因是中国造纸术的发明及其西传。

一 本节内容要点

（一）中国造纸术的发明和传播

（二）档案载体第一次变革产生的深远影响

二 要点内容分析

（一）中国造纸术的发明和传播

1. 造纸技术的发明：中国在西汉时期发明造纸术，东汉蔡伦改进造纸术。

2. 造纸技术的外传：分两个方向，一是向东传至高丽、日本；向西传至新疆、撒马尔罕，从阿拉伯传至埃及、欧洲、美洲、大洋洲。

（二）档案载体第一次变革产生的深远影响

纸张的出现对档案、档案工作、档案机构、档案人员以及档案学理论都产生了重大而深远的影响。

1. 对档案的影响：推动档案的载体材料趋向统一；导致档案数量的急剧增加。

2. 对档案工作的影响：档案工作中一些原有的管理环节得到了进一步丰富和发展（收集、整理、检索）；档案工作中开始产生了一些新的管理环节（鉴定、统计、保护）。

3. 对档案机构、档案人员和档案学理论的影响：推动了档案机构类型的多样化；推动了档案人员的专职化；推动了档案学理论的萌芽。

三　练习题及参考答案

（一）填空题

1. 古代由于_____低下，人们只能就地取材，出现了_____、_____、_____、_____、_____档案等，工业革命后，才出现_____和_____档案，进入信息时代后，_____和_____档案应运而生。

（生产力，石刻，泥板，纸草，蜡板，羊皮纸，照片，音像，缩微，电子）

2. _____年教皇_____把机密图书馆改名为_____，该馆原仅为_____服务，以其_____性质封闭了_____多年，直到_____年教皇_____才下令对_____和_____公开_____、_____的文件。

（1612，保罗五世，梵蒂冈机密档案馆，教皇，"机密"，200，1879，利奥十三世，学者，研究者，时间久远，不涉及教皇利害关系）

3. 由于教会掌管着教徒的_____、_____和_____工作，所以其馆藏对于_____和_____是十分重要的。

（出生，结婚，死亡登记，家谱学者，历史学者）

4. 城市公社的档案是研究_____，特别是_____的重要史料，也是研究_____的重要史料，对研究_____具有重大意义。

（中世纪史，城市历史，经济史，国际贸易史）

5. 英王_____于_____年下令对全国土地财产状况进行调查，形成_____，又名_____，其正式名称应是_____或_____，又称"_____"，现存_____。

（威廉一世，1086，土地清丈册，《末日审判书》，《土地赋税调查书》，《温彻斯特书》，最终税册，英国国家档案馆）

（二）判断题（正确的在题后括号内画"√"，错误的画"×"）

《末日审判书》是英国最古老、最著名的公务档案。（√）

（三）问答题

1. 世界三大古纸是什么？

（中国的"丝絮纸"、墨西哥的"阿玛特纸"、古埃及的"纸草纸"）

2. 纸草柱的形态主要可分为哪三种？

纸草束茎式、开花纸草柱式、变式纸草柱式

3. 英国最古老、最著名的公务档案是什么？形成于何时？

（《末日审判书》，1086年）

第二节　档案机构的丰富

封建社会的时间段从476年西罗马帝国灭亡到1640年英国资产阶级革命止，大约经历了12个世纪。欧洲封建社会档案史从476年西罗马帝国灭亡到1789年法国档案改革止，一般分为初期（5—11世纪）、中期（11—15世纪）、末期（15—18世纪末）。

一　本节内容要点

（一）封建社会初期的档案机构

（封建庄园档案馆和教会档案馆）

（二）封建社会中期的档案机构

（城市档案馆、国王档案馆和社团档案馆）

（三）封建社会末期的档案机构

（机关档案馆和殖民地档案馆的产生、国王档案馆的加强和教会档案馆的发展）

第九章　档案载体变革、档案机构丰富、档案管理发展与档案学萌芽　225

（四）奴隶社会和封建社会档案馆库的性质和特点

二　要点内容分析

（一）封建社会初期（5—11世纪）的档案机构

封建社会初期主要出现了两种类型的档案机构：封建庄园档案馆和教会档案馆。

（二）封建社会中期（11—15世纪）的档案机构

封建社会中期除了封建社会初期的两种档案馆得到进一步加强外，新产生的档案机构主要有三种类型：城市档案馆、国王档案馆和社团档案馆。

（三）封建社会末期（15—18世纪末）的档案机构

又出现了两种新型的档案机构：机关档案馆和殖民地档案馆。

（四）奴隶社会和封建社会档案馆库的性质和特点

1. 性质：都是为所有者专有并只为所有者服务的保管机构。

2. 特点：附属性、封闭性、世袭性或继承性、馆藏对象的混合性、馆藏来源和门类的单一性、分散性。

三　练习题及参考答案

（一）填空题

1. ＿＿＿＿＿＿＿在＿＿＿＿＿＿＿年下令成立藏卷馆，负责保管＿＿＿＿＿＿＿、＿＿＿＿＿＿＿、＿＿＿＿＿＿＿和＿＿＿＿＿＿＿尚未送往＿＿＿＿＿＿＿的档案，其中的＿＿＿＿＿＿＿均为＿＿＿＿＿＿＿（有的长达30米），极具特色，有11世纪写在羊皮纸上的＿＿＿＿＿＿＿，这是欧洲现存最早的＿＿＿＿＿＿＿。馆址在＿＿＿＿＿＿＿，后来的＿＿＿＿＿＿＿就在其旧址上。

（爱德华三世，1377，王室，国王办公厅，议会，法院，伦敦塔，国王办公厅登记簿，羊皮纸卷，《末日审判书》，经济调查档案，伦敦，英国公共档案馆）

2. 英国国王档案馆最初设在伦敦塔堡中的＿＿＿＿＿＿＿，后迁至＿＿＿＿＿＿＿（后被称作"＿＿＿＿＿＿＿"）。

（白塔，守望塔，档案塔）

3. 1578年，英国女王＿＿＿＿＿＿＿下令成立＿＿＿＿＿＿＿，收藏的文件有＿＿＿＿＿＿＿和＿＿＿＿＿＿＿两大类，＿＿＿＿＿＿＿则成为国王的历史档案馆。

(伊丽莎白一世，国家公文馆，内政文件，外交文件，档案塔)

4. 法国国王档案馆有_____和_____。

(宪典宝库，皇室户籍簿总管理站)

5. 西班牙国王查理五世在_____年把_____用作了档案馆。

(1545，西曼卡城堡)

6. 1480年沙皇_____在克里姆林宫建立_____。

(伊凡三世，石宫档案馆)

7. _____世纪中叶以后，印度的某些_____建立了自己的档案馆，如_____，它与_____相连，设有_____名专管档案的_____。

(15，国王，维查耶那加尔国王档案馆，宫廷办公厅，15，司书)

8. 机关档案馆有_____和_____两种类型。

(终极性的，非终极性的)

(二) 判断题（正确的在题后括号内画"√"，错误的画"×"）

1. 梵蒂冈机密档案馆是一种国王档案馆。(×)

正确答案：教会档案馆。

2. 城市档案馆最先出现在11—15世纪的欧洲。它是随着欧洲自治城市的出现而产生的一种新型档案馆。(√)

3. 古代档案馆库的性质都是所有者专有并只为所有者服务的保管机构。(√)

4. 古代档案馆的基本特征是不向社会开放和限制利用。(√)

(三) 名词解释

梵蒂冈机密档案馆：是当今世界上最大、最重要的教会档案馆，也是欧洲教会中收藏档案最丰富、最古老的档案馆。1612年罗马教皇保罗五世下令成立，因设在梵蒂冈而得名，由教皇指定一名红衣主教掌管并直接对教皇负责。最初仅为教皇服务，以其"机密"性质封闭了200多年，直到1897年才向研究者开放部分档案。其馆藏涉及欧洲许多国家的历史，因而具有国际意义。19世纪初档案被拿破仑劫运到巴黎，遭受巨大损失和破坏。

(四) 问答题

1. 教会档案馆按等级可分为哪三种？最大、最重要的教会档案馆是什么？

第九章 档案载体变革、档案机构丰富、档案管理发展与档案学萌芽　227

（教皇档案馆、主教档案馆、修道院档案馆，梵蒂冈机密档案馆）

2. 梵蒂冈机密档案馆是何时何人所建？馆址在何处？它的馆藏有何重要意义？

（1612年，教皇保罗五世，梵蒂冈，它的馆藏涉及欧洲许多国家的历史，因而具有国际意义。）

3. 梵蒂冈机密档案馆在很长时间内只有哪三个人可以进入？

教皇、红衣主教（教廷内阁成员）、档案馆馆长

4. 法国国王档案馆有哪两个？

（宪典宝库、皇室户籍簿总管理站）

5. 英国国王档案馆有哪三个？

（伦敦塔、藏卷馆、国家公文馆）

6. 守望塔为何又被称为"档案塔"？

（1360年因白塔改为监狱，档案迁至守望塔，后被称为档案塔。）

7. 俄国官方档案馆的起源是什么？

（1480年沙皇伊凡三世在克里姆林宫建立石室，作为档案专用库房，史称"石宫档案馆"。）

8. 西曼卡总档案馆始建于何时何地？创建者是谁？

（1540年，西班牙巴利亚多利德，腓力二世国王）

9. 欧洲中世纪档案馆的基本特征是什么？

（机密性或"不可接近性"）

10. 古代档案馆的基本特征是什么？

（不向社会开放和限制利用）

11. 古代档案库的性质是什么？

（为所有者专有并只为所有者服务的档案保管机构）

12. 古代档案馆库的特点有哪些？

（附属性、封闭性、世袭性、馆藏对象的混合性、门类的单一性、分散性）

13. 机关档案馆起源于何时？有哪两种类型？

（封建社会末期，一种是终极性的，一种是非终极性的。终极性机关档案馆是永久保存机关档案的场所，其所藏档案不再向国王档案馆移交；非终极性机关档案馆是暂时存放机关档案的场所，其所藏档案必须按规定期限向国王档案馆移交。）

(五) 论述题

试述欧洲封建社会时期的各种档案馆。

欧洲在整个封建社会时期大体有七种类型的档案馆，分别是封建庄园档案馆、教会档案馆、城市档案馆、国王档案馆、社团档案馆、殖民地档案馆和机关档案馆。这些档案馆总体上反映了封建社会各个发展时期的基本特征。封建庄园档案馆和教会档案馆是封建社会初期出现的，前者是封建领主的私人档案馆，具有继承性和世袭性；后者是一切教会组织收藏档案的机构。城市档案馆、国王档案馆、社团档案馆都是封建社会中期出现的。城市档案馆是伴随自治城市出现的收藏城市活动形成文件的新型档案馆；国王档案馆是在国王办公厅下设立的集中管理国家档案和王室档案的一种皇家档案机构；社团档案馆是一个综合概念，包括行会、银行、大学和公证档案馆等。殖民地档案馆和机关档案馆是封建社会末期出现的，前者是殖民国家对外侵略和向外扩张的产物；后者是随着部门之间的分工越来越细，最早出现在国防部、外交部、陆军部等大机关里的一种档案馆。

第三节 档案管理活动的发展

一 本节内容要点

（一）档案整理和分类
（"开式文件"和"闭式文件"）
（二）档案编目和鉴定
（"文件清册""文件誊录簿"）
（三）档案保管和利用

二 要点内容分析

（一）档案整理和分类

档案整理和分类在整个封建社会的发展是比较明显的，经历了一个从实践层面上升到理论高度的阶段式跃进过程。

封建社会初期，除了沿用古罗马的"二元主义"分类法外，欧洲一些王国根据档案内容的机密和重要程度，将档案分为"开式文件"和"闭式文件"两大类。

封建社会中期，"二元主义"分类法逐渐遭到淘汰，当时出现的一些新型档案馆开始采用新的分类标准。例如城市档案馆按照城市的各个部门来划分档案的类别，每一类内再按照年代或地区进行整理，这被看成后来通用的"机构—年代"分类法的雏形。

封建社会后期，欧洲各国采用的档案整理和分类方式多样，既有同时按照业务部门和时间来分，也有同时根据地区和事由来分。当时影响较大的理论观点有四种：一是德国档案学家拉明根在1571年出版的专著《综合报告——怎样才算一个完美的登记室》中提出的事由分类法，要求将档案分为君主、外交和臣民三大类。二是意大利档案学家波尼法西奥在1632年出版的《论档案馆》一书中提出的系统分类法，要求将档案按地区—事由—时间的先后顺序来系统分类。三是德国档案学者木尔茨提出的实用归纳分类法，要求运用综合归纳的方法概括出档案分类的一般性类别。四是德国档案学者坤特提出的合理演绎分类法，要求运用纯逻辑推理的方法预先拟定出一个适用各种档案的具体类别。他们一致认为要预先制定一个包罗万象的系统分类方案，使之适用于一切时代和一切行政机关的档案分类，并在全国各个档案馆通用。然而实践证明，通用分类法在当时的条件下行不通。

（二）档案编目和鉴定

封建社会档案的编目方法更加完备，登记的项目更加齐全，出现了比较正规的书本式目录。此时鉴定也出现了萌芽，主要是淘汰公文法，但是并没有形成一项制度普遍推广。

（三）档案保管和利用

封建社会档案保管的主要特点是从中期以后出现了相对集中的趋势，这里有两层含义：一是保管档案的场所相对固定，甚至出现了专门的档案建筑；二是教会档案馆的档案逐步集中并统一保管。

封建社会的档案利用基本延续了奴隶社会的特点，但是已经从封闭走向开放，这种变化主要出现在文艺复兴时期。

三 练习题及参考答案

（一）填空题

1. 古代的档案和档案工作始终是作为_____和_____的统治工具，是_____的一部分，档案人员被称为"_____"。

（奴隶主，封建主，行政管理，特权的保护人）

2. 中世纪初期的_____和_____开始把档案按_____划分为两类：开式指_____文件，闭式指_____或_____文件。

（封建庄园档案馆，教会档案馆，重要性，一般性，内容机密，人事任命）

3. 中世纪初期开始把_____按_____、_____、_____和_____抄在_____上，出现了_____或_____方法，形成后来普遍使用的_____。

（特权证书，收到顺序，发文者，公文种类，事由，誊录簿，编目，誊录，事由案卷）

4. 9世纪时，人们把具有_____性质的文件汇编成册，有的国家称为_____，有的国家称为_____，有的国家称为_____或_____等。

（法规，文件汇编，事务记录，传统书，工具书）

5. 中世纪城市档案馆一般把档案分成_____和_____两大类，前者是指_____、_____、_____和_____文件，后者多指_____和_____文件。

（公开，秘密，立法，行政，民事关系，产权，内政，外交）

6. 事由原则的历史，可以追溯到上古时代把_____和_____分开保管的_____，中古时代的_____和_____，近代的_____和_____。

（收文，发文，二元主义分类法，实用归纳法，合理演绎法，卡缪—多努分类法，杜威十进位分类法）

7. 档案鉴定的萌芽出现于_____世纪，主要做法是_____。

（14，淘汰公文法）

8. 世界上最长的档案封闭期有_____年，实行者是_____。

（80，梵蒂冈机密档案馆）

9. 封建社会时期，_____或_____档案的利用，严格限制在_____或_____范围之内，利用档案是一种_____。

（国王，教皇，负责保管档案的公务官员，得到最高当局批准的人员，特权）

10. 人文主义者一般是_____，他们被委托编写_____和

_____的历史,他们和古代的_____一样,主动地求助于_____和_____。

(学者,城市公社,领主世系,历史学家,档案,手稿汇集)

11. 人文主义者进入_____和_____最早的_____和_____中搜寻_____和_____,每次发现都导致对_____的_____和_____,因而发展了_____,提高了当时的_____。

(西欧,拜占庭,修道院档案馆,教区档案馆,古代文件,手稿,古文献,复制,研究,知识,城市文化)

12. 人文主义者利用档案从事_____和_____,他们对_____和_____的比较研究,不仅为了_____、_____和_____目的,而且为了_____、_____、_____和_____,为了寻求对他们_____的支持。

(文化教育,历史研究,文件,手稿,法律,谱系,宗教,科学,文化,艺术,教育,革新观点)

(二) 判断题(正确的在题后括号内画"√",错误的画"×")

1. "归纳法"和"演绎法"属于事由分类原则的范畴。(√)
2. 西欧封建社会的统治者把档案比作"插入鞘中的剑"。(×)

正确答案:西赛罗。

3. 对利用者的严格限制是档案封闭性利用的主要特点。(√)
4. 梵蒂冈机密档案馆实行的档案封闭期是世界上最长的,为100年。(×)

正确答案:80年。

(三) 名词解释

事由原则:就是按照文件所涉及的问题进行分类的理论。这是一种很古老的分类原则,早在奴隶制时期就已采用,中世纪更为普遍。在近代,法国卡缪和多努的分类方案以及杜威的十进位分类法,都属于事由分类原则。

(四) 问答题

1. 中世纪初期欧洲的档案分类采用什么方法?

(按档案的重要性划分为"开式文件"和"闭式文件"两大类。)

2. 城市档案馆在档案分类中首创了什么方法?

(先按城市的各个部门来划分档案的类别,每一类内再按照年代或地区进行档案的整理和分类。)

3. 中世纪城市公社档案馆一般把档案分为哪两大类?

(公开的和秘密的)

4. 档案鉴定的萌芽出现于何时? 主要做法是什么?

(14 世纪,淘汰公文法)

5. 中世纪有巨大影响的一份档案目录是什么? 何时何人编制?

(英王档案目录,斯特普列顿主教,1323 年)

6. 现代档案检索工具的萌芽是什么?

(发文誊录簿)

7. 中世纪档案保管的主要特点是什么?

(从中世纪中期以后出现了档案保管相对集中的趋势。)

8. 事由原则又称为什么? 有何特点?

(相关原则,其特点是以相关事由为依据建立文件之间的逻辑联系。)

9. 事由原则的核心是什么?

按问题(专题)分类

10. 事由原则在中古时期的表现形式有哪两种?

(实用归纳法、合理演绎法)

11. 实用归纳法起源于何时何地? 其实质是什么?

起源于 16—17 世纪的欧洲,保持事由(主题)的完整和一致。

12. 世界上最长的档案封闭期有多少年? 实行者是谁?

(80 年,梵蒂冈机密档案馆)

13. 被称为"档案教皇"的人是谁?

(罗马教皇帕罗瓦十三)

(五) 简述题

简述欧洲中世纪的档案整理和分类方法。

欧洲中世纪的档案整理和分类方法主要有五种:(1)按档案的重要性划分为"开式文件"和"闭式文件"两大类的分类方法;(2)先按部门后按年代或地区整理和分类档案的方法;(3)德国档案学者拉明根提出的事由分类法,要求将档案分为君主、外交和臣民三大类;(4)意大利档案学家波尼法西奥在 1632 年出版的《论档案馆》一书中提出的系统分类法,要求将档案按地区—事由—时间的先后顺序进行分类;(5)德国档案学者木尔茨提出的实用归纳法,要求运用综合归纳的方法概括出档案分类的一一般性类别；德国档案学者坤特提出的合理演绎法，要求运用纯逻辑推理的方法预先拟定出一个适用各种档案的具体类别。

第四节　档案学理论的萌芽

档案学理论来源于档案管理实践经验的积累和升华，是档案工作发展到一定历史阶段的产物。档案学理论萌芽的时间据史料考证是在欧洲封建社会末期，萌芽阶段的时间范围是16—18世纪末。

一　本节内容要点
（一）档案学理论萌芽的条件
（二）主要代表人物和专著
（三）探讨的主要理论问题及其原因

二　要点内容分析
（一）档案学理论萌芽的条件

主要有四个：1. 中国造纸术的传入使档案载体被纸张一统天下，档案的数量急剧增加；2. 档案机构的数量增加、类型丰富、规模不断扩大、馆藏数量不断增多；3. 档案管理各项活动取得了很大进展；4. 档案人员逐渐向专职化方向发展。

（二）主要代表人物和专著

德国档案学者亚克伯·冯·拉明根的两本专著《综合报告——怎样才算一个完美的登记室》和《登记室及其机构和管理》是欧洲档案理论研究取得的第一批成果，他本人也被称为欧洲档案学的"鼻祖"。德国的登记室是指一个机关、团体、组织中负责形成、管理和保存现行文件或档案的部门。在第一部书中他提出了档案分类原则，即按君主、臣民和外交三个项目分类，这种分类方法属于事由原则，表明他开始把政权机构的职能与文件类别对应起来，对后世一个机关的文件按组织机构进行分类产生了较大影响。在第二部书中，他首次从理论上阐述了登记室在机关组织中的地位，认为登记室应当是"君主的心脏、安慰和珍宝"。

意大利档案学家巴尔塔萨·波尼法西奥的专著是《论档案馆》。他在书中论述了档案馆的悠久历史，介绍了许多国家档案馆，强调了档案馆的神圣性和不可侵犯，同时着重阐述了档案的系统分类方案。

(三) 探讨的主要理论问题及其原因

1. 探讨的主要理论问题

(1) 档案的整理和分类：事由原则的提出是档案学理论萌芽的标志之一。所谓事由，通常是指一件事情的原委，在公文用语中特指公文的主要内容。事由原则是指不按档案的来源和原始顺序，而按其主题内容进行整理的原则。从逻辑推理的手段而言可以概括为实用归纳法和合理演绎法。实用归纳法是指档案人员运用综合归纳的逻辑方法，将档案形成机关的业务活动或档案的主题内容归纳为若干类别，再把档案归入相应类别之中的整理方法。合理演绎法是指档案人员根据经验进行概念的逻辑演绎，预先拟定一个类目固定且包罗万象的分类系统，然后将所有档案归入固定设置、不再增加的类别之中的整理方法。

(2) 档案馆的性质和地位。主要倡导独立性和公开性，拉明根提出应赋予登记室在机关中的独立地位，登记室是最重要的职能机构之一；波尼法西奥强调档案馆的重要性、神圣性和公开性。

(3) 档案价值。认为档案价值主要体现在维护国家的实际利益方面，是政权的武器和统治的工具，是最高掌权者一切权力、利益和财产的凭证和依据。

2. 探讨上述问题的深刻原因：三者都是档案专业的基点。

三 练习题及参考答案

(一) 填空题

1. 1571 年德国档案学家亚克伯·冯·拉明根的_____和_____两部专著在海德堡出版，标志着档案学的出现。

(《综合报告——怎样才算一个完美的登记室》，《登记室及其机构和管理》)

2. 意大利第一部系统论述档案工作的杰作是_____，作者是_____。

(《论档案馆》，波尼法西奥)

3. _____在_____年出版的_____一书中提出在_____个级别上依次按照_____、_____、_____分类，使档案分类有了

_____。他主张档案馆应当是_____的,首次向自古以来赋予档案馆的_____和_____提出了挑战。

(波尼法西奥,1632,《论档案馆》,三,地区,事由,时间顺序,层次结构,公开,机密性,封闭性)

4. 由于意大利档案学家_____的倡议,_____一词才逐渐被世界各国接受和采用。

(波尼法西奥,档案馆)

5. 拉明根认为登记室应当是与_____和_____并列的职能机构。

(办公室,财务室)

6. 1885 年法国历史学家_____发表的_____一文中,首次提出"档案学应成为一门独立学科"的思想。

(朗格鲁,《关于档案馆的科学》)

(二) 判断题(正确的在题后括号内画"√",错误的画"×")

1. 1632 年出版的《论档案馆》一书的作者是意大利档案学家波尼法西奥。(√)

2. 《论档案馆》首次提出了档案学应当是一门独立科学的见解。(×)

正确答案:《关于档案馆的科学》首次提出了档案学应当是一门独立科学的见解。

(三) 问答题

1. 档案学萌芽出现于何时?主要探讨了哪三大问题?

(封建社会末期,档案的整理和分类、档案馆的地位和性质、档案价值和档案人员)

2. 欧洲档案学的鼻祖是谁?

(德国档案学家亚克伯·冯·拉明根)

3. 拉明根提出按哪三大类划分档案的方法?

(君主、臣民、外交,使每一类都体现政权的某种职能)

4. 欧洲最早的档案学专著是何时何地出版的?书名叫什么?作者是谁?

(1571 年,海德堡,《综合报告——怎样才算一个完美的登记室》和《登记室及其机构和管理》,亚克伯·冯·拉明根)

5. 意大利第一部系统论述档案工作的杰作是什么?出版于何时何地?

(《论档案馆》,1632 年出版于威尼斯)

6. 波尼法西奥提出了什么重要思想？

（档案馆的性质应当是公开的）

7. 波尼法西奥提出了什么分类方案？后人称之为什么？

（要求在三个级别上依次按地区、事由和时间来分类，系统分类法）

8. 波尼法西奥的系统分类法有何特点和意义？

（使档案分类有了层次结构，具有一定的进步意义和实用价值）

9. 乔治·艾伯林提出应当把档案划分为哪三大类？

（保密的、公开的、登记室保管的档案）

10. 木尔茨提出应当把档案划分为哪三大类？

教会统治（宗教法庭）、政治领导与司法事务（办公厅与参议室）、财政管理（国库）

11. 最早主张档案馆是独立机关的人是谁？

（德国档案学者冯·麦登）

12. 最先提出"档案馆应当是公开性机构"的人是谁？

（意大利档案学家波尼法西奥）

13. 最早提出"档案学"概念的人是谁？

（德国学者约瑟夫·奥格，他在1804年发表的论文《一种档案学思想》中首次提到"档案学"这个名称。）

14. 最先提出"档案学是一门独立学科"的人是谁？

（法国历史学家朗格鲁，他在1885年发表的论文《关于档案馆的科学》中首次提出档案学不是历史辅助学科而应当是一门独立科学的见解，这篇论文被视为档案学科的"独立宣言"。）

15. 西欧档案学形成时期探讨的核心问题是什么？

（档案整理和分类理论）

第十章

档案、档案机构、档案管理、档案法规、档案教育变革与档案学形成

教学目标和要求：阐明法国档案工作改革的主要进程、重大意义和深远影响；阐明其他资本主义国家的档案改革和档案工作；阐明近代档案机构与档案管理活动变革的主要表现；阐明近代档案法规与档案教育变革出现的原因及表现，阐明近代档案学形成的主要标志，阐明近代档案学研究的主要成果。使学生认识到法国档案改革产生的深远影响及重大意义，了解近代档案机构、档案管理活动、档案法规和档案教育的变革以及近代档案学形成的主要标志。

教学重点：法国档案工作改革的主要进程、重大意义和深远影响。

法国档案工作改革是近代档案事业的开端，率先实行了档案开放原则，对世界近代档案史产生了极其深远的影响。

近代档案机构在性质和特点上都发生了重大变化，而且门类有新的发展。档案行政机关的设立和经济档案馆的产生就是近代档案机构变革的重要表现。

法国档案工作改革促进了近代档案管理活动的发展，在整理和分类上，实行来源原则；在鉴定上，采用"年龄鉴定论"；在档案利用上，实行档案开放原则。

近代档案法规的重大变革是开始出现独立的档案立法活动并制定出专门的档案法规；近代档案教育的重大变革是首次出现了正规的档案高等教育；近代档案学的变革主要是档案学从萌芽阶段进入了正式形成阶段，其形成的标志包括提出"档案学"概念、明确学科的独立性、确立档案学乃至档案专业的基本原则。1898年出版的"荷兰手册"被视为档案学的"圣经"，重点掌握其贡献及不足。

教学难点：近代档案机构、档案管理活动、档案法规和档案教育的变革

基本概念：法国国家档案馆、《穑月七日档案法令》、法国国立文献学院、年龄鉴定论、来源原则（全宗原则）、《档案的整理与编目手册》（1898年）

复习与思考题：

1. 评析法国档案工作改革的专业背景。
2. 简述法国档案工作改革的发展进程。
3. 综述法国档案工作改革的重大意义和深远影响。
4. 综述法国在近代档案事业、档案馆、档案法规、档案利用和档案教育建设上的重要贡献。
5. 简述经济档案馆的性质及产生原因。
6. 简述近代事由原则的主要表现。
7. 论述来源原则及其发展阶段。
8. 综述来源原则的起源、形成、论证和确立的过程。
9. 简述迈斯奈尔在鉴定理论上的贡献。
10. 简述档案开放原则及其意义和影响。
11. 简述《穑月七日档案法令》的主要内容和意义。
12. 评析三代档案学院的共同传统。
13. 简述近代档案学形成的主要标志。
14. 全面评述荷兰手册的贡献与局限。

参考书目：

周一良、吴于廑主编：《世界通史》近代部分（上、下册），人民出版社，1973年。

李凤楼、张恩庆、韩玉梅、黄坤坊：《世界档案史简编》第三编第七、八、九章，档案出版社，1983年。

中国档案学会对外联络部、《档案学通讯》编辑部：《外国档案法规选编》，档案出版社，1983年。

陈兆祦主编：《三十国档案工作概况》，档案出版社，1985年。

吴宝康主编：《档案学概论》第十三章，中国人民大学出版社，1988年。

黄霄羽主编：《外国档案事业史》变革篇第五、六、七章，中国人民

大学出版社，2004 年。

黄霄羽主编：《外国档案管理学》管理学史篇第十五章，中国人民大学出版社，2008 年。

第一节 法国档案工作改革的背景、进程、意义和影响

法国档案改革是近代时期档案工作的开端，是法国大革命的一个组成部分。始于 1789 年 7 月 29 日颁布的国民议会组织条例，拉开了档案改革的序幕。改革中成立了法国国家档案馆，建立了地方档案馆，颁布了专门的档案法。改革的意义重大，影响深远。首先是从根本上改变了档案工作的性质，其次是提出并实行了档案集中管理原则和档案开放原则，最后是揭开了外国档案史近代时期的序幕。

一 本节内容要点

（一）改革的专业背景

（二）改革的主要进程

（建立国民议会档案馆和国家档案馆、建立地方档案馆体系、颁布《穑月七日档案法令》）

（三）改革的重大意义

（四）改革的深远影响

（五）改革后档案工作的进展

二 内容要点分析

（一）改革的专业背景

1. 档案机构尽管数量和类型众多，但分布相当分散，而且各自互无联系。

2. 档案的保存相当分散，档案管理工作也缺乏统一的规章制度。

（二）改革的主要进程

分为四步进行：

1. 根据 1789 年 7 月 29 日颁布的《国民议会组织条例》建立国民会议档案馆。

2. 根据 1790 年颁布的《国家档案馆条例》建立国家档案馆。

3. 根据 1790 年 11 月 5 日颁布的《关于成立行政区档案馆的法令》建立地方档案馆体系。

4. 1794 年 6 月 25 日颁布《法兰西共和历二年穑月七日档案法令》将改革成果固定下来。

（三）改革的重大意义

1. 揭开了世界档案史近代时期的序幕。

2. 建立了世界上第一个真正具有国家意义的综合性档案馆。

3. 首创了国家档案和档案事业集中管理的原则。

4. 颁布了世界上第一部档案法规。

5. 率先实行了档案开放原则。

（四）改革的深远影响

1. 极大地促进了档案工作各项活动的发展，推动了档案学的正式形成。

2. 带动欧洲其他国家相继开展了资产阶级档案改革，使欧洲国家的档案工作也进入了新时期。

（五）改革后档案工作的进展

成立法国档案局、颁布《省档案馆条例》、普遍建立市镇档案馆和医院档案馆、创办法国国立文献学院、成立法国档案工作者协会。

三　练习题及参考答案

（一）填空题

1. 法国_____年的条例规定，国家档案馆除保管_____的档案外，还收藏_____、_____以及与_____、_____、_____等有关的文件。

（1790，国民议会，历史档案，新政权中央国家机关的档案，行政区划，国家法律，公共规章）

2. _____年_____月_____日颁布的_____中规定，_____和各个_____设立_____，负责清理接管_____，当时把档案分为_____、_____、_____、_____四大类，前两类应予_____，后两类应予_____。

（1794，6，25，《穑月七日档案法令》，巴黎，主要行政区中心，档案

第十章 档案、档案机构、档案管理、档案法规、档案教育变革与档案学形成

清理处,旧政权档案,国家产权文件,历史文件,封建文件,无用文件,保留,销毁)

3. 法国国家档案馆于_____年成立,前身是1789年成立的_____,1804年改名_____,1814年又改名_____,1871年恢复现名,1959年起由法国_____领导。第一、二任馆长分别是_____和_____,馆址从1808年起一直设在巴黎的_____。

(1790,国民议会档案馆,帝国档案馆,王国档案馆,文化部,阿曼·卡缪,皮埃尔·多努,苏比兹宫)

4. 法国国家档案馆是第一个对_____、对_____开放的_____性_____级档案馆,是_____的重要成果之一。

社会,公众,综合,国家(中央),法国档案改革

5. 法国国家档案馆由巴黎_____、_____、_____三部分组成,馆藏最古老的档案是_____年的一份_____,是一个_____将财产赠给_____的遗嘱。

(苏比兹宫,卢浮宫,枫丹白露现代档案城,627,纸草档案,商人,圣丹尼修道院)

6. 1790年_____(后改为省档案馆)的设立,标志着法国已有_____的国家档案馆。

(行政区档案馆,两级建制)

7. 法国档案局在_____年成立时受_____领导,后归_____,_____年起隶属_____,现由文化部、_____、_____管理。

(1884,教育部,内政部,1959,文化部,国防部,外交部)

8. 到_____年为止,法国已形成了_____、_____和_____三级档案馆网,设立了专门的档案事业管理机关_____,成立了高等档案教育机构_____。

(1884,国家,省,市镇,法国档案局,法国国立文献学院)

9. 法国档案改革,使档案馆从保管来源于一个_____或一个_____的档案,转变为保管来源于各个_____或各个_____的档案,即馆藏从来源的_____变成来源的_____。

(机关,部门,国家机关,时代,单一性,多样性)

10. 法国历史学家_____指出,法国档案改革,已使档案馆从旧制度下的_____机构,变成了实施_____的机构,从法律上证明

_____的武器库，变成了_____的文献库，即从_____阶段进入了_____阶段。

（朗格鲁，机密，开放原则，封建君主权力，历史，政权的武器库，历史的实验室）

11. 1789 年的法国档案改革提出了两个思想：一是要对档案实行_____，二是档案馆要实行_____。

（集中管理，开放原则）

（二）判断题（正确的在题后括号内画"√"，错误的画"×"）

1. 世界档案史上第一个进行资产阶级档案改革的国家是英国。（×）

正确答案：法国

2. 1789 年成立的国民议会档案馆是世界上第一个近现代意义的国家档案馆。（×）

正确答案：1790 年，法国国家档案馆。

3. 阿曼·卡缪是法国国家档案馆的创始人。（√）

4. 法国国家档案馆馆址从 1884 年起一直设在巴黎的苏比兹宫。（×）

正确答案：从 1808 年起。

5. 1884 年成立的法国档案局是世界上最早的档案事业行政管理机关。（×）

正确答案：1874 年成立的意大利内务部中央档案管理总局。

（三）名词解释

法国国家档案馆：1790 年成立的世界上第一个具有近现代意义的综合国家档案馆。1959 年起由法国文化部领导。馆址设在巴黎的苏比兹宫。馆长由法国档案局局长兼任。内部机构设置十分健全，由四个部、六个处和三个分馆组成。

（四）问答题

1. 世界近代档案事业的开拓者是谁？

（阿曼·加斯东·卡缪）

2. 世界上第一个真正具有国家意义的综合性档案馆成立于何时？馆名叫什么？

（1790 年，法国国家档案馆）

3. 法国国家档案馆最古老的档案是什么？

（公元 672 年的一份纸草档案，是一位商人将财产捐给圣丹尼修道院的遗嘱。)

4. 1790 年行政区档案馆的设立标志着什么？

（标志着法国从中央到地方已有了两级建制的国家档案馆，但尚未形成法定的档案馆网络体系。）

5. 近代档案馆区别于古代档案馆的主要标志是什么？

（是否提供档案为社会服务）

6. 档案开放原则被誉为什么？体现了什么精神？

（"档案的人权宣言"，反封建的民主精神）

7. 档案开放原则的核心思想是什么？

（档案作为法国的公共财产，全体法国公民都享有利用和要求提供档案服务的权利。）

8. 法国档案工作遵循的三大原则是什么？

（档案集中管理原则、档案开放原则、注重保护修复原则）

9. 法国档案改革首创了什么原则？

（国家档案和档案事业集中管理的原则）

10. 集中统一管理的基本要求有哪三点？

（一是国家档案集中于国家档案馆；二是国家档案工作有统一的领导机构；三是有统一的档案工作法规。）

11. 法国档案改革的巩固性成果是什么？

（颁布了《穑月七日档案法令》。）

12. 1841 年的省档案馆条例中提出了什么要求？

（要求档案人员在整理和分类时要尊重全宗，不得随意打乱和拆散全宗内的文件。）

13. "全宗"一词最早以什么文字出现？原意和转意是什么？

（法文 Fond，基金，库藏）

14. 确定全宗构成者的重要条件是什么？

（机关独立性）

15. 第 14 号通令被称为什么？起草人是谁？

"尊重全宗原则的出生证"；法国古文字学家，时任法国皇家档案馆行政部负责人纳塔利斯·德·威利（Natalis de Wailly）。

16. 法国近代档案学形成的两个标志是什么？

（一是提出档案学是一门独立的科学；二是提出"尊重全宗原则"。）

（五）简述题

简述档案开放原则及其意义。

档案开放原则是指所有公民都有权利利用国家档案馆的档案。这一原则是法国在1790年颁布的国家档案馆条例中首先提出的。1794年6月25日颁布的档案法《穑月七日档案法令》规定法国所有档案馆均实行档案开放原则，所有公民都可以在有限和有监督的条件下在档案馆免费查用档案。这说明，档案开放原则的核心思想是：档案作为法国的公共财产，全体法国公民都享有利用和要求提供档案服务的权利。档案开放原则是法国1789年《人权宣言》在档案领域的体现，因而被誉为"档案的人权宣言"。档案开放原则的意义，在于它改变了档案馆的性质，使档案馆从封闭机构或秘密机构，变成了实行开放原则的公开机构，从政权的"武器库"变成了历史研究的"粮仓"，使档案利用的范围大大拓宽，档案开放促进了档案利用的发展。

（六）论述题

综述法国在近代档案事业、档案馆、档案法规、档案利用和档案教育建设上的重要贡献。

法国在近代档案事业发展史上做出了巨大贡献。伴随法国资产阶级革命而进行的档案工作改革拉开了档案工作近代时期的序幕。1790年成立的法国国家档案馆是世界上第一个具有近现代意义的综合性档案馆，它与后来陆续建立的地方档案馆组成了全国档案馆网络系统，特别是在1884年成立了档案事业行政管理机关——法国档案局之后，由档案局行使对各级档案馆的领导和监督权，这标志着档案事业在法国首次成为一项独立的事业，为其他资产阶级国家档案事业建设提供了可以效仿的模式。1794年6月25日，法国颁布了《穑月七日档案法令》，这是世界上第一部专门的档案法。档案法规定，法国所有档案馆均实行对外开放原则，凡是法国公民都有权到档案馆查阅他所需要的文件，这一原则的实施，从根本上改变了古代档案馆的封闭性质，使其由政权的"武器库"变成历史的"实验室"。档案开放原则因此被誉为"档案的人权宣言"。法国在档案教育建设上的重要贡献是它建立了世界上第一所档案高等教育机构，即1821年建立的法国档案学院。直到现在，它仍然是法国培养档案专业人才的基地。

第二节　档案机构与档案管理活动的变革

一　本节内容要点
（一）各国的档案改革
（二）档案机构的变革
（三）档案管理活动的变革
（档案整理与分类、档案鉴定、档案的利用和开放）

二　要点内容分析
（一）各国的档案改革

在法国档案改革的影响下，许多国家在19世纪都先后进行了档案改革，建立了中央和地方档案馆，使档案工作逐渐发展成为一项独立的事业，标志着外国档案史从封建社会进入了资本主义时期。比利时、荷兰、意大利和斯堪的纳维亚半岛诸国的档案改革建立了国家档案馆和档案业务领导机关，有的还创办了档案教育，形成了比较完整的档案机构体系；英国、德国、西班牙、俄国、美国和印度的档案改革只建立了中央或地方档案馆，或者只有一些主管机关档案馆。

1. 比利时、荷兰、意大利和斯堪的纳维亚半岛诸国的档案改革
2. 英国、德国、西班牙、俄国、美国和印度的档案改革

（二）档案机构的变革

近代档案机构的重大变革主要体现在四个方面：一是法国带动欧洲各国相继建立综合性国家档案馆并设置中央和地方公共档案馆网络体系；二是档案馆的性质由于实行开放原则而发生了根本性变化，由政权的"武器库"变成了服务大众的科学文化机构；三是档案机构的门类有所增加，不再只有档案馆这种单一的收藏和保管机构，开始设立档案行政管理机关；四是一种新型的经济档案馆开始出现。

（三）档案管理活动的变革

1. 档案整理与分类

近代档案整理与分类的重大变革是遵循的指导原则发生了变化——从遵循事由原则转变为遵循来源原则，并逐步确立了来源原则的统治地位。

封建社会以来，事由原则一直是欧洲各国档案整理与分类遵循的指导原则。其主要特点是要求依据档案的内容或主题进行馆藏的第一层整理和分类。1790年法国国家档案馆成立后，馆长卡缪把馆藏分为4大类，多努于1804年接任馆长后考虑到馆藏档案内容不断丰富的现实，又增加了20个主题类别，使整理方案中的类别总共达到24类，并综合概括为立法文件、行政文件、历史文件、地形测量文件、财产文件和司法文件六大部分。

与欧洲国家类似，美国也经历了一个来源原则逐步取代事由原则的过程。在1909年来源原则思想传入之前，美国的档案整理与分类主要借用一种图书分类法——杜威十进位分类法，这种方法把图书涉及的知识分为十大类，每一大类分为十个部类，每个部类分为十个属类，属类以下还可以再细分。每个级别的十个类都用0到9的阿拉伯数字表示。大类是百位数，部类是十位数，属类是个位数，再细分就加小数点。1909年列兰德在美国历史协会公共档案委员会年会上主张档案整理与分类应采用来源原则。此后，美国档案界更多地认同了来源原则，以杜威十进位分类法为代表的事由原则逐步被取代。

《荷兰手册》对来源原则进行了理论论证。既为档案全宗给出了科学的定义，强调全宗必须由同一形成机关的文件组成，又提出一个档案全宗是一个有机的整体，整理系统必须以档案形成部门原有的编制为基础，更重要的是得出了"全宗应独立保存，同一全宗不得分散、不同全宗不得混淆"的科学结论。

1910年布鲁塞尔大会的召开确立了《荷兰手册》的核心思想是来源原则，并宣布这一原则是档案专业的基本原则。

2. 档案鉴定

近代档案鉴定的重大变革是出现了正规的鉴定活动，鉴定思想由粗线条的简单规章发展成为系统的原则和标准。

(1) 粗线条的鉴定规章：法国档案工作改革是出现正规档案鉴定的开端。法国、奥地利、普鲁士、俄国等为防止出现过分销毁档案文件的现象，颁布了档案鉴定规章。

(2) 系统的鉴定原则和标准：德国档案学家迈斯奈尔对档案鉴定理论做出了贡献。①一般原则和具体标准：第一次系统地提出了一系列鉴定原则和标准，构建了一个档案鉴定理论体系；②年龄鉴定论：第一次提出了

第十章 档案、档案机构、档案管理、档案法规、档案教育变革与档案学形成　　247

"高龄案卷应当受到尊重"的思想,带动各国相继确定档案的"禁毁年限",使年代久远、数量较少、价值珍贵的历史档案得以妥善存留;③来源鉴定思想:第一次提出了档案来源是档案鉴定的重要标准。

3. 档案的利用和开放

近代档案利用的重大变革是法国首创的档案开放原则逐渐被世界各国普遍接受,不仅使档案利用的性质发生了根本变化,而且进一步影响到档案馆乃至整个档案事业性质的根本变化。档案开放原则的提出意义重大、影响深远。

三　练习题及参考答案

（一）填空题

1. 世界档案史上第一个档案学术团体是＿＿＿＿年成立的＿＿＿＿。
（1891,荷兰档案工作者协会）

2. 意大利于＿＿＿＿年成立了＿＿＿＿,该馆长期是＿＿＿＿的组成部分,直到＿＿＿＿年才分离出来,正式命名为＿＿＿＿。＿＿＿＿年成立的＿＿＿＿是世界上最早的＿＿＿＿,标志着＿＿＿＿的确立。
（1875,王国总档案馆,罗马档案馆,1953,意大利中央国家档案馆,1874,档案总局,档案事业管理机关,集中式档案管理体制）

3. 意大利首创了以＿＿＿＿为核心的＿＿＿＿档案事业管理体制。
（中央档案管理总局,集中式）

4. 罗马国家档案馆成立于＿＿＿＿年,位于罗马17世纪修建的＿＿＿＿内。
（1870,宫殿式教堂）

5. 直到＿＿＿＿年,教皇仍规定只开放＿＿＿＿年以前的档案。
（1988,1922）

6. 英国在法国档案改革影响下只做了两件事:一是＿＿＿＿,二是＿＿＿＿。
颁布了第一部档案法,成立了两个档案馆（中央级综合性公共档案馆、部署专门档案馆）

7. 英国于＿＿＿＿年8月14日颁布了第一部档案法,名称叫＿＿＿＿,决定成立英国公共档案馆,馆址在＿＿＿＿,即＿＿＿＿的旧址上,由＿＿＿＿领导,这是英国至今唯一的＿＿＿＿级＿＿＿＿性档案馆。

(1838,《英国公共档案法》,伦敦市法院街,藏卷馆,管卷大臣,中央,综合)

8. 巴伐利亚首相_____于_____年起草了改革方案,企图以_____为基础,把_____、_____、_____三个方面的档案合并,建立_____。

(孟热尔,1812,内政档案馆,皇室,外交,内政,帝国档案馆)

9. 近代出现的一种新型档案机构称为_____,又称_____。

(私人企业档案馆,经济档案馆)

10. 经济档案馆最早出现在_____,是现当代_____的前身。

(德国,企业档案馆)

11. _____年,德国成立_____档案馆,这是世界上较早的企业档案馆。

(1905,克虏伯公司)

12. _____年德国档案学家_____提出了_____条一般原则和_____条从_____和_____两方面考虑的具体标准,其中的_____被称作_____,并衍生出档案的_____这一概念。

(1901,迈斯奈尔,6,7,案卷内容,案卷来源,"高龄案卷应当受到尊重",年龄鉴定论,禁毁年限)

13. 年龄鉴定论的核心是_____,它要求保护_____的档案。

("高龄案卷应当受到尊重",年代久远)

14. 卡拉乔夫于_____年创办了_____,任第一任_____兼_____,_____年促成许多省设立_____,其活动时期被誉为_____。

(1877,私立考古学院,院长,档案学教研室主任,1884,省档案学术委员会,"卡拉乔夫档案时代")

15. 英国_____在印度设立了_____和_____,前者于_____年建造了两间_____,这是_____的第一个档案馆,后者的档案完全_____,不许_____接近。

(东印度公司,公务部,机密部,1797,库房,殖民当局,保密,外人)

(二) 判断题（正确的在题后括号内画"√"，错误的画"×"）

1. 英国公共档案馆于1838年成立。（√）
2. 英国公共档案馆是世界上第一个依法命名的公共档案馆。（√）
3. 私人企业档案馆最初以经济档案馆的形式出现在欧洲。（√）
4. 私人企业档案馆最先出现在荷兰。（×）

正确答案：德国。

5. 1907年，德国西门子公司成立档案馆，这是世界上第一个企业档案馆。（×）

正确答案：1905年成立的德国克虏伯公司档案馆。

6. 十进位分类法的发明者是英国的麦·杜威。（×）

正确答案：美国。

7. 卡缪和多努的分类法属于事由分类原则的范畴。（√）

(三) 名词解释

档案利用与开放原则：这项原则产生于近代，始于1789年法国档案改革。它使档案从封闭性利用转变为开放性利用，使档案利用从少数人的特权转变为广大公民的权利，使档案馆从封闭或秘密机构变为向社会公众开放的科学文化事业机关。

(四) 问答题

1. 英国在法国档案改革影响下只做了哪两件事？

一是颁布了第一部档案法，二是成立了两个档案馆（中央级综合性公共档案馆、部署专门档案馆）。

2. 世界上第一个依法命名的公共档案馆成立于何时何地？

（1838年8月14日，英国伦敦）

3. 近代出现的一种新型档案机构称为什么？

（私人企业档案馆，又称经济档案馆）

4. 德国最古老的企业档案馆是什么？成立于何时？

（拜耳公司档案馆，1863年）

5. 世界上第一个私人企业档案馆出现于何时何地？名称叫什么？

（1905年，德国，克虏伯公司经济档案馆）

6. 世界上最早创办的档案专业刊物是什么？创办于何时？出版者是谁？

1876年德国地区性档案刊物《档案杂志》（年刊，德文），巴伐利亚

州档案局出版

7. 世界上第一个档案工作者协会是何时成立的？名称叫什么？

（1891年，荷兰档案工作者协会）

8. 国家档案事业开始统一领导的标志是什么？

（档案行政管理机关的设立）

9. 世界上最早的档案事业行政管理机关是何时成立的？名称叫什么？

（1874年，意大利内务部中央档案管理局）

10. 意大利首创了以什么为核心的集中式档案事业管理体制？

（中央档案管理局）

11. 俄国第一部纪录片档案是什么？

（《1896年尼古拉二世加冕典礼》）

12. 俄国近代档案事业的先行者是谁？

（卡拉乔夫）

13. 卡拉乔夫主张把档案馆分为哪两类？

（一类是机关档案馆，另一类是中央历史档案馆。）

14. 近代档案馆的性质发生了什么变化？

（由政权的"武器库"变成了服务大众的科学文化机构。）

15. 近代档案管理机构的重大变革是什么？

（一是法国带动欧洲各国相继建立综合性国家档案馆并设置中央和地方公共档案馆体系；二是档案管理机构的门类有所增加，除档案馆这种单一的收藏和保管机构外，开始设立档案行政管理机关；三是一种新型的经济档案馆开始出现。）

16. 近代档案整理与分类的重大变革是什么？

（从遵循事由原则转变为遵循来源原则）

17. 近代档案鉴定的重大变革是什么？

（出现了正规的档案鉴定活动，鉴定思想由粗线条的简单规章发展为系统的原则和标准。）

18. 近代档案利用的重大变革是什么？

（档案开放原则逐渐被世界各国普遍接受）

19. 档案鉴定理论萌发并开始形成的标志是什么？

（1901年德国档案学者迈斯奈尔提出的"年龄鉴定论"）

20. 档案鉴定理论的基本内容包括哪三个方面？

(对档案价值的认识、对鉴定原则的规定、对鉴定标准的制定)

21. "年龄鉴定论"的核心是什么？

("高龄案卷应当受到尊重"，它要求保护年代久远的档案，又称"高龄鉴定论"。)

22. 高龄原则包括哪两层含义？

(一是高龄档案不存在销毁问题；二是凡是年代比较久远的档案，在鉴定时应适当放宽尺度。)

（五）简述题

1. 简述迈斯奈尔在档案鉴定理论上的贡献。

德国档案学家迈斯奈尔在近代档案鉴定理论上做出了开创性贡献。(1)第一次提出"高龄案卷应当受到尊重"的思想，改变了过去各国销毁古老文件保留近期文件的做法，带动各国相继确定档案的"禁毁年限"，使年代久远、数量较少、价值珍贵的历史档案得以妥善存留；(2)第一次系统地提出一系列档案鉴定原则和标准，构建了一个档案鉴定理论体系；(3)第一次提出档案来源是档案鉴定的重要标准。

2. 简述"年龄鉴定论"的档案鉴定原则。

1901年德国档案学家迈斯奈尔提出了"年龄鉴定论"。他的档案鉴定原则有6条：(1)事关档案存毁的决定必须当机立断；(2)必须避免极端行为，既不要过于谨慎保存，也不要过于随便抛弃；(3)不要以抽象概念作为价值标准；(4)高龄案卷应当受到尊重；(5)为暂时目的使用的案卷在目的达到后应当销毁；(6)关于一个永久性机构成立经过的案卷应当保存。

第三节 档案法规和档案教育的变革与档案学的正式形成

一 本节内容要点

（一）档案法规的变革——专门档案法的首次颁布

（二）《穑月七日档案法令》

（三）档案教育的变革——档案高等教育机构的创立

（四）法国国立文献学院

（五）档案学形成的主要标志

（六）近代档案学研究的主要成果

二　要点内容分析

（一）档案法规的变革——专门档案法的首次颁布

法国档案工作改革的巩固性成果——《穑月七日档案法令》，是法国在档案工作改革中于 1794 年 6 月 25 日颁布的第一部档案大法，主要内容包括"组织基础""文件的划分与挑选""档案的清理""档案开放原则"四个部分，分 48 个条款。它拉开了法国依法治档的序幕，成为法国档案事业建设的根本指导，它还是世界上第一部档案法，第一次将档案工作提升为国家的一项独立工作，从而为其他国家，特别是资本主义国家的档案法规建设起到示范作用，它的颁布标志着近代档案法规建设的开端。

（二）档案教育的变革——档案高等教育机构的创立

近代档案教育的重大变革是世界上首次出现了正规的档案高等教育，这也是法国档案工作改革的重要贡献之一。

1821 年 2 月 21 日法国国王路易十八颁布了成立档案学院的命令。学院最初成立时，学制只有两年，由于招生规模太小、培养目标不够明确等原因，于 1823 年停办，直到 1830 年才恢复。恢复后学制改为三年（1956 年又延长至四年），课程设置更为丰富，毕业生颁发古文字—档案学士证书，获此证书可享有优先在档案馆工作的权利。法国档案学院不仅是法国而且是世界上第一所档案高等教育机构，标志着世界上正规档案高等教育的开端，被誉为"欧美第一代档案学院"。

（三）档案学形成的主要标志

近代档案学形成阶段的时间范围是 18—19 世纪末。其主要标志有三个：一是提出了"档案学"概念并明确了学科的独立性质；二是提出并确立了档案学和档案事业的基本原则（即来源原则）并给予理论论证；三是基本统一了对档案馆性质和地位的认识。

1. 法国档案改革对档案学形成的影响

1789 年法国档案改革为西欧档案学的正式形成奠定了基础，这次改革提出并实践了档案学的三个基本理论问题：

（1）使档案馆事业成为国家的一项独立事业

（2）确立了档案事业的集中管理原则

第十章　档案、档案机构、档案管理、档案法规、档案教育变革与档案学形成

（3）确立了档案馆向社会开放的原则

2. 档案学学科概念的提出

19世纪初，"档案学"概念首先在德国出现，1885年法国历史学家郎格鲁首次提出档案学是一门独立学科的思想。

（1）"档案学"一词的出现：德国档案学者奥格在《档案学的理论思想》中第一次使用了"档案学"概念。

（2）档案学是一门独立学科的思想：法国历史学家郎格鲁在《关于档案馆的科学》（1885年）中首次提出档案学是一门独立学科的见解，最早对档案学的学科性质做了准确定位。

3. 档案学核心理论的形成和发展

核心理论是指使档案学成为一门独立学科的主要理论，是档案学区别于图书馆学的主要标志。这就是以全宗为核心的来源原则。它起源于法国，形成于德国，理论论证在荷兰。

（1）法国的尊重全宗原则：1841年法国率先提出"尊重全宗原则"，要求档案馆按照档案的形成机关进行整理和分类，这是来源原则起源的标志。

（2）普鲁士的登记室原则：1881年德国提出"登记室原则"，要求在尊重全宗的同时还必须保持形成机关整理档案的原始顺序，使来源原则得到了初步发展。

（3）荷兰的来源原则（全宗原则）：1898年荷兰三位档案学者在论著中对来源原则进行了理论论证，使来源原则逐步从欧洲国家向世界范围传播，走上了国际化道路。

（4）1910年布鲁塞尔大会：国际档案界一致公认来源原则成为档案专业的基本原则，使档案学有了自己的支柱理论。

（四）近代档案学研究的主要成果

近代档案学研究最重要的成果是荷兰三位档案学家萨缪尔·缪勒、约翰·斐斯、罗伯特·福罗英于1898年合作出版的《档案的整理与编目手册》，简称《荷兰手册》。该书以条目形式完成，共100条。分为六章：档案馆档案的来源和组成、档案文件的整理、档案文件标题的拟制、档案目录的编制、档案标题的拟制、某些术语和符号的习惯用法。

《荷兰手册》的主要贡献有三个方面：首先，它奠定了来源原则的理论基础；其次，它推动了来源原则的广泛传播；最后，它对档案编目首次

进行了较为系统的理论阐述。

《荷兰手册》的局限集中体现在以下三个方面：一是研究内容相对单薄；二是研究的范围相对窄小；三是研究方法相对简单和机械。

三 练习题及参考答案

（一）填空题

1. _____年2月12日法国国王_____颁布了建立_____（又译_____）的命令，宣告世界上第一所_____的诞生，标志着_____的开端，被誉为_____。

（1821，路易十八，文献学院，档案学院，高等档案学府，近代高等档案教育（资本主义档案高等教育），欧美第一代档案学院）

2. 法国档案学院亦称_____或_____。

（法国国立文献学院，法国国立宪章学院）

3. 近代档案学的两大基本理论是_____和_____。

（档案集中管理原则，档案开放原则）

4. _____年法国内政部长_____发布的_____提出了_____概念，被称为_____，_____是_____的创始人。

（1841，杜卡特尔，第14号通令，全宗，"尊重全宗的出生证"，纳塔利斯·德·威利，尊重全宗原则）

5. 普鲁士在_____年7月1日颁布的_____中明确规定了_____，并提出了_____的概念，_____是该条例的_____，_____是条例的_____。

（1881，《普鲁士机密国家档案馆档案整理条例》，登记室原则，来源，马克思·雷曼，起草人，海因利希·冯·西伯尔，批准人）

6. 荷兰三位档案学家_____、_____、_____于_____年合著了_____，又称_____或_____，提出并论证了_____的思想，为_____世纪以来的_____奠定了理论基础。

（缪勒，斐斯，福罗英，1898，《档案的整理与编目手册》，《荷兰手册》，《荷兰100条》，"一个档案全宗是一个有机整体"，19，来源原则）

7. 《荷兰手册》提出的两大核心观点是_____、_____。

（全宗是一个有机的整体，整理系统必须以全宗原来的编制为基础）

第十章　档案、档案机构、档案管理、档案法规、档案教育变革与档案学形成　　255

（二）判断题（正确的在题后括号内画"√"，错误的画"×"）
1. 近代最早开设的档案教育课程有古文字学和古文书学。（√）
2. 1894 年创办的马尔堡档案学院是第一代档案学院。（×）

正确答案：第二代档案学院。

3. "档案学"的概念最先出现在法国。（×）

正确答案：德国。

4. 档案学是一门独立的学科，是法国著名历史学家郎格鲁提出来的。（√）

5. 尊重全宗原则是德国于 1841 年提出来的。（×）

正确答案：法国。

6. 《普鲁士机密国家档案馆档案整理条例》是"尊重全宗原则"的出生证。（×）

正确答案：法国内政部第 14 号通令。

7. 普鲁士档案学者迈斯奈尔 1901 年提出的"年龄鉴定论"要求淘汰年代久远的档案，保留年代较近的档案。（×）

正确答案：要求淘汰年代较近的档案，保留年代久远的档案。

8. "来源原则"的起源归功于《荷兰手册》。（×）

正确答案："来源原则"的起源归功于第 14 号通令。

9. 荷兰人详尽地阐明了来源原则，提出只有以档案全宗的原有次序为基础的整理系统，才能得到满意的结果。（√）

10. 《档案整理与编目手册》一书的作者是德国档案学家缪勒、斐斯和福罗英。（×）

正确答案：荷兰三位档案学家。

11. 《档案整理与编目手册》被誉为"现代档案工作者的圣经"。（√）

（三）名词解释
《档案整理与编目手册》：又称《荷兰手册》或《荷兰100条》。作者是荷兰 3 位著名档案学家缪勒、斐斯、福罗英。1898 年在海牙出版，13 万多字。书中最精辟的部分是对全宗理论的深刻论述，提出了档案全宗的有机联系和不可分散原则，阐述了尊重利用原有整理基础的重要思想，为 19 世纪以来的来源原则奠定了理论基础，是近代欧洲档案学乃至世界档案学名著，被誉为"现代档案工作者的圣经"。

(四）问答题

1. 世界上第一部专门的档案法颁布于何时？全称叫什么？

（1794年6月25日，《法兰西共和历二年穑月七日档案法令》）

2. 世界上第一所档案高等学府成立于何时何地？名称叫什么？创立之初的宗旨是什么？

（1821年2月12日，巴黎，法国国立文献学院，培养有能力管理图书馆和档案馆中收藏的中世纪档案和手稿的人才）

3. 马尔堡档案学院成立于何时何地？被誉为什么？

（1894年，德国黑森州的马尔堡，西方第三代档案学院）

4. 近代档案法规的重要变革是什么？

（开始出现了独立的档案立法活动并制定出专门的档案法规）

5. 近代档案教育的重大变革是什么？

（首次出现了正规的档案高等教育。）

6. 近代档案高等教育的开端是什么？

（1821年成立的法国档案学院）

7. 近代档案学的变革是什么？

（档案学从萌芽阶段进入了正式形成阶段）

8. 近代档案学的两大基本理论是什么？

（档案集中管理原则和档案开放原则）

9. 档案学的核心理论是什么？

以全宗为核心的来源原则（档案全宗理论）

10. 近代档案学的两大基本原则是什么？

（事由原则、来源原则）

11. 近代事由原则的两大代表是什么？

（卡缪—多努分类法、杜威十进位分类法）

12. 来源原则的核心思想是什么？

（尊重来源、尊重全宗的完整性）

13. 来源原则的核心内容可以归纳为哪三个基本点？

（尊重来源、尊重全宗的完整性、尊重全宗内的原始整理体系）

14. 尊重全宗原则体现了什么思想？

（档案整体的思想）

15. 近代档案学研究的主要成果是什么？

(《荷兰手册》)

16.《荷兰手册》被西方档案界誉为什么？

("档案工作者的圣经")

17.《荷兰手册》提出了什么重要原则？

(档案全宗的有机联系和不可分散的原则)

18.《荷兰手册》阐述了什么重要思想？

尊重、利用原有整理的基础（档案的整理应该充分重视和利用原来的整理基础和成果，不要轻易打乱重新整理，以免破坏以往整理和保存的历史状况。）

19.《荷兰手册》提出的两大核心观点是什么？

（1）全宗是一个有机的整体；（2）整理系统必须以全宗原来的编制为基础。

（五）简述题

1. 简述《穑月七日档案法令》的主要内容和意义。

该法令是法国资产阶级档案改革思想和原则的集中体现。（1）确立集中式档案管理体制，实现对档案的集中管理；（2）建立由国家档案馆领导的从中央到地方的国家档案馆系统；（3）规定旧政权档案的清理原则、办法和处理程序；（4）规定所有公共档案馆实行开放原则，每个法国公民都有权查用档案。

该法令不仅是法国档案工作的第一部根本大法，也是世界档案法学史上第一部成文的专门档案大法，它为资本主义国家的档案法规建设提供了可以借鉴的模式，起到了先行示范的作用。

2. 简述西方三代档案学院及其共同传统。

西方三代档案学院是指1821年成立的法国档案学院，1854年成立的奥地利维也纳历史研究院，1894年成立的德国马尔堡档案学院。它们的共同特点是重视历史与档案的关系，课程设置以历史科目为主，以历史知识作为档案教育的基础，以历史修养作为对档案工作者的基本要求，并强调档案教育的学术水平。因此被称为前后相承的三代档案学院。

3. 简述法国尊重全宗原则的基本内容和意义。

尊重全宗原则是法国内政部长唐吉·杜卡特尔（Tanneguy Duchtel）在1841年4月24日发布的第14号通令《各省和各地区档案馆档案整理和分类基本条例》中首次提出的。其要点有三：（1）文件组成全宗。即将来源于任何一个特定机构（一个行政当局、一个公司、一个家庭或个人）的全部文件归拢在一起，形成该特定机构的全宗。一个全宗的文件不得与其他全宗的文件相混合。（2）全宗内的文件按事由（主题）重新分类整理，并给每类文件确定一个明确的位置。（3）主题类别内的文件则根据情况按年代、地区或字母顺序排列。

尊重全宗原则是来源原则的起源，标志着来源原则的诞生，揭开了档案馆按照档案的来源进行整理和分类的序幕，它使档案整理工作进入了一个新阶段，对档案学的形成和发展具有里程碑式的意义。

4. 简述普鲁士的登记室原则。

是指德国采用的档案整理、分类和管理原则。它是在1881年7月1日颁布的《普鲁士机密国家档案馆档案整理条例》中提出的，其基本要点有：（1）要求机密档案馆按照来源整理档案，把从各机关登记室收进的档案按来源机关即按登记室分开保管，不同来源机关的档案不得混淆。（2）要求保持档案在原登记室的整理顺序和标志，不得重新分类整理。（3）每个机关移交的档案都会获得专属的档案柜，柜内所有案卷都保留它们在原机关登记时的原有排列次序和标记。

（六）论述题

论述来源原则及其发展阶段。

来源原则是指档案馆将档案按其来源或形成单位进行整理和分类的原则。其特点是要求在整理和分类时不能将同一来源的档案与其他来源的档案相混淆，并尊重原有次序。它是档案学的基本理论之一。从实质上说，法国的尊重全宗原则是它的发端，普鲁士的登记室原则延伸了它的内涵，荷兰人给予了理论上的论证。

1. 起源——尊重全宗原则。法国是来源原则的故乡，1841年法国内政部长唐吉·杜卡特尔的第14号通令提出了"全宗"概念，被称为"尊重全宗的出生证"，法国档案学者纳塔利斯·德·威利是尊重全宗原则的创始人。

2. 形成——登记室原则。普鲁士机密国家档案馆在1881年7月1日颁布的档案整理条例中明确规定了登记室原则，并提出了"来源"的概念。马克思·雷曼是该条例的起草人，海因利希·冯·西伯尔是批准人。

3. 理论论证——荷兰档案学者的贡献。荷兰三位档案学家缪勒、斐斯、福罗英于1898年合著了《档案的整理与编目手册》一书，系统介绍了"档案全宗"的定义、要素、内涵和具体整理方法，提出并论证了"一个档案全宗是一个有机整体"的思想，从而为19世纪以来的来源原则奠定了理论基础。

4. 修正——自由来源原则。德国档案学家布伦内克在《档案学：欧洲档案工作的理论与历史》一书中提出了"自由来源原则"。这是在新形势下对来源原则的修正和发展。

5. 传播——来源原则在各国的运用和发展。20世纪以来，全宗思想在各国得到发展。主要有苏联的档案全宗理论，英国的档案组合思想，美国的文件组合思想，意大利的历史方法论原则等。

第十一章

档案事业格局定型与档案机构、档案管理、档案法规、档案教育、档案学的发展

教学目标和要求：阐述世界档案事业并存的两大格局（资本主义档案事业与社会主义档案事业）；阐述现当代档案机构的进一步发展；阐述档案载体发生的第二次变革以及档案管理活动在各个方面的全面发展成就；阐述外国档案法规体系、档案教育和档案学的新发展。使学生认识到苏俄档案工作改革的主要措施、重要成果和重大意义，了解档案事业的两大格局、"中心模式"与"主体模式"、集中式与分散式及其优劣、档案馆和档案行政管理机关发展的主要特点，掌握"列宁档案法令"的内容、意义和影响。

教学重点：现当代档案事业的两大格局，"中心模式"与"主体模式"、集中式档案管理体制与分散式档案管理体制及其优劣；现当代时期档案机构的主体——档案馆和档案行政管理机关发展的主要特点；档案载体第二次变革的标志及其特点与重大影响；档案整理和分类的主要进展及来源原则的普遍传播、灵活运用和修正发展；多种档案鉴定思想的出现以及树立档案利用服务的思想；"列宁档案法令"的重大意义、档案立法的基本原则以及档案法规发展的特点及趋势；档案教育的共同特点和发展趋势；著名档案学家及其代表作；档案学的总体特点。

教学难点：现当代档案管理活动在各个方面进一步发展的成就以及档案法规和档案教育的发展特点和趋势。

基本概念：苏联中央国家档案馆、苏共中央档案馆、《苏联国家档案全宗条例》、莫斯科历史档案学院、马尔堡档案学院、詹金逊（英）、布伦

内克（德）、谢伦伯格（美）、《现代档案——原则与技术》、文件双重价值论、档案后保管范式

复习与思考题：

1. 试述苏俄档案工作改革的主要措施和重大成果。
2. 简述现当代档案事业两大模式的不同点。
3. 简述现当代档案馆性质和特点的变化。
4. 简述现当代档案行政管理机关的类型及特点。
5. 试析新型档案的特点及其对档案事业的重大影响。
6. 综述来源原则的运用、修正和发展过程。
7. 试述苏联的档案全宗理论。
8. 综述新来源观的创新点、实质及意义。
9. 评析当代档案鉴定理论和实践的发展。
10. 简述当代档案利用的总体特点。
11. 简述限制利用的档案范围。
12. 简述档案利用的类型及各自特点。
13. 简述"列宁档案法令"的主要内容、意义和影响。
14. 简述档案立法的基本原则。
15. 综述档案教育的共同特点和发展趋势。
16. 评析档案学的名著。
17. 简述档案学的总体特点。

参考书目：

李凤楼、张恩庆、韩玉梅、黄坤坊：《世界档案史简编》第四编第十一、十三章，档案出版社，1983年。

[苏联] Ф.И.多尔吉赫、К.И.鲁捷尔松主编：《苏联档案工作的理论与实践》，韩玉梅等译，档案出版社，1984年。

韩玉梅主编：《外国现代档案管理教程》第二编外国档案管理第四、五、六、七章，第三编外国档案事业管理第八、九、十、十一、十二章，中国人民大学出版社，1995年。

黄霄羽主编：《外国档案事业史》成熟与完善篇第八、九、十章，中国人民大学出版社，2004年。

第一节　档案事业格局的定型与档案机构的发展

现当代时期档案事业的主要特点是形成了资本主义档案事业与社会主义档案事业并存的格局，这一格局的起点是1918年开展的苏俄档案工作改革。

一　本节内容要点
（一）档案事业格局定型的起点——苏俄档案工作改革
（二）苏联社会主义档案事业
（三）档案事业的两大模式
（四）档案事业管理体制的类型和特点
（五）档案馆的类型
（六）档案馆性质和特点的变化
（七）档案行政管理机关发展的主要特点
（八）现当代档案机构的发展特点

二　要点内容分析
（一）档案事业格局定型的起点——苏俄档案工作改革
苏俄档案工作改革是俄国十月革命的一个组成部分，是现代时期档案工作的开端。1918年6月1日颁布的"列宁档案法令"，拉开了档案工作改革的序幕。改革中确立了档案的国家所有权，确立了社会主义集中式档案事业管理体制和档案事业集中统一管理原则。

1. "列宁档案法令"
2. 五项档案法规文件
3. 改革的措施和成果：改革措施主要体现在"列宁档案法令"的颁布上。改革成果主要体现在四个方面：第一，确立了档案的国家所有权；第二，确立了社会主义集中式档案事业管理体制和档案事业集中统一管理原则；第三，实行档案开放原则；第四，颁布了第一部社会主义的档案大法——"列宁档案法令"。
4. 改革的意义和影响：改革的意义重大，影响深远。首先是使世界上形成了资本主义和社会主义两种档案事业并存的格局；其次是改革的理论和实践为社会主义档案学奠定了基础；最后是改革的经验和成果为社会主义国家提供了借鉴。

（二）苏联社会主义档案事业

1922年苏联成立后，党和国家的档案机构系统逐步建立起来，70年间一直按照统一的规章制度开展工作，在档案事业建设和档案学研究方面取得了令世界同行瞩目的成就。苏联的档案事业管理模式属于"中心模式"。1929年成立了苏联中央档案管理局，负责统一领导全苏的档案事业建设。档案事业管理体制属于"集中式"。

1. 苏联中央档案管理局和中央国家档案馆
2. 《苏联国家档案全宗条例》
3. 全苏文书与档案工作科研所
4. 档案自动化检索系统
5. 苏联共产党档案馆系统

（三）档案事业的两大模式

现当代档案事业的模式，如果从基本性质的角度区分，可以分为资本主义档案事业与社会主义档案事业两种，这两大性质的档案事业的首创者分别是近代法国和现代苏俄。如果从管理方式的角度划分，现当代档案事业可以分为"中心模式"和"主体模式"两种。

1. 中心模式

中心模式是指国家以档案行政管理机关为指挥中心，负责对整个档案事业进行管理和控制。这种模式的代表有法国、俄罗斯和美国等国家。

2. 主体模式

主体模式是指国家没有设立档案事业领导中心，国家档案事业系统的组成以档案馆为主体，各类档案机构各自为政；国家档案事业大多通过档案法规来约束或档案学术机构来协调，这种模式的典型有英国、日本和澳大利亚等国。

（四）档案事业管理体制的类型和特点

1. 集中式：是指全国档案事业统一接受档案行政管理机关的领导或监督，地方档案机构接受中央档案机构的领导。①俄罗斯型：层次化的集中式档案管理体制；②法国型：单一式的集中式档案管理体制；③北欧诸国型：兼职式的集中式档案管理体制。

2. 分散式：是指国家不设立档案行政管理机关统一掌管全国的档案工作，中央和地方的档案工作实行分权管理、各司其责的原则。①英国型：最典型的分散式档案管理体制；②美国型：全局分散、中央集中的分散式档案管理体制；③瑞士型：借助档案工作者协会来协调中央和地方档案机构关系的分散式档案管理体制。

3. 集中式比分散式优越之处：①有利于全国范围内的档案工作实现统一规划和有序管理；②有利于建立和协调各类档案机构之间的关系；③有利于档案工作的标准化、规范化和现代化。

（五）档案馆的类型

1. 公有档案馆：是一个综合概念，指所有权归属国家的档案馆，一般由国家通过法律或行政手段设立，馆藏档案属于公共财产。国外公有档案馆从馆藏档案成分来看，可以分为综合性档案馆和部（专）门性档案馆两种。①综合性档案馆：主要包括国家档案馆和历史档案馆，它们都是永久保存档案的基地，都实行开放原则，主要区别在于国家档案馆有固定的馆藏移交来源，是一种"开口式"档案馆，而历史档案馆没有固定的馆藏接收来源，是一种"闭口式"档案馆。国家档案馆大多选址在首都，具有馆藏门类和载体的综合性、馆藏流动的终极性、馆藏的开放性等特点。②部（专）门档案馆：主要包括机关档案馆和专门档案馆。机关档案馆是一种部门性档案馆，起源于封建社会末期，是专门保管某一机关或部门的档案，一般只为本机关服务；专门档案馆由国家设立，主要保存一个行业、专业（专门）领域的档案或特定载体的档案。

2. 非公有档案馆：也是一个综合概念，指所有权不属于国家，而是属于私人团体、组织、家族或个人的档案馆。国外非公有档案馆从所有者的对象来看，可以分为私人企业档案馆、教会档案馆、政党档案馆、大学档案馆四种。

（六）档案馆性质和特点的变化

1. 性质：是一种科学文化事业机构或公共文化服务机构，为社会公众提供档案资料利用的基地。

2. 独立性、开放性、服务性、馆藏来源的多样性、档案成分的丰富性、档案馆的联系性和协作性。

（七）档案行政管理机关发展的主要特点

1. 名称不同
2. 隶属关系各异
3. 类型丰富

（1）层次型：俄罗斯；（2）单一型：法国；（3）兼职型：北欧各国；（4）局部型：美国。

（八）现当代档案机构的发展特点

进入现当代时期，档案机构的发展主要有两个特点：一是出现了社会主义性质的档案机构，这是苏维埃俄国建立社会主义政权、进行社会主义档案改革的必然产物，从而形成了资本主义性质档案机构与社会主义档案机构并存的格局；二是档案机构的门类更加丰富，除了近代时期以来已有的档案馆、档案行政管理机构、档案教育机构之外，还出现了档案科研机构、档案出版机构、档案宣传机构、档案学术团体、档案中介机构等，从而形成了较为完善的档案机构体系。

三 练习题及参考答案

（一）填空题

1. 十月革命后，列宁向原_____和_____档案馆派驻档案代表，要他们查找并公布_____，揭露_____的真相。

（沙皇俄国，资产阶级临时政府，外交秘密条约，第一次世界大战）

2. 苏联中央档案管理局在_____年成立时直属_____，后来划归_____，最后于_____年改为_____直属局。

（1929，教育人民委员部，内务部，1960，苏联部长会议）

3. 苏共中央档案馆是_____的一个组成部分，是苏联保存_____的_____和_____，以及最重要的_____和_____的宝库，苏联解体后更名为_____。

（马列主义研究院，马列主义经典作家，手稿，原件，党史文件材料，国际共运档案，俄罗斯现代史文献保管与研究中心）

4. 苏联到_____年已建成_____个档案自动化检索系统，即_____、_____和_____。

（1986，3，全苏中央全宗卡片目录自动化检索系统，伟大十月专题档案自动化检索系统，莫斯科、列宁格勒文化古迹专题档案自动化检索

系统）

5. 苏联把档案馆职能划分为_____和_____。
（业务职能，社会职能）

6. 现当代档案事业的两大模式是_____和_____。
（中心模式，主体模式）

7. 现当代时期档案机构的主体是_____和_____。
（档案馆，档案行政管理机关）

8. 综合性公有档案馆主要包括_____和_____两种。
（国家档案馆，历史档案馆）

9. 部（专）门性公有档案馆主要包括_____和_____两种。
（机关档案馆，专门档案馆）

（二）判断题（正确的在题后括号内画"√"，错误的画"×"）

1. 无产阶级政党最早的档案员是列宁。（×）

正确答案：卡尔·马克思。

2. 苏俄档案工作改革是出现正规档案鉴定的开端。（×）

正确答案：法国档案工作改革。

3. 档案事业"主体模式"的代表有法国、俄罗斯和美国等国家。（×）

正确答案：英国、日本和澳大利亚。

4. 综合性公有档案馆主要包括机关档案馆和专门档案馆两种。（×）

正确答案：国家档案馆和历史档案馆。

5. 部（专）门性公有档案馆主要包括国家档案馆和历史档案馆两种。（×）

正确答案：机关档案馆和专门档案馆。

（三）名词解释

1. 苏共中央档案馆：是苏联保管马列主义经典作家的手稿和原件，以及最重要的党史文件材料和国际共运档案的宝库，也是指导苏共档案工作的机构。1931年成立，隶属于苏共中央马列主义研究院，下设5个档案部。苏联解体后更名为俄罗斯现代史文件保管与研究中心。

2. 中心模式：指国家以档案行政管理机关为指挥中心，负责对整个档案事业进行管理和控制。这种模式的代表有法国、俄罗斯和美国等国家。

3. 主体模式：指国家没有设立档案事业领导中心，国家档案事业系统的组成以档案馆为主体，各类档案机构各自为政；国家档案事业大多通过档案法规来约束或档案学术机构来协调。这种模式的典型主要有英国、日本和澳大利亚等国家。

（四）问答题

1. 苏俄档案改革在档案史上首次提出了什么概念？

（国家档案全宗）

2. 苏俄档案改革首创了什么原则？

（社会主义档案事业集中统一管理原则）

3. 苏俄档案改革的重要成果是什么？

（首创了一种全新的社会主义档案事业）

4. 苏联国家档案馆系统包括哪五级？

苏联中央国家档案馆（11个），加盟共和国中央国家档案馆（122个），自治共和国中央国家档案馆（39个），边疆区、州和自治州国家档案馆（333个），市、区级国家档案馆（2763个）。

5. 苏联国家档案馆系统分为哪三类？

（综合档案馆，历史档案馆，专门档案馆）

6. 苏联国家档案馆系统有哪两种性质？

科学文化事业机关（馆藏固定的档案馆），过渡性档案收藏机构（馆藏流动的档案馆）

7. 苏联中央国家影片照片文件档案馆建立于何时何地？

（1926年，莫斯科州克拉斯诺戈尔斯克）

8. 苏联中央国家录音档案馆成立于何时何地？馆内设有哪两个部？

（1932年，莫斯科，机械录音档案部、磁性录音档案部）

9. 苏联共产党的档案系统包括哪些机构？

（苏共中央档案馆和苏共中央现行档案馆，苏共各加盟共和国中央档案馆，苏共自治共和国中央档案馆，边疆区委、州委档案馆，市委和区委档案馆）

10. 苏共中央档案馆的前身是什么？

（俄国社会民主工党档案馆）

11. 原苏共中央档案馆位于哪两处？

（一处设在原苏共马列主义研究院内，另一处设在原苏共中央办公大楼内）

12. 苏联解体后，两处苏共中央档案馆改名为什么？

（一处改名为"俄罗斯现代史文件保管与研究中心"，另一处改名为"当代文件保管中心"。）

13. 1989年建成的全苏国家档案部门包括哪三大系统？

（一是档案事业管理机关系统；二是国家档案馆系统；三是档案科研和教育机关系统。）

14. 苏联解体前共有多少个国家档案馆？

（3268个）

15. 苏联国家档案馆共有档案人员多少人？馆藏多少卷？

（25000人，3亿4000万卷）

16. 苏共档案馆的总馆藏量有多少卷？

（6000多万卷）

17. 苏联到1986年共建成了哪三个档案自动化检索系统？

（全苏中央全宗卡片目录自动化检索系统，伟大十月专题档案自动化检索系统，莫斯科、列宁格勒文化古迹专题档案自动化检索系统）

18. 苏联把档案馆的职能划分为哪两种？

（业务职能、社会职能）

19. 迈克尔·库克把档案馆职能概括为哪两种？

（行政职能、研究职能）

20. 现当代档案事业的两大格局是什么？

（资本主义档案事业与社会主义档案事业并存）

21. 现当代档案事业的两大模式是什么？

（主体模式和中心模式）

22. 现当代时期档案机构的主体是什么？

（档案馆和档案行政管理机关）

23. 当代档案馆具有哪四大特点？

（独立性、多类型性、开放性、馆藏来源的多渠道性）

24. 当代各国的公有档案馆主要有哪四种类型？

（国家档案馆、历史档案馆、机关档案馆、专门档案馆）

25. 当代各国的非公有档案馆主要有哪四种类型？

（政党档案馆、教会档案馆、大学档案馆、私人企业档案馆）

（五）简述题

1. 简述苏俄社会主义档案工作改革的重大意义。

苏俄档案工作改革具有重大而深远的意义。第一，它以建立国家档案全宗的形式解决了档案的所有权问题；第二，确立了社会主义集中统一管理档案工作的原则，使档案事业成为社会主义事业的一部分；第三，建立了社会主义的档案集中管理体制，使世界上出现了资本主义和社会主义两种档案管理并存的局面；第四，改革的理论与实践，特别是"列宁档案法令"，为社会主义档案学的基本理论和方法奠定了基础；第五，改革的经验及其所取得的成果，为世界各国，特别是社会主义国家提供了借鉴。

2. 简述现当代时期外国档案机构发展的两大特点。

进入现当代时期，外国档案机构的发展主要有两个特点：一是出现了社会主义性质的档案机构，这是苏维埃俄国建立社会主义政权、进行社会主义档案改革的必然产物，从而形成了资本主义性质档案机构与社会主义档案机构并存的格局；二是档案机构的门类更加丰富，除了近代以来已有的档案馆、档案行政管理机构、档案教育机构之外，还出现了档案科研机构、档案宣传出版机构、档案学术团体、档案中介机构等，从而形成了较为完善的档案机构体系。

（六）论述题

1. 试述苏俄档案工作改革的主要措施和重大成果。

（1）改革的三大措施。

一是向全国各机关、各部门和各地区发出通电，要求保护好旧政权的档案。

二是制定档案法，依法对档案工作进行改革。

三是制定更具体的档案法规性文件，进一步贯彻执行"列宁档案法令"。

（2）改革的四大成果。

改革成果主要体现在四个方面。

第一，确立了档案的国家所有权。废除了档案的机关所有权和私人占有权，首次提出"国家档案全宗"的概念，宣布苏俄境内的全部档案归国家所有，使档案成为国家的财富。

第二，确立了社会主义的集中式档案事业管理体制和档案事业集中统一管理原则。成立档案行政管理机关——中央档案管理总局，并以此为指挥中心，对全国档案事业实行集中统一管理。

第三，实行了档案的开放原则。要求苏维埃政权的档案机构成为为劳动人民服务，为科学研究和实际工作服务的科学文化机关。

第四，颁布了第一部社会主义的档案大法——"列宁档案法令"。该法令是苏俄颁布的第一部档案法，不仅成为指导档案工作改革的纲领性文件，而且成为后来苏联档案事业建设的基本法律依据。

正是由于苏俄档案工作改革开创了社会主义档案事业的新格局，因此它成为世界档案史上现当代时期的开端，也是资本主义档案事业与社会主义档案事业并存格局形成的起点。

2. 论述集中式档案事业管理体制的含义及优越性。

集中式档案事业管理体制是指地方档案机构接受中央档案机构的领导或监督。这种体制下的各级档案机构是由国家使用行政或法律手段设立的。其中，档案事业行政管理机关是全国档案工作的业务指导中心，它按法定的权力对档案机构的工作进行指导和监督。这种体制可使整个档案管理结构达到组织化和有序化。其类型除中国外，还有俄罗斯型、法国和罗马尼亚型、斯堪的纳维亚型。这种体制有五个方面的优越性：第一，能够保证档案法规在全国范围内贯彻执行；第二，可以使各个档案机构之间较容易地建立起横向的业务联系或协作关系；第三，可以使各个档案馆避免馆藏档案的重复，从而保证馆藏档案的优化；第四，有利于保护档案财富和更加充分有效地开发利用档案信息资源；第五，有利于有领导、有计划、有步骤地实现档案的现代化管理。

第二节　档案载体的第二次变革与档案管理活动的进一步发展

封建社会纸张的发明引发了档案载体的第一次变革，结果使得五花八门的档案载体最终被纸质载体一统天下。现当代时期又发生了档案载体的第二次变革，标志就是新型档案的出现。与第一次变革正好相反，第二次变革打破了纸质载体一统天下的格局，再次进入档案载体多元化的新时期。

现当代时期档案管理活动的各个环节的实践经验更加丰富，从而推动了档案管理理论体系的完善与成熟。各国对来源原则的普遍接受和灵活运用、对档案鉴定提出了一系列原则和标准、推行开放原则的同时合理制定档案的封闭期和限制利用的档案类型等，都表明现当代档案管理活动日趋完善和成熟。

一 本节内容要点
（一）档案载体第二次变革的表现——新型档案的出现
（二）新型档案与传统纸质档案的主要区别
（三）档案载体第二次变革产生的重大影响
（四）档案整理与分类
（五）档案鉴定与利用

二 要点内容分析
（一）档案载体第二次变革的表现——新型档案的出现

1. 新型档案的含义：新型档案是一个综合概念，一般是指除传统纸质载体以外的各种制成材料的档案，包括照片档案、影片档案、录音磁带档案、缩微胶片档案、计算机磁带、磁盘和光盘档案等。

2. 新型档案与传统纸质档案的主要区别：体现在制成材料的新型化。新型材料主要是化学合成材料和磁性材料，包括胶片、胶卷、胶带、合成纸、磁带、磁盘、光盘等。

3. 新型档案的种类：（1）感光载体档案：照片、幻灯片、缩微胶片；（2）磁性载体档案：录音带、录像带、计算机存贮器；（3）光盘载体档案；（4）合成纸。

4. 新型档案的特点：第一，信息的非人工识读性；第二，信息存储的高密度性；第三，信息与特定载体的可分离性；第四，载体的脆弱性和保管费用的高昂性；第五，对技术和系统的依赖性。

（二）档案载体第二次变革产生的重大影响

1. 对档案自身的影响：对档案自身而言，出现了一种全新的档案（文件）概念。

2. 对档案工作的影响：对档案工作而言，新型档案的出现增加了各管理环节上的复杂性和难度，使之面临一系列新的挑战。由于新型档案与纸质档案存在不同特点，在其收集、整理、保管、鉴定和提供利用等诸多环节上都面临一些新的难题。（1）收集：是否新建专业档案馆收集；（2）整理：对来源原则的重新发现过程；（3）保管：长久性和安全性问题；（4）鉴定：内容、技术鉴定标准；（5）利用：利用中的信息安全问题。

3. 对档案馆、档案人员以及档案学理论的影响：第一，对档案馆而言，新型档案的出现使档案馆的存在形式和职能都受到了冲击；第二，对档案人员而言，新型档案的出现意味着档案人员的综合素质需要不断提高，职业形象和工作理念也需要重新塑造；第三，对档案学理论而言，新型档案的出现意味着档案学理论需要不断的变革和完善。

（三）档案整理与分类

自从1910年布鲁塞尔大会将来源原则确定为档案专业的基本原则起，这一原则就在许多国家广泛传播和运用，并逐步得到发展和完善。较为典型的有：

1. 来源原则的灵活运用——英美的"组合"思想。

2. 来源原则的部分修正——德国的自由来源原则。

3. 来源原则的丰富发展——苏联的全宗理论。第一，根据档案专业实践的变化及时修改和发展全宗定义；第二，创造性地提出了"文件全宗"概念；第三，构建了一个由国家档案全宗统辖的全宗概念体系，并以此为基础构建了一套完整的体系化全宗理论。

4. 电子文件时代来源原则的"重新发现"——北美国家提出的"新来源观"。"新来源观"是来源原则面对电子文件的新特点和新挑战而做出的自我适应和自我发展，它使来源原则在电子文件时代具有更加广泛的实践意义，因为来源信息对于电子文件的整理、鉴定、检索以及确认电子文件的证据价值都具有不可或缺的作用，它证明了来源原则不会因为电子文件的出现而被抛弃，相反，来源原则在电子文件时代仍然是档案专业的基本理论和核心原则。

（四）档案鉴定

主要表现为各国的鉴定理论与原则更加丰富和完善，鉴定制度与方法更加科学和健全。鉴定理论主要包括：

1. 20世纪20年代的"行政官员决定论"。英国档案学家詹金逊在1922年出版的《档案管理手册》中系统地阐述了自己的鉴定思想，其核心观点是：档案人员不宜参与文件的鉴定和销毁，鉴定应由行政官员自行决定。

2. 20世纪30年代的"职能鉴定论"。波兰学者卡林斯基在1934年发表的论文《文件的选择》中提出，档案文件的价值大小和保管期限的长短与形成机关的地位高低和职能重要性在总体上成正比。

3. 20世纪50年代的"文件双重价值论"。美国学者谢伦伯格在1956年出版的代表作《现代档案——原则与技术》中提出，公共文件有两种不同的价值：一是对原形成机关的第一价值（行政管理价值、法律价值、财务价值和科技价值），二是对其他机关和个人的第二价值（证据价值和情报价值）。

4. 20世纪60—70年代的"利用决定论"。代表人物主要有美国的菲斯本、布里奇弗德和芬奇等，主张以文件价值为基础进行鉴定，其核心观点是将学者特别是历史学家的利用需求视为档案鉴定最重要的标准，鼓吹第二价值决定档案的根本性质。

5. 20世纪70年代的"比例鉴定法"和"费用价值率理论"。前者又称为"档案优化理论"，是指对档案保存价值的比例进行数量上的控制，分为短期、长期和永久，一般将永久部分的比例作为控制对象。后者也可以说是一种档案价值鉴定效益标准，其核心在于，一旦保管费用超过了文件利用带来的效益，那么这种文件就没有保存的必要。

6. 20世纪80—90年代的"宏观鉴定论"。主要包括社会分析与职能鉴定论、文献战略、宏观鉴定战略三种鉴定理论。认为档案价值与社会发展密切相关，视档案价值为社会自身价值的反映，其鉴定着眼点是文件形成者的职能、活动或任务。

（五）档案利用

现当代时期档案利用的发展主要表现为各国在推行开放原则的过程中逐步实行了限制利用的做法并确立了其理论依据，对利用的类型及各自特点进行了理论概括，树立了利用服务的思想并不断完善服务形式。

1. 现当代档案利用的特点：（1）国外档案利用的需求从时间上逐步向近期转移，从范围上进一步拓宽；（2）国外普遍将利用与开放纳入法制轨道，借助立法来确保利用与开放的实行；（3）国外把政府机关和社会公众都视为服务对象的主体；（4）国外的利用形式丰富多样；（5）国外特别注重在提供利用的手段上引入高科技技术，提高服务质量和效率。

2. 档案的限制利用：（1）限制利用的含义：由国家规定在一定时间范

围内拒绝或限制档案向公众开放。（2）限制利用的依据：封闭期制度。由国家通过法律规定档案从形成到开放的期限。分为特殊封闭期和一般封闭期两种。（3）限制利用的文件类型：与国家安全和社会稳定有关的档案；与个人隐私有关、涉及公民个人及家庭生活秘密的档案；与企业或行业机密有关的档案；与国家领导人或公众人物有关的档案。

3. 档案利用的类型：学术利用、实际利用、普遍利用。

三　练习题及参考答案

（一）填空题

1. 档案管理活动最基本的环节是＿＿＿＿和＿＿＿＿。
（收集，移交）

2. 目前国外档案鉴定的方法正在从传统的＿＿＿＿向＿＿＿＿转变。
（一元支点，双重支点）

3. 档案全宗是档案的＿＿＿＿，是档案区别于＿＿＿＿的主要标志。英、美等国使用的＿＿＿＿和＿＿＿＿相当于欧洲的全宗。
（管理单元，图书资料，档案组合，文件组合）

4. 来源原则的两个理论内核是＿＿＿＿和＿＿＿＿。
（尊重全宗，尊重原有次序）

5. 东德档案学者提出的两大来源原则是＿＿＿＿、＿＿＿＿。
（马列主义来源原则，资产阶级来源原则）

6. 自由来源原则的核心思想是把来源原则解释成在＿＿＿＿基础上的＿＿＿＿。
（来源共同性，事由共同性）

7. 苏联创造性地提出了＿＿＿＿概念，被视为＿＿＿＿的源头。
（"文件全宗"，档案全宗）

8. 20世纪70年代，苏联将全宗概念体系区分为＿＿＿＿、＿＿＿＿、＿＿＿＿三个层次。
（国家档案全宗，全宗属概念，全宗种概念）

9. ＿＿＿＿世纪＿＿＿＿年代前，美国各类档案机构多按＿＿＿＿管理档案，国家档案馆成立后改用＿＿＿＿，把所有档案按＿＿＿＿、＿＿＿＿、＿＿＿＿、＿＿＿＿、＿＿＿＿五个层次分类整理。
（20，30，杜威十进位分类法，来源原则，文件组合、分组合，系列，

案卷，文件）

10. 纸张变质的主要原因是_____，发现者是_____。
（酸，巴罗）

11. 谢伦伯格创造性地提出了"_____"（又称_____），即文件有对原机关的_____和对其他利用者的_____，或叫_____。因其对档案鉴定理论的重要贡献而被誉为"_____"。
（文件双重价值论，第一和第二价值鉴定论，原始价值，从属价值，档案价值，美国档案鉴定之父）

12. 美国树立了联邦档案"_____"的观念，档案利用成为一项_____。
（民有、民治、民用，民主权利）

13. 档案后保管范式的基本内容是_____、_____、_____。
（新来源观，宏观鉴定论，知识服务）

14. 宏观鉴定论包括_____、_____、_____三种鉴定理论。
（社会分析与职能鉴定论，文献战略，宏观鉴定战略）

15. 电子文件的构成要素包括_____、_____与_____三个方面。
（内容，背景，结构）

（二）判断题（正确的在题后括号内画"√"，错误的画"×"）

1. 苏联档案学把档案整理叫作文件的分类和系统化。（√）

2. 苏联创造性地提出了"档案全宗"的概念，被视为文件全宗的源头。（×）

正确答案：苏联创造性地提出了"文件全宗"的概念，被视为档案全宗的源头。

3. 20世纪70年代，苏联将全宗概念体系区分为国家档案全宗、档案全宗、文件全宗三个层次。（×）

正确答案：20世纪70年代，苏联将全宗概念体系区分为国家档案全宗、全宗属概念、全宗种概念三个层次。

4. 全宗理论是苏联档案学分类理论的基础。（√）

5. 国家档案全宗的概念最先出现在法国。（×）

正确答案：苏俄。

6. 国家档案全宗的思想是"列宁档案法令"首先提出来的。（√）

7. 谢伦伯格把"来源"区分为机关来源和职能来源两大类型。（√）

8. 谢伦伯格主张从文件自身属性与利用者需求的关系角度来判断档案文件的价值。（√）

9. 档案组合是美国最先采用的档案管理单元。（×）

正确答案：文件组合是美国最先采用的档案管理单元，或"档案组合是英国最先采用的档案管理单元"。

10. 英国著名档案学家迈克尔·库克是"新来源观"的倡导者。（×）

正确答案：加拿大档案学者特里·库克。

11. 提出职能鉴定论的著名档案学者是芬兰的卡林斯基。（×）

正确答案：波兰的卡林斯基。

（三）名词解释

1. 档案组合：是英国最先使用的档案管理单元。指一个自身结构完备的行政机关活动中形成的档案有机整体，这个机关不需要借助外部权力，就能够独立处理通常提交给它的任何一种事务。

2. 苏联国家档案全宗：是归苏联国家所有的具有政治、经济、科学、文化和历史意义的档案文件总和。是指苏联国家的全部档案，不管它产生于何时和保存于何地。此定义既包含档案文件的国家所有权，又包含档案文件的价值标准。

3. 宏观鉴定战略：加拿大档案学者特里·库克于20世纪80年代末提出的鉴定理论，主张档案人员在鉴定之前，需要全面考虑社会结构、文件形成过程、文件形成者及其职能等多种因素，进而通过鉴定，挑选出能够反映文件形成者及其职能与社会发展趋势密切联系的档案。鉴定的着眼点不再是单份文件的内容或价值，而是生成文件的政府职能、任务或活动。

（四）问答题

1. 新型档案与传统档案的主要区别是什么？

（体现在档案制成材料的新型化。）

2. 新型档案按载体划分为哪几种类型？

（照片、影片、录音磁带、缩微胶片、计算机磁带、磁盘、光盘）

3. 20 世纪 20 年代的档案鉴定理论称为什么？其核心是什么？

（行政官员决定论。档案人员不宜参与文件的鉴定和销毁，鉴定应当由行政官员自行决定。）

4. 20 世纪 30 年代的档案鉴定理论称为什么？其核心思想是什么？

第十一章　档案事业格局定型与档案机构、档案管理、档案法规、档案教育、档案学的发展　277

（职能鉴定论。应按照文件形成机关在政府机构体系中的地位和职能的重要性，来确定档案文件的价值及保管期限。）

5. 英、美档案整理和分类的基本单元分别是什么？

英国：档案组合（一般来说，政府一个部门的档案作为一个档案组合）；美国：文件组合。

6. 美国档案馆要求在哪六个级别上整理档案？

（库房、文件组合、分组合、系列、案卷、单份文件）

7. 自由来源原则的主要思想是什么？

（要求把来源与事由配合成一种相当的比例关系，建立一种两者之间的综合体。）

8. 美国普遍采用的档案鉴定标准是什么？

（美国档案学家谢伦伯格提出的"文件双重价值鉴定论"。）

9. 谢伦伯格对档案鉴定理论的重要贡献是什么？

（创造性地提出了"文件双重价值论"）

10. 谢伦伯格因其在档案鉴定理论上的贡献而被誉为什么？

（"美国档案鉴定之父"）

11. 美国应用最广泛的文件保护方法叫什么？

（巴罗修复法）

12. 档案管理的基本方法或核心方法是什么？

（历史主义的方法）

13. 苏联把档案接收称为什么？

（档案馆文件的补充）

14. 苏联把档案整理叫作什么？

（文件的分类和系统化）

15. 苏联档案鉴定的任务有哪三项？

（一是确定文件的情报价值；二是确定文件的保管期限；三是确定文件的完整程度。）

16. 苏联档案鉴定的标准划分为哪三大类？

（文件来源的评价标准、文件内容的评价标准、文件外部特征的评价标准）

17. 苏联档案鉴定的四项基本原则是什么？

（历史主义原则、党性原则、全面性原则、系统性原则）

18. 苏联档案学的核心是什么？

（档案全宗理论）

19. 俄文"全宗"（Фонд）的中文译音称为什么？

（"芬特"）

20. 苏联把统一的档案全宗定义称为什么？

（"莫斯科公式"）

21. 苏联最重要的档案全宗概念有哪四种？

（苏联国家档案全宗、档案全宗、文件全宗、科技档案综合体）

22. 苏联国家档案全宗的实质是什么？

（解决档案所有权和国家档案管理原则问题。）

23. 苏联国家档案全宗的文件按照分类对象依次划分为哪三级？

（第一级是整个苏联国家档案全宗内档案文件的分类；第二级是每个档案馆内档案全宗的分类；第三级是每个档案全宗内档案文件的分类。）

（五）简述题

1. 简述英国档案组合与美国文件组合的异同点。

档案组合是英国档案整理与分类的基本单元，是指一个自身结构完备的行政机关在工作中形成的全部档案。文件组合是美国档案整理与分类的基本单元，是指一种有组织联系的文件实体，它建立在来源的基础上，同时特别尊重有关机构和组织的行政史、文件和档案的复杂性和数量。它们的共同点在于都是以来源原则为基础，都是档案的整理和分类单元，其文件形成者都是只指机关，而不包括个人。不同点在于产生档案组合的机关必须是完整和独立的，而文件组合对此要求不严，产生文件组合的机关可以是独立的机关，也可以是较大的机关的组成部分。

2. 简述苏联的档案全宗理论。

苏联的档案全宗理论是苏联档案分类理论的组成部分，是苏联档案学的核心。这一理论包括全宗概念体系，各种全宗概念的定义，全宗划分，全宗构成者的条件或特征，以及保持全宗完整性的意义和方法。全宗概念体系包括：苏联国家档案全宗、档案全宗、机关全宗、人物全宗、家庭全宗、家族全宗、联合档案全宗、档案汇集、科技档案综合体、文件全宗、全宗群、全宗综合体等。这一系列概念中最重要的是苏联国家档案全宗、档案全宗、文件全宗、科技档案综合体。

(六) 论述题

概述现当代时期外国档案事业发展的主要特点。

一是档案成分和载体发生了极大变化，并由此引出了对档案门类的重新划分，提出了传统性档案和非传统性档案（新型档案）的划分以及这两类档案在管理上的不同要求。

二是在世界范围内出现了与资本主义完全不同的社会主义档案事业管理体制、档案管理机构和档案管理原则。

三是档案保护技术受到普遍重视，档案管理受到了以电子技术为核心的现代信息技术的冲击，档案工作的现代化建设已成为必然的发展趋势。

四是档案教育和档案科研获得极大发展，教学内容、办学层次、学科体系、科研成果等，都是档案事业发展史上前所未有的，是以往任何时期无法比拟的。

五是国际档案组织和国际档案活动获得空前发展，对档案问题的研究已超越了国界，进入了国际舞台。

第三节　档案法规建设的成熟与档案教育、档案学的发展

与近代相比，现当代时期档案法规的建设更加成熟。这种成熟主要表现在三个方面：一是以第一部社会主义档案法规的颁布为开端，出现了资本主义档案法规与社会主义档案法规并立的局面；二是各国大多形成了一套比较完整的档案法规体系；三是各国在完备的档案立法原则的指导下，档案法规大多具备了比较成熟和完善的基本内容。

现当代时期的档案教育形成了资本主义档案教育与社会主义档案教育并立的两大格局，各国档案教育既有个性，也有共同点，档案教育发展变化的趋势是独立而融合。

第二次世界大战后，各国政府和档案部门在恢复遭受战争破坏的档案工作中，积累了新的经验，提出了一些新的问题。进入20世纪60年代后，科学技术迅猛发展，许多新技术开始应用于档案工作，档案工作的现代化成为普遍的发展趋势。在这种情况下，各国档案学家对一些重大问题进行了比较深入的探讨，发展了档案学理论，推动了档案工作的进步和档案事

业的发展。现当代时期档案学进入了一个更高的发展阶段，各国的研究成果更加丰富，研究内容与时代发展的结合更加紧密，涌现出了一大批颇有影响的知名学者与代表作。

一 本节内容要点

（一）社会主义档案立法的开端——"列宁档案法令"的颁布
（二）档案法规体系的形成
（三）档案立法的基本原则
（四）档案法规的发展特点和趋势
（五）现当代档案教育发展的特点
（六）档案教育的共同点和发展趋势
（七）著名档案学家及其代表作
（八）档案学的总体特点
（九）档案学研究的发展趋势

二 内容要点分析

（一）社会主义档案立法的开端——"列宁档案法令"的颁布

1. "列宁档案法令"的内容：一是确立了社会主义国家的档案所有权；二是确立了社会主义档案事业集中统一管理原则和集中式档案事业管理体制；三是确立了档案的移交制度；四是确定了档案的销毁审批制度；五是确定了档案的开放原则。

2. "列宁档案法令"的意义和影响：是苏联颁布的第一部档案法，不仅是指导苏联档案工作改革的纲领性文件，而且成为苏联档案事业建设的基本法律依据。作为世界上第一部社会主义性质的档案大法，它拉开了社会主义国家依法治档的序幕，开创了"国家档案全宗""集中统一管理原则"等社会主义国家档案事业建设的崭新模式，带动亚非拉新兴独立国家开展档案法规建设，形成了与资本主义档案法规建设并立的两大格局。

（二）档案法规体系的形成

档案法规体系包括国家各级立法或行政管理机关颁布、制定的具有强制性和约束力的一切档案法规，核心是国家档案基本法，也就是说，这一体系是由档案基本法统辖，包括其他档案行政法规和规章的相互联系的统一体。

1. 档案法规体系的组成部分

主要包含三个层次：（1）最高一级：档案基本法，是指由国家最高权力机关制定的档案工作规定性文件；（2）中间一级：档案行政法规，一般由中央行政管理机关制定或政府首脑发布；（3）最低一级：档案行政规章，一般由最高档案行政管理机关制定或发布，必须接受前两种类型法规的制约，效力最低。

2. 各组成部分之间的区别与联系

档案法与档案行政法规的区别：制定的主体不同、约束力的范围不同、调整的对象具有不同的特征。二者的联系：制定与实施的目的具有一致性；制定与实施都遵守国家宪法规定的基本准则。

（三）档案立法的基本原则

第一，保护档案财富原则；第二，档案集中管理原则；第三，档案机关独立性原则；第四，档案开放原则。

（四）档案法规的发展特点和趋势

1. 档案法规建设的总体特点

一是20世纪60年代以来，国际档案理事会与联合国教科文组织大力推动各国开展档案法规的理论研究，取得了一大批研究成果；二是20世纪七八十年代以来，各国适应档案专业实践的变化，掀起了修改或重新颁布档案法规的热潮。

2. 档案法规建设的发展趋势：第一，档案立法趋向于被纳入更广泛的信息立法体系；第二，档案立法逐渐把文件管理纳入其中；第三，档案立法日益重视把私人档案管理纳入其中；第四，档案立法逐渐开始涉及新型档案，特别是电子文件管理、数字遗产保护的内容。

（五）现当代档案教育发展的特点

现当代时期档案教育的发展主要有两个特点：一是苏联创立了社会主义档案高等教育，形成了资本主义档案教育与社会主义档案教育并立的崭新格局；二是国外建成了一个形式多样、内容丰富、结构完备的档案教育体系。

（六）档案教育的共同点和发展趋势

1. 档案教育也出现了共同点：一是档案教育的层次较高；二是档案教育十分重视理论与实践相结合，实践课的比例甚至超过理论课；三是课程设置注重把文件管理与历史档案保管相联系,体现了文件与档案一体化管理的思想;四是继续教育日益受到重视,形式更加丰富,内容更贴近时代。

2. 世界档案学科教育经历了从融合到独立再走向更高层次融合的过程,其发展趋势主要有:第一,以正规档案高等教育为基础,各种短期培训为辅助,满足各国培养高层次专业人才的需要;第二,课程设置上理论与实践相结合的特点将更加突出;第三,培训内容将更加现代化、专门化;第四,培训方式将向图书、档案、情报三个专业联合培训或协调培训的方向发展。

(七)著名档案学家及其代表作

1. 英国档案学家希拉里·詹金逊与《档案管理手册》(1922年牛津)。

2. 意大利档案学家安根尼奥·卡萨诺瓦与《档案学》(1928年都灵)。

3. 德国档案学家阿道夫·布伦内克与《档案学——欧洲档案工作的理论与历史》(1953年莱比锡)。

4. 美国档案学家西奥多·谢伦伯格与《现代档案——原则与技术》(1956年澳大利亚、美国)。

5. 法国档案学家米歇尔·迪香与《档案馆的建筑与设备》(1966年巴黎)。

6. 加拿大档案学家休·泰勒与《档案材料的整理与编目》(1980年慕尼黑、伦敦、巴黎)。

7. 美国档案学家戴维·比尔曼与《电子证据——当代机构文件管理战略》(1994年美国匹兹堡)。

8. 加拿大档案学家特里·库克与《后保管时代的档案范式——1898年荷兰手册出版以来档案理论与实践的相互影响》(1996年加拿大)。

(八)档案学的总体特点

1. 完成了古典档案学向现代档案学的转变。(1)1898年《荷兰手册》的出版意味着古典档案学理论的成型;(2)20世纪20年代,英国档案学者詹金逊将古典档案学理论推向高潮;(3)20世纪50年代,美国档案学者谢伦伯格开创了现代档案学理论。

2. 现代档案学基本成熟。20世纪70—80年代,来源原则与文件生命周期理论的并立成为现代档案学基本成熟的标志,这是因为:(1)它们促使档案学的研究对象得以扩展,变得更加全面;(2)它们促使档案学的研究内容得以充实，变得更加丰富；（3）它们促使档案学的研究方法得以改进，变得更加科学。

3. 当代档案学开始进入"后保管时代"。这是一种以来源为中心、以知识为中心的管理，而长期以来以档案实体为中心的管理被称为"保管模式"。形成后保管模式的原因在于现代文件，特别是电子文件的各种特点。电子文件的非实体性、不稳定性、信息与载体的可分离性等特性迫使档案人员把关注的重点从文件自身转向文件的形成过程，从文件实体转向文件包含的信息，从个体管理转向宏观管理，从事后管理转向前端控制。在后保管时代，档案人员只有掌握了主动权，才能真正有效地管理电子文件。

（九）档案学研究的发展趋势

第一，研究的内容朝着全面化和细分化的两极方向发展；第二，研究的吸收与借鉴特点和趋势更加明显；第三，研究的合作性与集体研究的特点日益突出；第四，研究的中心日益向专业研究机构和高等专业教育机构转移。

三　练习题及参考答案

（一）填空题

1. 列宁在_____年6月1日签署了_____，简称_____。

（1918，《俄罗斯苏维埃联邦社会主义共和国关于改革与集中统一管理档案工作的法令》，"列宁档案法令"）

2. "列宁档案法令"开创了"_____""_____"等社会主义国家档案工作建设的崭新模式。

（国家档案全宗，集中统一管理原则）

3. 社会主义档案高等教育的开端是_____年成立的_____（_____年改称_____），设有_____、_____、_____3个系，苏联解体后成为_____的一部分。

（1930，莫斯科国立档案学院，1932，莫斯科历史档案学院，历史档案，文书工作，科技档案与情报，俄罗斯国立人文大学）

4. 苏联的第一部档案学专著是_____，作者是_____。

（《档案工作理论与技术》，克雅捷夫）

5. 美国档案教育与培训偏重_____和_____。可分为_____大块，即由_____提供的_____，主要由_____提供的_____和由

_____提供的_____。无论是_____还是_____、_____，都十分讲求_____，紧贴_____，关注_____。

（实用性，经验性，三，大学，正规教育，档案工作者协会，继续教育，大型档案馆，馆内岗位培训，教育或培训项目，教学大纲，授课内容，功效，实际，就业市场）

6. 现代档案学的两大基本理论是_____和_____。

（全宗理论，文件生命周期理论）

7. 古典档案学派的代表人物是英国著名档案学家_____，其代表作_____于_____年在_____出版。

（查尔斯·希拉里·詹金逊，《档案管理手册》，1922，英国牛津）

8. 詹金逊强调档案证据的"_____"，认为档案是公正证据的"_____"。

（神圣性，道德捍卫）

9. 现代档案学派的代表人物是_____，其代表作是_____。

（西奥多·谢伦伯格，《现代档案——原则与技术》）

10. 厄恩斯特·波兹奈尔的主要著作有_____和_____两部。

《美国州档案馆》（1964 年），《古代世界的档案馆》（1972 年）

11. 加拿大著名档案学者露西娅娜·杜兰蒂的代表性专著有_____和_____两种。

《古文献策略：古老科学的新运用》（1998 年），《电子文件的完整保存》（2002 年）

12. 美国档案学者_____于 20 世纪 90 年代最早将"_____"引入电子文件管理领域，被国际档案界公认为_____。

（戴维·比尔曼，元数据，"当代论述电子文件最富于想象力的学者"）

13. "后保管时代"的提法最早出自美国档案学者_____于 1981 年发表的论文_____。

（杰拉尔德·汉姆，《后保管时代的档案战略》）

14. 1996 年加拿大著名档案学者_____创造性地提出了"_____"的思想。

（特里·库克，后保管时代档案范式）

（二）判断题（正确的在题后括号内画"√"，错误的画"×"）

1. 法国档案学家卡萨诺瓦把档案学划分为实用档案学和本来档案学。

(×)

正确答案：意大利档案学家。

2. 苏联档案学史上第一部理论著作是《苏联档案工作理论与实践》。（×）

正确答案：《档案工作的理论与技术》。

3.《文书整理法理论与实践》一书的作者是美国著名档案学家谢伦伯格。（×）

正确答案：日本档案学家渊时智。

4.《档案材料的整理与编目》一书的作者是加拿大著名档案学者休·泰勒。（√）

5. 1996 年，英国著名档案学者迈克尔·库克创造性地提出了"后保管时代档案范式"的思想。（×）

正确答案：加拿大著名档案学者特里·库克。

（三）名词解释

1. 莫斯科历史档案学院：是苏联档案教育和科研中心。始建于 1930 年，最初称莫斯科国立档案学院，1932 年改此名。它是社会主义高等档案教育的开端，为苏联历史科学和档案学的发展以及档案建设做出了重要贡献。苏联解体后并入俄罗斯国立人文大学。

2. 詹金逊：英国著名档案学家、古典档案学派代表人物。曾在英国公共档案馆工作，任第一副馆长和代理馆长。1950 年当选为国际档案理事会副主席。其代表作有《档案管理手册》（1922 年）。被西方档案界公认为"现代英语国家最杰出的档案学家"。

3.《档案管理手册》：英国著名档案学家希拉里·詹金逊的代表作，1922 年在牛津出版。该书精辟地论述了档案工作者对档案的责任，集中阐述了档案证据神圣不可侵犯的重要思想，提出了"行政官员鉴定论"的档案鉴定理论，对档案学理论做出了重要贡献，被《大英百科全书》列为世界档案学名著。

4. 谢伦伯格：美国著名档案学家，现代档案学派的灵魂人物。1935 年进入美国国家档案馆工作，曾任副馆长兼档案馆处处长，1954 年应邀到澳大利亚和新西兰讲学，引起很大反响。其代表作《现代档案——原则与技术》（1956 年）提出了档案双重价值鉴定论，并将美国文件管理与欧洲档案管理进行对比研究，开创了比较档案学的先河，被视为现代档案学形成的标志之一。因其在档案鉴定理论上的贡献而被誉为"美国档案鉴定之父"。

5.《现代档案——原则与技术》：是美国著名档案学家西奥多·谢伦伯格的代表作。1956年在美国和澳大利亚用英文出版。此书提出并系统阐述了"文件双重价值论"和"双重来源原则"，集中反映了现代档案管理学派的观点，因此备受世界档案界和史学界的赞誉，英国著名史学家巴勒克拉夫把它誉为"现代档案科学形成的标志之一""现代档案学派的开山之作"。它曾两次再版，并被译成多种文字，具有广泛的国际影响。

6. 文件双重价值论：是论述文件第一价值和第二价值及其相互关系的理论，为档案价值鉴定提供了理论依据。由美国档案学家谢伦伯格在其1956年出版的《现代档案——原则与技术》一书中提出。谢伦伯格认为公共文件具有两种不同的价值：第一价值和第二价值。前者指文件对其形成机关的原始价值，包括行政管理价值、法律价值、财务价值和研究价值；后者指文件对其他机关和个人利用者的从属价值，又称档案价值，包括证据价值和情报价值。

7. 档案后保管范式：是加拿大著名档案学者特里·库克（1947—2014年）于1996年在第十三届国际档案大会上提出的一种新型档案管理模式。它将传统理论对实体保管对象——实态文件的关注，转变成对文件、文件形成者及其形成过程的有机联系、目的、意图、相互关系、职能和可靠性的关注。所有这些都远远超越了对文件进行传统的档案保管，这种保管模式可以被称作"后保管模式"。

（四）问答题

1. 世界上第一部社会主义档案大法颁布于何时？全称叫什么？

（1918年6月1日，《俄罗斯苏维埃联邦社会主义共和国关于改革与集中统一管理档案工作的法令》）

2. 世界上第一部社会主义影像事业法令颁布于何时？全称叫什么？

（1919年8月27日，《俄罗斯苏维埃联邦社会主义共和国人民委员会关于将全国照相、电影商业与工业转交教育人民委员会管理的命令》）

3. 美国第一部档案法颁布于何时？名称叫什么？

（1934年，《关于建立国家档案馆的法令》）

4. 美国1966年颁布的《信息自由权法令》首次提出什么概念？首倡什么立法思想？

("信息权利"，"以公开为原则，不公开为例外")

5. 美国档案教育可分为哪三大块？

（正规教育、继续教育、馆内岗位培训）

6. 美国档案教育与培训的一个突出特点是什么？

（偏重实用性和经验性）

7. 谢伦伯格开创了什么学科的先河？

（比较档案学）

8. 社会主义档案高等教育的开端是什么？

（1930年成立的莫斯科国立档案学院）

9. 世界上第一所社会主义档案高等学府成立于何时何地？名称叫什么？

1930年，莫斯科，莫斯科国立档案学院（1932年改称莫斯科历史档案学院）

10. 莫斯科历史档案学院本科学制为几年？设有哪三个专业？哪五个系？

（5年，历史档案、文书工作、科技档案与情报专业，历史档案系、文书系、科技情报系、函授系、进修系）

11. 苏联最基本的档案法规是什么？

（国家档案全宗条例）

12. 苏联颁布过几个国家档案全宗条例？

4个（1925年、1941年、1958年、1980年）

13. 苏联的第一部档案学专著是什么？出版于何时？作者是谁？

（《档案工作的理论与技术》，1935年，克雅捷夫）

14. 苏联第一部声像档案管理教材是什么？出版于何时何地？作者是谁？

（《影片照片录音档案的管理》，1960年，莫斯科，阿·阿·库津）

15. 现当代档案学的总体特点是什么？

（一是完成了古典档案学向现代档案学的转变；二是现代档案学基本成熟；三是当代档案学开始进入"后保管时代"。）

16. 欧美档案学的主要特点是什么？

（一是历史悠久；二是具有民主传统；三是具有历史思想；四是打上了明显的"经济"烙印；五是档案工作现代化程度较高。）

17. 现代档案学的两大基本理论是什么？

（全宗理论、文件生命周期理论）

18. 古典档案学派的代表人物是谁？其代表作是什么？出版于何时何地？

（希拉里·詹金逊，《档案管理手册》，1922年牛津）

19. 詹金逊被西方档案界公认为什么？

（"现代英语国家最杰出的档案学家"）

20. 布伦内克对什么研究做出了重要贡献？

（欧洲档案史）

21. 现代档案学派的代表人物是谁？其代表作是什么？出版于何时何地？

（西奥多·谢伦伯格，《现代档案——原则与技术》，1956年，美国和澳大利亚）

22.《现代档案——原则与技术》被英国著名史学家巴勒克拉夫誉为什么？

（"现代档案科学形成的标志之一""现代档案学派的开山之作"）

23. 美国档案界知名人士厄恩斯特·波兹奈尔的主要著作有哪两部？出版于何时？

《美国州档案馆》（1964年）、《古代世界的档案馆》（1972年）

24. 美国资深电子文件管理专家是谁？其代表作是什么？被国际档案界公认为什么？

戴维·比尔曼，《电子证据——当代机构文件管理战略》（1994年），"当代论述电子文件最富于想象力的学者"。

25. 加拿大著名档案学者露西娅娜·杜兰蒂的代表性专著有哪两部？

《古文献策略：古老学科的新运用》（1998年）、《电子文件的完整保存》（2002年）

26. 档案后保管范式的基本内容是什么？

（新来源观、宏观鉴定论、知识服务）

27. "后保管时代"的提法最早见于何处？

美国档案学者杰拉尔德·汉姆（F. Gerald Ham）1981年在《美国档案工作者》上发表的论文《后保管时代的档案战略》中，首次提出档案历史发展阶段进入后保管时代。

28. 以特里·库克为代表的档案学者提出了什么创见？

("后保管时代的档案范例")

（五）简述题

1. 简述"列宁档案法令"的内容、意义和影响。

内容：（1）确立了社会主义国家的档案所有权；（2）确立了社会主义档案事业集中统一管理原则和集中式档案事业管理体制；（3）确立了档案的移交制度；（4）确定了档案的销毁审批制度；（5）确定了档案的开放原则。

意义和影响：是苏联颁布的第一部档案法，不仅是指导苏联档案工作改革的纲领性文件，而且成为苏联档案事业建设的基本法律依据。作为世界上第一部社会主义性质的档案大法，它拉开了社会主义国家依法治档的序幕，开创了"国家档案全宗""集中统一管理原则"等社会主义国家档案事业建设的崭新模式，带动亚非拉新兴独立国家开展档案法规建设，形成了与资本主义档案法规建设并立的两大格局。

2. 简述档案集中管理原则。

档案集中管理原则是国家档案事业管理的基本原则。各国因社会制度、国家政治体制等存在诸多差异，其档案集中管理原则的内涵和表现形式亦存在差异。在联邦制国家，档案集中管理原则一般体现为设立档案馆集中管理档案；在中央集权制国家，体现为国家对档案事业的集中统一管理，不仅设有从中央到地方的各级各类档案馆，还设有各级档案事业行政管理机关。

3. 简述当代西方档案学发展的总体特点。

现当代时期的档案学进入了一个更高的发展阶段，各国的研究成果更加丰富，研究内容与时代发展的结合更加紧密，涌现出一大批颇有影响的知名学者和著述。（1）完成了古典档案学向现代档案学的转变；（2）现代档案学基本成熟；（3）当代档案学开始进入"后保管时代"。加拿大著名档案学者特里·库克创造性地提出了"后保管时代的档案范式"的思想，呼吁将传统理论对文件实体的关注转变为对文件形成的背景及形成过程的有机联系的关注。只有按照这种模式构建的专业理论，才能真正从容应对电子信息时代和未来社会发展的挑战。

（六）论述题

1. 概述近百年来欧美档案学发展的主要特点。

欧美档案学发展阶段的时间范围是19世纪末到20世纪90年代。1898

年荷兰三位档案学家缪勒、斐斯、福罗英合作出版的《档案的整理与编目手册》拉开了档案学发展的序幕。近百年的发展主要表现在六个方面：第一，《荷兰手册》提出并论证了"一个档案全宗是一个有机整体"的思想，为19世纪以来的来源原则奠定了理论基础，并使其走上了国际化的道路。第二，以英国档案学家詹金逊为代表的古典档案学派在坚持《荷兰手册》主要思想的同时，对其加以拓展并使其更加普及。第三，以美国档案学家谢伦伯格为代表的现代档案学派使档案学的发展进入了新阶段。第四，20世纪60年代以来档案学理论的思想基础由传统的国家模式逐渐向社会模式转变，意味着档案人员的视野更加广阔。第五，以加拿大和澳大利亚为代表，对来源原则做了重新阐释，以适应电子文件的巨大挑战。第六，以加拿大档案学者库克为代表，在充分认识西方百年档案思想史各流派的优缺点的基础上，提出了"后保管时代的档案范例"的创见，要求将传统理论对文件实体的关注转变为对文件及其形成者、形成过程的有机联系、目的、意图、相互关系、职能和可靠性的关注，以便使档案学理论真正应对信息时代的挑战。

2. 论述档案学在20世纪发展的主要特征。

（1）伴随着现代档案学理论的发展，档案学学科体系逐渐建立和不断完善。20世纪是档案学研究最活跃、档案学研究成果不断涌现的时期。各国档案学者从本国的档案工作实际出发，创造性地提出了许多档案学理论观点，从而构建起比较成熟的档案学学科体系。

（2）档案学的发展受档案事业发展以及社会政治、经济、科学、文化发展的影响和制约。档案学理论不是一套永恒不变的固定模式，20世纪档案学理论也在不断发展和变化中，以便适应文件档案管理和利用等方面的剧烈变化，适应社会政治、经济、科学、文化的发展趋势。如电子文件管理理论的产生和发展，就是档案学对社会信息化最直接的响应。

（3）档案理论的思想基础从传统的国家模式逐步向社会模式转变。20世纪档案学发展的重要特征是根据国家概念建立起来的以司法—行政管理为基础的档案思想，向建立在更广泛的公共政策和利用基础上的社会—文化档案概念变化。这种转变一方面反映出历史学家取代法官成为档案专业的动力，另一方面又反映了公民对档案抱有的不同期望。随着档案概念基础的变化，档案工作重点也发生了戏剧性的变化，由保管记录活动的证据变为确保这种证据的确实产生，进而确保上述活动本身有可信证据作为证明的活动。档案人员也因此由消极的文献记录保存者变为档案遗产的积极塑造者,从仅仅继承文件的公正的、不带偏见的保管者变为在档案形成过程中明确历史责任感的积极干预者。这种角色转变的要求导致档案人员将职能重心从实体管理转向信息管理、知识管理,这是一种由外向内、由浅入深、由物理控制向智能控制的转变。

第十二章

文件管理的成熟与完善

文件管理是指对进馆前的文件进行保管、利用和处置的全部活动,产生的原因是文件数量的急剧膨胀,根本目的是确保文件转化为档案的总体质量,文件生命周期理论是文件管理的理论基础,也是现代档案学成熟的重要标志。文件中心则是文件管理机构的重要形式。

教学目标和要求:本章讲授文件管理的理论基础(文件生命周期理论)与文件管理的机构设置(文件中心)。帮助学生了解文件概念的三种解释(专指型、扩展型、泛指型)以及文件生命周期理论(文件连续体理论)的广泛应用。

教学重点:文件生命周期理论在信息时代面临的挑战及修正和发展,文件中心的性质、任务和优越性,电子文件中心的模式、功能定位和管理机制。

教学难点:文件管理与档案管理的关系、文件生命周期的"三阶段论"或"四阶段论"、文件中心在世界各国的推广。

基本概念:文件管理、档案管理、文件生命周期理论、文件连续体理论、文件中心

复习与思考题:

1. 简述文件管理的必要性和目的。
2. 简述文件管理与档案管理的联系。
3. 综述文件生命周期理论的含义、基本内容和重要意义。
4. 综述文件生命周期理论在电子时代面临的挑战以及修正和发展的表现。
5. 简述文件中心的优越性。
6. 简述美国文件中心的三大类型。

第十二章 文件管理的成熟与完善

7. 综述外国的文件中心。

参考书目：

韩玉梅主编：《外国现代档案管理教程》第一编外国文件管理第一、二、三章，中国人民大学出版社，1995年。

黄霄羽主编：《外国档案事业史》成熟与完善篇第十一章，中国人民大学出版社，2004年。

第一节 文件管理概述

一 本节内容要点

（一）文件管理的含义

（二）文件管理的必要性和目的

（三）文件管理与档案管理的关系

二 要点内容分析

（一）文件管理的含义

文件管理主要是指对进馆前的文件进行保管、利用和处置的活动。这一概念的正式启用以及对其含义的研究始于20世纪40年代。

（二）文件管理的必要性和目的

1. 必要性：第一，文件数量的急剧增长和类型的大量增加，推动了文件管理的产生；第二，有效解决文件制作和保存的条件问题，加强了文件管理产生的迫切性；第三，合理解决文件处置问题，加强了文件管理产生的必要性；第四，文件全程管理实现经济和高效的要求。

2. 最终目的：一方面，对现行阶段的文件进行"前端控制"，确保现行文件的安全保管和有效利用；另一方面，对半现行阶段的文件进行"最终处置"，确保半现行文件的安全保管、有效利用和妥善进馆。

（三）文件管理与档案管理的关系

文件管理与档案管理之间存在着紧密联系，这是由文件与档案的密切关系决定的。文件管理与档案管理之间的紧密联系正是文件管理成为档案工作实践和档案理论研究的重要组成部分的根本原因。

1. **文件与档案的密切关系**：档案由文件转化而来，是文件中的特殊部分，文件和档案是同一事物在其不同运动阶段上价值形态变化的体现。

2. 文件管理与档案管理的紧密联系：第一，文件管理是档案管理的前提；第二，档案管理是文件管理的延伸和发展；第三，文件管理和档案管理是一个统一的系统工程；第四，档案部门和人员的参与，是文件管理质量的重要保证；第五，文件管理人员与档案管理人员之间存在着相互依存、相互促进而又各自独立的关系。

三　练习题及参考答案

简述文件管理与档案管理的关系。

第一，文件管理是档案管理的前提；第二，档案管理是文件管理的延伸和发展；第三，文件管理和档案管理是一个统一的系统工程；第四，档案部门和人员的参与，是文件管理质量的重要保证；第五，文件管理人员与档案管理人员之间存在着相互依存、相互促进而又各自独立的关系。

第二节　文件管理的理论基础——文件生命周期理论

文件生命周期理论是在20世纪文件数量急剧增长的专业背景下提出来的，它从20世纪40—50年代西方档案学者对文件中心的理论解释起步，后来研究范围逐渐扩大到文件的整个运动过程以及对这一过程的全面管理，成为西方档案学理论的重要支柱之一。

一　本节内容要点

（一）文件生命周期理论产生的专业背景

（二）文件生命周期理论的形成和发展

（三）文件生命周期理论的基本内容

（四）文件生命周期理论的重要意义

（五）文件生命周期理论在电子时代面临的挑战及自身的修正

（六）文件生命周期理论在电子时代的指导价值

二 要点内容分析

（一）文件生命周期理论产生的专业背景

文件数量的急剧增长是文件生命周期理论产生的基本因素；文件管理的出现及其专门化是文件生命周期理论产生的推动因素；文件中心的建立是文件生命周期理论产生的直接因素。

（二）文件生命周期理论的形成和发展

文件生命周期理论的得名源自"文件生命周期"概念的提出，文件生命周期理论的萌芽与文件中心的出现有着特定的联系。

（三）文件生命周期理论的基本内容

主要可以概括为三点：第一，文件从形成到销毁或永久保存，是一个完整的运动过程；第二，由于文件价值形态的变化，这一完整过程可以划分为若干阶段；第三，文件在每一阶段因其特定的价值形态与服务对象、保存场所、管理形式之间存在一种内在的对应关系。它们也可以称为文件生命周期理论的三个基本点。

（四）文件生命周期理论的重要意义

主要体现在三个方面：一是为文件的全过程管理奠定了理论基础；二是为文件的分阶段管理提供了实践指导原则；三是为实现文档一体化管理和对文件进行前端控制提供了理论依据。

（五）文件生命周期理论在电子时代面临的挑战及自身的修正

1. 面临的挑战：主要包括三个方面，即中外档案界认为电子文件的生命周期理论需要有新的理解、中外档案界对电子文件生命周期的阶段划分也提出了不同的看法、中外档案界认为文件生命周期理论揭示的文件各阶段特定价值与相关因素的对应关系不再适用于电子文件。

2. 在电子时代的补充——文件连续体理论：20世纪90年代澳大利亚档案学者弗兰克·厄普沃德提出一种全新的文件连续体理论。构建起一个由文件形成者轴、业务活动轴、价值表现轴、文件保管形式轴组成的坐标体系，用以描述文件形成、管理、保存中的各种要素及其相互影响。

3. 在电子时代的修正：首先，文件运动的整体性保持不变；其次，文件运动的阶段性特点发生变化；最后，各阶段文件的价值形态与相关因素的对应关系也发生了一些变化。

（六）文件生命周期理论在电子时代的指导价值

文件生命周期理论不仅为文件的分阶段管理和全过程管理奠定了理论基础，而且为档案部门和人员对文件进行前端控制提供了理论依据。进入电子文件时代，文件生命周期理论的全过程管理思想和前端控制思想表现得尤为突出，而且两者实现了有机结合和协调统一。

三 练习题及参考答案

（一）填空题

1. 1940 年，美国档案学者＿＿＿＿＿＿＿首次提出了"＿＿＿＿＿＿＿"的概念。

（菲利普·布鲁克斯，文件生命周期）

2. 进入电子文件时代，文件生命周期理论的＿＿＿＿＿＿＿和＿＿＿＿＿＿＿表现得尤为突出。

（全过程管理思想，前端控制思想）

3. 文件连续体理论的主要内容是构建了一个＿＿＿＿＿＿＿来描述＿＿＿＿＿＿＿。

（多维坐标体系，文件的运动过程）

（二）判断题（正确的在题后括号内画"√"，错误的画"×"）

1. 文件生命周期理论产生的基本因素是文件管理的出现。（×）

正确答案：文件生命周期理论产生的基本因素是文件数量的急剧增长。

2. 1940 年，美国档案学者菲利普·布鲁克斯最早提出了"文件生命周期"的概念。（√）

（三）问答题

1. 文件生命周期理论有哪三个基本点？

（第一，文件从形成到销毁或永久保存，是一个完整的运动过程；第二，由于文件价值形态的变化，这一完整过程可以划分为若干阶段；第三，文件在每一阶段因其特定的价值形态与服务对象、保存场所、管理形式之间存在一种内在的对应关系。它们也可以称为文件生命周期理论的三个基本点。）

2. 西方现代档案学成熟与发展的里程碑是什么？

（文件生命周期理论日趋完善，为文件管理奠定了理论基础。）

3. 文件连续体理论的主要内容是什么？

（构建了一个多维坐标体系来描述文件的运动过程。）

4. 文件连续体理论的两大理论基础是什么？

（结构化理论、后现代主义）

（四）简述题

简述文件连续体理论。

1. 文件连续体理论是澳大利亚学者弗兰克·阿普沃德于20世纪90年代提出的一种全新理论，试图取代传统的文件生命周期理论。

2. 文件连续体理论的主要内容是构建一个多维坐标体系来描述文件的运动过程。这一多维坐标体系包括四个坐标轴——文件保管形式轴、价值表现轴、业务活动轴和文件形成者轴。其中文件保管形式轴是核心轴，它的变化带动了其他坐标轴的相应变化。

3. 文件连续体理论通过描述文件保管形式轴上四个坐标的变化引发形成者轴、业务活动轴和价值表现轴上特定坐标的相应变化，揭示出文件的四维运动过程。

4. 文件连续体理论是文件生命周期理论在电子文件时代的补充和发展。

第三节　文件管理的机构设置——文件中心

文件管理机构是实现文件有序管理的组织保证。它是临时机关保存现行文件，主要是半现行文件的场所。国外文件管理机构有两种形式：1. 机关的内部机构：德国的登记室，类似于我国的档案室；2. 独立于机关之外：文件中心。

一　本节内容要点

（一）文件中心的形成和发展

（二）文件中心的性质和任务

（三）文件中心的业务活动

（四）文件中心的优越性

二 要点内容分析

(一) 文件中心的形成和发展

1. 文件中心的最初形式:文件中心是一种独立于机关之外的新型文件管理机构,它最早出现在美国(1941年海军部设置的造价低廉的临时库房)。

2. 二战后在美国国内开始普及并全盘规划。

3. 世界范围内的仿效:文件中心既适应了现代机关提高管理效率的客观需要,又符合文件的形成和运动规律,因此很快显示出诸多优越性和可行性,为世界各国所接受。世界上建立文件中心或类似机构的国家很多,但名称不同。

(二) 文件中心的性质和任务

1. 性质:文件中心是过渡性或者中间性的半现行文件管理机构,它介于文件形成机关与档案馆之间,是连接机关与档案馆的"中转站"。

2. 任务:第一,负责对半现行文件进行廉价的贮存和有效的保管;第二,负责为文件形成机关及时提供优质和高效的服务,并经机关同意后为其他用户提供服务;第三,负责对半现行文件进行最终处置——移交档案馆永久保存或按照规定程序进行销毁。

(三) 文件中心的业务活动

接收、保管、借阅、处置。

(四) 文件中心的优越性

交接简便、安全保管、服务快捷、经济实用、"三个不变"(形成机关对文件的所有权不变、文件的原有整理顺序不变、文件的保密规定不变)、保证进馆档案的质量。

三 练习题及参考答案

(一) 填空题

1. 国外文件管理机构有两种形式:一种属于_____,另一种_____。

(机关内部机构,独立于机关之外)

2. 文件中心又名_____,其性质就是_____或者说_____,是介于_____和_____之间的一种_____档案机构,可以说是文件的

第十二章　文件管理的成熟与完善　　299

_____，具有_____和_____的双重性。

（中间档案馆，过渡性，中间性，文件形成单位，档案馆，过渡性，中转站，机关档案室，国家档案馆）

3. 文件中心产生的理论依据是_____，即_____。

（文件生命周期理论，文件生命过程阶段论）

4. 文件生命过程的三个阶段是_____、_____、_____。

现行阶段，暂时保存（或休眠）阶段，永久保存阶段

5. 1950年8月，英国伦敦大学教授_____在第一届国际档案大会上提出了文件运动的"_____"。

（罗吉尔·艾利斯，三阶段论）

6. 文件中心起源于_____，是_____期间_____机关保存文件的库房，1950年后又出现了_____、_____和_____。

（美国，第二次世界大战，军事，联邦文件中心，州文件中心，商业性文件中心）

7. 美国第一个商业文件中心是_____年建立的_____。

（1948，商业档案中心）

8. 美国有两个全国性的联邦文件中心：_____和_____。

（华盛顿国家文件中心，国家人事文件中心）

（二）判断题（正确的在题后括号内画"√"，错误的画"×"）

1980年，英国伦敦大学教授马勃斯在第九届国际档案大会上提出了文件运动的"三阶段论"。（×）

正确答案：1950年，艾利斯，第一届国际档案大会。

（三）问答题

1. 外国文件管理机构的起源是什么？

（机关登记室）

2. 国外文件管理机构有哪两种形式？

（一种是属于机关的内部机构，另一种是独立于机关之外的机构。）

3. 文件中心的理论基础是什么？

（文件生命过程三阶段论）

4. 文件生命过程的三个阶段是什么？

现行阶段、非现行阶段、最后处理阶段

5. 文件生命过程的四个阶段是什么？

文件的制作形成阶段、文件的现行阶段、文件的半现行阶段、文件的非现行阶段

6. 文件中心一般有哪三项任务？

（保管文件、提供服务、最终处置）

7. 苏联把文件中心称为什么？

（机关联合档案馆）

8. 文件中心被誉为什么？

（"现代最富有生命力的新型档案机构"）

9. 美国的文件中心主要有哪三种类型？

联邦文件中心（15个）、非联邦文件中心、商业性文件中心

10. 美国的全国人事文件中心位于何处？内设哪两个机构？

（密苏里州的圣路易斯，军职人员文件部和文职人员文件部）

（四）简述题

简述美国文件中心的类型。

美国是文件中心的发源地，其文件中心有3种类型，即联邦文件中心、非联邦文件中心和商业性文件中心。联邦文件中心规模最大，是为联邦政府机构服务的非营利性的半现行文件管理机构，共有15个，其中2个是全国性的，13个是地区性的。非联邦文件中心是指由各州、市、县或大学、教会、私人企业设立的文件中心。商业性文件中心是由私人创办的营利性机构，为工商企业或个人提供贮存文件的现代化设施。

（五）论述题

综述外国的文件中心。

文件中心是介于机关和档案馆之间的一种过渡性的半现行文件管理机构。20世纪40年代最先出现在美国。第二次世界大战期间，美国军事机关为了保管数量庞大而又不经常使用的文件，设立了临时性库房。这就是文件中心的最初形式。由于适应了美国二战后的经济形势和管理半现行文件的需要，它很快取得了法律地位。

文件中心的任务：1. 负责对半现行文件进行廉价的贮存和有效的保管，使机关摆脱半现行文件的沉重负担，从而大大节省文件管理费用；2. 负责为文件形成机关及时提供优质、高效服务，经文件形成机关批准也可为其他用户提供服务；3. 负责对半现行文件进行最终处置，从而保证进馆档案的质量。

第十二章 文件管理的成熟与完善

文件中心产生的理论依据是文件生命周期理论，即文件生命过程阶段论。这一理论研究文件从形成到最终进馆永久保存或者销毁的整个运动过程。文件生命运动过程由现行、半现行和非现行三个阶段组成。处于现行阶段的文件，称为现行文件，由文件形成单位保存，供日常工作查用。处于半现行阶段的文件，称为半现行文件，由于其第一价值减退，滞留在形成单位是一种负担，文件中心就是适应半现行阶段的文件管理和处置需要而产生的。半现行文件由文件中心按规定进行处置，或将无继续保存价值的文件进行销毁，或将具有永久保存价值的文件移交档案馆保存。

文件中心的优越性在于：1. 经济实用，节省贮存空间和管理费用；2. 交接手续简便；3. 保持"三个不变"，即形成机关对文件的所有权不变，文件的原整理顺序不变，保密规定不变；4. 服务快捷，除开设阅览室外，还有电话、电传、递送、邮寄、网络传送等服务方式，一般在24小时内完成；5. 能做到安全保管；6. 可以保证鉴定质量和进馆质量。

20世纪50年代后，文件中心因适应了西方国家管理半现行文件的客观需要，又符合文件的运动规律，显示出诸多优越性和可行性，因而为世界上许多国家所接受，并结合本国国情、文化传统以及语言特点等赋予文件中心不同的称呼，如中间档案馆、文件服务中心、机关联合档案馆等。文件中心被誉为"现代最富有生命力的新型档案机构"。

第十三章

欧洲、美洲代表性国家档案事业的现实特色

第一次世界大战给各国档案工作带来了巨大的灾难。战后，欧美各国都采取了一些整顿和发展档案工作的措施，颁布了一些有关档案工作的法令。但由于这些国家把主要精力用于克服政治和经济上的困难，所以并没有从根本上扭转档案工作的混乱局面。第二次世界大战后，欧美各国都加大了建设现代档案事业的步伐，使欧美的档案事业跃上了一个新台阶，处于世界领先水平。但在欧美内部，由于各国经济实力和科技水平的差异，档案工作的发展也很不平衡。无论是资本主义国家还是社会主义国家，档案工作的发展都经历了10年前后的恢复期，从20世纪50年代后期才开始进入多元化、全方位的发展时期。

教学目标和要求：讲授欧美主要国家档案事业的现实特色，并对欧美主要国家的档案事业进行对比，比较其异同点；讲授美洲档案事业的现实特色，由于南北美洲差距很大，应该区别对待。使学生对现代欧美各国的档案工作有一个概略的了解，并重点掌握法国、俄罗斯和美国的档案事业模式及其特点。

教学重点：法国与俄罗斯档案事业的现实特色；美国档案事业的现实特色。

教学难点：法国、美国的档案事业模式及其特点。

基本概念：英国公共档案馆、枫丹白露现代档案城、美国国家档案馆、国家档案与文件署、总统图书馆、《档案管理技术实用手册》、曼努埃尔·巴斯克斯（阿根廷）

复习与思考题：

1. 简述英国档案事业的总体特点。

2. 简述法国档案事业的总体特点。

3. 试述俄罗斯的档案事业模式及其特点。

4. 综述美国的档案事业模式及其特点。

5. 综述加拿大档案事业的总体特点。

6. 简述拉美诸国档案事业的现实特色。

参考书目：

［美］T.R.谢伦伯格：《现代档案——原则与技术》，黄坤坊等译，档案出版社，1983年。

［美］赫曼·J.维拉编著：《美国国家档案馆》，纽约，1984年。

李凤楼、张恩庆、韩玉梅、黄坤坊：《世界档案史简编》第四编第十二、十四、十五章、第十六章第三节，档案出版社，1983年。

［加拿大］休·泰勒：《档案材料的整理与编目》，黄坤坊译，档案出版社，1986年。

［阿根廷］路易斯·比阿萨利：《档案管理技术实用手册》，何嘉荪、曹家驹译，档案出版社，1986年。

黄坤坊编著：《欧美档案学概要》，档案出版社，1986年。

张仲仁、翁航深：《美国档案文件管理》，四川省社会科学院出版社，1987年。

［英］迈克尔·库克：《档案管理》，朱国斌、李宪译，档案出版社，1988年。

美国档案工作者协会编：《档案工作的理论与方法》，孙钢等译，档案出版社，1988年。

［法］彼得·瓦尔纳主编：《现代档案与文件管理必读》，孙钢、丁志民等译，档案出版社，1992年。

［加拿大］卡罗尔·库切、J.V.卢梭著：《文件生命——档案与文件管理的系统分类》，张照余译，王恩汉校审，陕西人民教育出版社，1993年。

陈兆祦主编：《六十国档案工作概况》，中国档案出版社，1995年。

陈兆祦、沈正乐主编：《最新档案工作实务》第六篇第一、二章，中国档案出版社，1996年。

［美］戴维·比尔曼：《电子证据——当代机构文件管理战略》，王健等译，中国人民大学出版社，2000年。

黄霄羽主编：《外国档案事业史》现实特色篇第十三、十四章，中国人民大学出版社，2004年。

黄霄羽主编：《外国档案管理学》管理学史篇第十五章，中国人民大学出版社，2008年。

肖秋会：《俄罗斯档案事业改革与发展研究》，武汉大学出版社，2019年。

第一节　西欧国家档案事业的现实特色

一　本节内容要点
（一）英国档案事业的现实特色
（二）法国档案事业的现实特色

二　要点内容分析
（一）英国档案事业的现实特色
1. 档案事业管理体制的特色

英国属于典型的分散式档案事业管理体制，即没有统管全国档案工作的行政管理机关，但有联系全国档案机构和从业者的社会组织，如英国档案与记录联合会、英国信息与档案管理协会等。

2. 档案机构设置的特色

英国的档案机构从所有权的角度主要分为官方、半官方和非官方三种类型。

3. 档案管理活动的特色

英国在档案整理、保管、利用、宣传和现代化建设等方面都具有一定特色。

4. 档案教育的特色

英国的档案教育主要有三种形式：一是在大学里开设档案专业课程；二是英国各档案机构提供的在职培训；三是英国档案工作者协会提供的定期培训。

5. 英国档案工作协会

成立于1954年，是英国档案行政领导、档案管理员和文件管理人员的最高专业组织，代表全行业的整体利益。

第十三章 欧洲、美洲代表性国家档案事业的现实特色

（二）法国档案事业的现实特色

1. 档案事业管理体制的特色

法国实行的是集中式档案事业管理体制，具有单一性的特点，地方档案馆作为国家档案馆的分馆，接受地方政府和国家档案馆的双重领导，从而形成了从中央到地方的档案馆网。

2. 档案机构体系的组成及特色

法国目前形成的完整档案机构体系是由国家档案机构系统和非国家档案机构系统共同组成的。

3. 档案管理活动的特色

法国的档案管理活动具有一定的独到之处，在档案收集和移交、整理和编目以及利用和开放等方面均有体现。

4. 档案教育的特色

目前，法国档案教育主要有两种形式：一是颁发文凭和证书的学校教育；二是开办短期培训班。

三 练习题及参考答案

（一）填空题

1. 英国公共档案机构的构成包括_____、130多个_____以及_____、_____和_____。

（英国公共档案馆，区和郡档案馆，印度事务部图书档案馆，皇家历史手稿委员会，英国档案工作者协会）

2. 英国公共档案馆主要收藏_____、_____、_____的档案，其中有_____世纪写在_____上的_____，这是欧洲现存最早的_____。

（联合王国政府，英格兰，威尔士法院，11，羊皮纸，《末日审判书》，经济调查档案）

3. 2003年4月2日，_____和_____合并成立英国国家档案馆，隶属于_____，主要管理_____档案。

（英国公共档案馆，皇家历史手稿委员会，司法部，英国政府机构）

4. 英国有两个协调全国档案工作的机构：一是_____，二是_____。

（部际档案馆联席会，博物馆、图书馆和档案馆委员会）

5. 第二次世界大战后，法国积极开展＿＿＿＿＿＿＿，发起筹建了＿＿＿＿＿＿＿，其＿＿＿＿＿＿＿从＿＿＿＿＿年以来一直设在＿＿＿＿＿＿＿，还开办过＿＿＿＿＿＿＿。

（国际档案活动，国际档案理事会，总部，1950，巴黎，国际档案讲习班）

6. 法国国家档案馆注重收藏＿＿＿＿＿＿＿，已有全宗＿＿＿＿＿＿＿多个。

（私人档案，600）

7. 法国于＿＿＿＿＿＿＿年在巴黎市郊的＿＿＿＿＿＿＿兴建了＿＿＿＿＿＿＿，又名＿＿＿＿＿＿＿或＿＿＿＿＿＿＿。这是一座现代化的＿＿＿＿＿＿＿，分为＿＿＿＿＿＿＿和＿＿＿＿＿＿＿两部分，库容量为＿＿＿＿＿＿＿万米档案。

（1974，枫丹白露，现代档案城，当代档案中心，部际档案馆，档案建筑物，地上，地下，80）

8. CNMN 原名＿＿＿＿＿＿＿，随着科技的进步和电子技术的普及，中心更名为＿＿＿＿＿＿＿。

（缩微胶片中心保管处，国家缩微胶片及数字档案中心）

9. CNMN 隶属于法国＿＿＿＿＿＿＿，其职责为保存国家和地方的＿＿＿＿＿＿＿和＿＿＿＿＿＿＿。

（部际档案管理处，缩微胶片档案，数字载体档案）

10. 法国档案利用工作的一个创举是在＿＿＿＿＿＿＿内特设＿＿＿＿＿＿＿。

（国家档案馆，中学生教育处）

11. ＿＿＿＿＿＿＿年法国档案局更名为＿＿＿＿＿＿＿。

（2006，法国档案服务部）

（二）判断题（正确的在题后括号内画"√"，错误的画"×"）

丘吉尔档案中心建于1973年，位于英国牛津大学校园内。（×）

正确答案：位于英国剑桥大学校园内。

（三）问答题

1. 英国档案学术机构有哪两个？

（一是1932年成立的英国档案协会；二是1947年成立的英国档案工作者协会。）

2. 法国国家档案馆系统由哪些机构组成？

（国家档案馆、现代档案城、各省档案馆和文件中心、市镇档案馆、主管机关档案馆等）

3. 法国国家档案馆设有哪四个分馆？

（1）海外档案部；（2）埃克斯海外档案库；（3）枫丹白露现代档案城；（4）埃斯佩朗缩微档案保管中心。

4. 国立海外档案馆原名叫什么？始创于何时？馆址在何处？

（海外档案中心，2007年开始使用现名。1966年10月6日，法国普罗旺斯艾克斯市）

5. 法国国立宪章学院亦称什么？被誉为什么？

（法国国立文献学院、法国档案学院，欧美第一代档案学院）

6. 法国在档案利用方面的一个创举是什么？

（在国家档案馆内设立主要面向中学生服务的教育处。）

（四）简述题

简述法国档案事业模式及其特点。

法国的档案事业在1884年以前是以档案馆为主体；1884年至今是以法国国家档案局为全国档案事业行政管理中心——业务指挥中心，以各级各类国家档案馆、文件中心为主体。这个系统不仅有效地指挥着全法国的公共档案机构，掌管着全国的公共档案，还可以运用国家赋予的法律权力对有价值的私人档案强行进行登记和监控。

（五）论述题

综述英国档案事业的总体特点。

1. 档案事业管理体制：英国是典型的分散式档案事业管理体制，为了弥补这种体制的不足，英国还采取了三项措施。一是重视档案法制建设，强调全国档案工作依法行事；二是在公共档案馆下设档案管理部，负责对政府部门档案工作进行检查和指导；三是成立档案工作者协会，加强全国档案人员的学术交流和业务联系。

2. 档案机构设置：英国的档案机构从所有权角度主要分为官方、半官方和非官方三种类型。

3. 档案管理活动：英国在档案整理、保管、利用、宣传和现代化建设等方面都具有一定特色。

4. 档案教育：英国的档案教育主要有三种形式：一是大学里开设档案专业课程；二是英国各档案机构提供的在职培训；三是英国档案工作者协会提供的定期培训。

第二节　东欧和中欧国家档案事业的现实特色

一　本节内容要点

（一）俄罗斯档案事业的现实特色

（二）德国档案事业的现实特色

二　要点内容分析

（一）俄罗斯档案事业的现实特色

1991年苏联解体后，俄罗斯接管了原苏联的档案机构系统，并在此基础上进行改组和更名，在档案利用上比过去更加开放。俄罗斯基本延续了苏联的档案事业管理模式，属于"层次型"的"中心模式"。档案事业管理体制也是"集中式"。

1. 档案事业管理体制和档案机构设置的特色

俄罗斯实行集中式管理体制，特点是：国家用法律手段在联邦和地方各级政府下设立档案事业管理机关，形成一个完整的、有层次结构的档案行政管理机关系统，分级统一掌管国家档案事业建设，领导各级国家档案馆、文件中心以及档案科研和档案教育机构。

俄罗斯的档案机构主要包括三种类型：（1）档案行政管理机关；（2）档案保管机构；（3）档案科研和教育机构。

2. 档案管理活动的特色

俄罗斯的档案管理活动在部分环节上继承了苏联传统，但也有部分环节呈现出一些新的特点，如在档案的移交和整理、鉴定、利用和开放、现代化建设方面。

（二）德国档案事业的现实特色

1. 档案事业管理体制的特色

德国统一前，民主德国实行集中式，联邦德国实行分散式，德国统一后实行联邦制，原联邦德国的分散式管理体制取代了原民主德国的集中式管理体制。

2. 档案机构设置的特色

德国的统一使得原联邦德国的联邦档案馆发生了巨大的变化。一方面，它变成了一个更加庞大的机构；另一方面，联邦档案馆的馆藏大大丰富。

3. 档案管理活动的特色

德国的档案管理活动主要保留了原联邦德国的特色，体现在档案收集、整理、编目、保管和保护、利用和开放以及现代化建设方面。

4. 档案教育的特色

德国从19世纪就开展了档案教育，目前，德国的档案教育机构主要有三所，分别是马尔堡档案学院、慕尼黑档案学院和波茨坦专科学院档案图书情报系。

三 练习题及参考答案
（一）填空题

1. ＿＿＿＿年"8·19"事件后，俄罗斯接管了原苏联的各个＿＿＿＿以及在俄境内的所有＿＿＿＿、＿＿＿＿和＿＿＿＿，以及原＿＿＿＿、＿＿＿＿、＿＿＿＿的档案馆，并在此基础上进行＿＿＿＿和＿＿＿＿。

（1991，历史档案馆，苏联中央国家档案馆，档案科研机关，档案教育机构，苏共，共青团，工会，改组，更名）

2. 苏联解体后，作为科学文化事业机关的＿＿＿＿和＿＿＿＿已由俄罗斯接管，按照列宁确立的原则＿＿＿＿建立起来的＿＿＿＿和＿＿＿＿已成为历史概念。

（苏联中央国家档案馆，档案科研教育机构，集中统一管理档案工作，苏联社会主义档案事业，苏联国家档案全宗）

3. 1992年，俄罗斯联邦政府档案事务委员会更名为＿＿＿＿，现称＿＿＿＿。

（俄罗斯国家档案局，俄罗斯联邦档案署）

4. 俄罗斯联邦中央国家档案馆网由＿＿＿＿个中央级国家档案馆和＿＿＿＿个文件保管中心组成。

（12，5）

5. 苏联解体后，两处苏共中央档案馆分别更名为"＿＿＿＿"和"＿＿＿＿"。

（俄罗斯现代史文件保管和研究中心，当代文件保管中心）

6. 俄罗斯现代史文献保管和研究中心即原_____，1991 年"_____"事件后改为现名，现在仍是保存_____和_____的宝库。

（苏共中央档案馆，8·19，共产国际，苏共历史文献）

7. 俄罗斯国立人文大学历史档案学院的前身是创建于_____年的_____。

（1930，莫斯科历史档案学院）

8. 俄罗斯档案教育基地成立于_____年，名称叫_____。

（1989，俄罗斯国立人文大学历史档案学院）

9. 俄罗斯最大的档案科研基地是_____，内设_____个机构。

（全俄罗斯文件学和档案事业科研所，3）

11. 德国联邦档案馆内设有_____个部，此外在各地设有_____个分馆。

（9，10）

12. 德国档案教育机构主要有_____、_____、_____。

（马尔堡档案学院，慕尼黑档案学院，波茨坦专科学院档案图书情报系）

（二）判断题（正确的在题后括号内画"√"，错误的画"×"）

1. "俄罗斯记忆"保存了国家图书馆收藏的 15—16 世纪的斯拉夫语手稿。（√）

2. 俄罗斯最大的档案科研基地是全苏文书与档案工作科研所，内设 5 个机构。（×）

正确答案：全俄罗斯文件学和档案事业科研所，3 个机构

3. 俄罗斯采用的档案鉴定方法主要有综合鉴定法和系统鉴定法。（√）

4. 慕尼黑纳粹档案中心于 2015 年 4 月 30 日在德国慕尼黑市建成。（√）

（三）名词解释

圣彼得堡国家历史档案馆：是俄罗斯联邦最大的档案馆，也是世界上最大的档案馆。始建于 1950 年，保存着 20 世纪 30 年代以来各个历史时期的档案，计有 900 个全宗、720 多万卷档案，馆藏档案排架长度约 220 千米。新馆建于 2005 年，占地面积达 6.8 万平方米。

（四）问答题

1. 俄罗斯的档案机构主要包括哪三种类型？

第十三章 欧洲、美洲代表性国家档案事业的现实特色 311

（档案行政管理机关、档案保管机构、档案科研和教育机构）

2. 俄罗斯档案事业管理机关属于何种类型？

（层次型，是指档案行政管理机关形成了等级制）

3. 俄罗斯档案行政管理机关形成哪三级建制？

（国家档案局，自治共和国档案局，边疆区、州、市、自治州档案局）

4. 俄罗斯国家档案局下属多少个国家档案馆、文献中心及分馆？

（19个）

5. 俄罗斯共有多少个中央级国家档案馆？

（12个）

6. 俄罗斯有多少个文件保管中心？

（5个）

7. 俄罗斯国家级和地方级档案馆各有多少个？

（15，89）

8. 俄罗斯档案馆馆藏的第一层分类是什么？

（区分全宗）

9. 覆盖全俄档案馆藏目录的大型数据库是什么？收录了多少个全宗？

（俄罗斯档案指南，10万个全宗）

10. 俄罗斯的档案教育基地成立于何时何地？名称叫什么？

（1989年，俄罗斯国立人文大学历史档案学院）

11. 俄罗斯国立人文大学历史档案学院设有哪四个系？

（档案事业系，文件学系，技术档案与文件系，历史学、政治学和法学系）

12. 俄罗斯最大的档案科研基地是什么？内设哪三个机构？

（全俄罗斯文件学和档案事业科研所，科技信息专门中心、档案和文件管理职业技能提高中心、研究生院）

13. 俄罗斯档案专业期刊主要有哪四种？

（《国家档案》《档案工作者通报》《历史档案》《俄罗斯档案信息公报》）

14. 德国第一个全国军事性质的档案馆叫什么？成立于何时何地？

（德意志帝国档案馆，1920年，波茨坦）

15. 1933年以前德国的档案事业有什么特点？

（一直处于分散状态，各地档案工作缺乏统一原则和领导，但其发展

16. 原民主德国的档案机构系统主要包括哪些机构？

（国家档案管理局、中央档案馆、地方档案馆、机关档案馆、统一社会党中央档案馆）

17. 统一后德国的档案机构系统主要包括哪些机构？

联邦档案馆、州档案馆、档案工作者协会（企业档案工作者协会）、档案教育机构

18. 德国联邦档案馆内设有几个部？此外在各地设有几个分馆？

（9，10）

19. 德国档案教育机构主要有哪三所？

（马尔堡档案学院、慕尼黑档案学院、波茨坦专科学院档案图书情报系）

（五）简述题

简述俄罗斯档案事业模式及其特点。

俄罗斯联邦的档案事业在其发展的不同历史阶段，始终都是从建立档案事业行政管理机关开始的，都是以集中统一管理原则为指导的。俄罗斯联邦档案事业的特点是，以三级档案事业行政管理机关为业务指导中心，以各级各类档案馆和文件管理中心为主体，包括档案教育和科研机构以及群众性学术团体在内的档案专业系统。

俄罗斯联邦档案专业系统的形成和发展既不同于法国，也不同于美国。但这三国有一个共同点，都是以档案事业行政管理机关为指挥中心。

第三节　南欧国家档案事业的现实特色

一　本节内容要点

（一）意大利档案事业的现实特色

（二）西班牙档案事业的现实特色

二　要点内容分析

（一）意大利档案事业的现实特色

1. 档案事业管理体制和档案机构设置的特色

集中式的档案事业管理体制。意大利的档案工作由意大利国家档案遗产总局负责掌管,该局原属内政部,1975年改由文化遗产与环境保护部领导。

意大利当前的档案机构主要分为两大系统:公共档案机构系统和非公共档案机构系统。

2. 档案管理活动的特色

集中体现在档案的收集、鉴定、馆库建设与档案保护、利用和开放、现代化建设以及电子政务建设等各个环节。

(二)西班牙档案事业的现实特色

1. 档案事业管理体制和档案机构设置的特色

西班牙的档案事业管理体制属于集中式类型,全国档案行政领导中心是美术与档案总局,受文化部领导。

西班牙有三种类型的档案馆:国家档案馆、自治区档案馆、其他档案馆。

2. 档案管理活动的特色

集中体现在档案收集、整理、保护、利用和开放以及现代化建设等几个环节。

3. 档案教育的特色

主要有两种形式:一是大学开设的档案专业;二是档案馆开设的短期培训班。

三 练习题及参考答案

(一)填空题

1. 意大利档案机构体系分为_____、_____和_____。

(国家档案馆,非国家的行政和经济机关档案馆,私人档案馆)

2. 意大利共有_____个国家档案馆,其中以_____、_____、_____的馆藏最为丰富,最早的档案产生于_____世纪。

(124,罗马,佛罗伦萨,威尼斯,7)

(二)判断题(正确的在题后括号内画"√",错误的画"×")

20世纪30年代西班牙档案学家萨马兰奇撰写过一本《档案学总论》。(×)

正确答案:法国档案学家。

(三) 问答题

1. 意大利的档案馆主要分为哪两大系统？

（公共档案馆系统和非公共档案馆系统）

2. 意大利国家档案馆大多设在什么建筑内？

（王宫或修道院等古建筑内）

第四节　北欧国家档案事业的现实特色

一　本节内容要点

（一）档案事业管理体制的特色

（二）档案机构设置的特色

（三）档案管理活动的特色

二　要点内容分析

（一）档案事业管理体制的特色

北欧五国的档案事业管理体制都属于集中式管理体制，它们的共同特点是在全国不单独设立档案事业行政管理机关，政府把档案事业的领导权授予国家总档案馆，由总档案馆负责领导和监督地方档案馆的工作。

（二）档案机构设置的特色

北欧五国的国家档案馆履行档案保管和档案行政管理的双重职能，它们在隶属关系、内部机构设置等方面都各有特色。

（三）档案管理活动的特色

北欧五国有着重视档案事业建设的共同传统。它们均强调以法治档，充分利用本国的地质条件修建适于档案保管和保护的库房，把开发档案信息资源当作档案工作的重点，大力加强档案管理的现代化建设。

三　练习题及参考答案

（一）填空题

世界上最短的档案移交期限被称为_____，出现于_____年。

（丹麦制度，1889）

（二）问答题

1. 世界上最短的档案移交期限被称为什么？出现于何时？

（丹麦制度，1889年）

2. 世界上人均占有档案最多的是哪个国家？人均占有多少卷档案？

芬兰，人均占有档案10万卷（全国仅有400万人口，但全国档案馆藏总量达4000万卷）

3. 北欧诸国的档案事业管理体制有什么共同点？

（不单独设立档案事业行政管理机关，而是由国家总档案馆负责领导和监督地方的档案工作，总档案馆具有档案保管机构和档案事业行政管理机关的双重职能。）

第五节 北美国家档案事业的现实特色

从北美国家的档案工作来看，1934年美国颁布了历史上第一个档案法，宣布国家档案馆的诞生。加拿大公共档案馆的历史可以上溯到1872年，第一次世界大战后建立了魁北克省档案馆、新斯科舍省档案馆等地方档案馆。第二次世界大战后，北美国家的档案事业依托其雄厚的经济实力，迅速发展到相当高的水平。其中美国和加拿大的档案事业发展迅速，特别是在档案管理现代化方面处于世界领先水平。

一 本节内容要点

（一）美国档案事业的现实特色

（二）加拿大档案事业的现实特色

二 要点内容分析

（一）美国档案事业的现实特色

1. 档案事业管理体制的特色

美国档案事业的管理体制从全国范围来讲是分散型，联邦政府档案机构只负责管理联邦政府各机关的档案与档案工作，对地方档案机构及事务没有指导、监督和管理权。各类档案馆既无纵向的隶属关系，也无横向的业务联系。

美国档案事业管理体制的总体特点：它借鉴了集中式管理体制的一些优点，在联邦政府系统内对档案工作实行高度集中统一管理，这种总体特色显现为全局分散、中央集中。

2. 档案机构设置的特色

作为联邦制国家，美国的档案机构主要有三种类型：一是联邦档案机构；二是非联邦档案机构；三是商业性档案机构。

3. 档案管理活动的特色

尽管实行分散式档案事业管理体制，美国非联邦档案机构和商业性档案机构的档案管理活动缺乏统一规划和组织，带有很大的随意性，联邦政府机构的档案事业却实行高度集中统一管理，这就使得联邦政府的文件和档案管理活动具有鲜明的代表性，可看成当前美国档案管理活动的典范和未来发展模式，这不仅可以反映在具体的工作方法和技术细节上，而且能体现美国档案工作的理论与实践发展水平。

4. 企业档案工作的特色

美国企业采用多种方式、多种渠道来进行企业档案文件的管理。

5. 档案教育的特色

美国档案教育与培训的一个突出特点就是偏重实用性和经验性，大体来看，美国的档案教育可分为三大块：由大学提供的正规教育、主要由档案工作者协会提供的继续教育和由大型档案馆提供的馆内岗位培训。

6. 美国档案工作者协会

成立于1936年，一直负责促进美国档案工作理论与实践发展、协调全国档案工作的重任，并做出了突出的贡献。

(二) 加拿大档案事业的现实特色

1. 档案事业管理体制和档案机构设置的特色

加拿大档案事业管理体制属于分散式。

加拿大的档案机构包括联邦档案机构和各省的档案机构。前者包括国家档案馆和联邦文件中心。

2. 档案管理活动的特色

加拿大的分散式档案事业管理体制决定了各级各类档案机构的档案管理活动很难有统一的模式，但是作为全国唯一的中央级档案馆，国家档案馆的档案管理活动无疑最富典型性，它在档案的接收、鉴定、整理、利用和开放等环节都有一定特色。

第十三章 欧洲、美洲代表性国家档案事业的现实特色

3. 档案教育的特色

主要体现为：第一，档案教育的层次较高；第二，档案教育强调理论与实践相结合，大力吸收国外先进经验并灵活运用；第三，档案课程设置重视文件管理与历史档案的联系，体现了文件、档案一体化管理的思想；第四，鼓励学生从事档案学研究并发表研究成果；第五，接受档案教育在加拿大被看成提高专业技能的必由之路，也是从事专业活动的必备前提。

三　练习题及参考答案

（一）填空题

1. 美国国家档案馆于_____年成立时受_____领导，向_____负责，但在_____年改组为_____，受新成立的_____领导。_____年独立出来，升格为_____。

（1934，总统，国会，1949，国家档案与文件局，联邦总务署，1985，国家档案与文件署）

2. 美国联邦政府的档案事业系统由_____、_____及其_____、_____、_____等组成。在这个系统中，_____年成立的_____是联邦政府档案事业的行政领导中心，_____年该局升格为_____。

（国家档案与文件局，国家档案馆，分馆，联邦文件中心，总统图书馆，1949，国家档案与文件局，1985，国家档案与文件署）

3. 美国档案事业管理体制的总体特色体现为_____、_____。

（全局分散，中央集中）

4. 美国联邦档案机构的特点是以_____为领导核心，在该系统内_____具有法定约束力。

（国家档案与文件署，《联邦文件管理法》）

5. 美国第一个私人企业档案馆叫_____，出现于_____年。

费尔斯通（Firestone）轮胎与橡胶公司档案馆，1943

6. 美国现代音乐档案馆于_____年在_____成立。

（1985，纽约市）

7. 克林顿图书馆是美国第_____个总统图书馆，位于_____。

（12，阿肯色州首府小石城）

8. 美国档案工作者协会的刊物是_____，英文简称_____。

(《美国档案工作者》，AAA）

9. 加拿大档案工作始于_____统治下的_____省，_____年成立_____，_____年正式命名为_____，_____年成立_____，后改称_____。1920年还成立了_____。

（殖民，新斯科舍，1865，省档案保管所，1931，省档案馆，1872，公共档案保管所，公共档案馆，魁北克省档案馆）

10. 2004年加拿大国家档案馆与_____合并为_____。

（国家图书馆，加拿大国家图书档案馆）

（二）判断题（正确的在题后括号内画"√"，错误的画"×"）

1. 利兰创立了美国历史协会的"历史手稿委员会"和"公共档案委员会"。（×）

正确答案：詹姆士创立。

2. 美国联邦档案机构的特点是以国家档案与文件署为领导核心，《联邦文件管理法》在该系统内具有法定约束力。（√）

3. 美国档案事业的总体特色是中央分散而全局集中。（×）

正确答案：全局分散而中央集中。

4. 美国建立的音响档案馆是世界上规模最大的，被誉为"世界音响宝库"。（×）

正确答案：英国。

5. "美国记忆"存储了超过七百万件有关美国历史文化的数字信息资源。（√）

（三）名词解释

1. 美国国家档案馆：成立于1934年，馆址在华盛顿，隶属于美国国家档案与文件署，是为联邦政府服务的非营利性的联邦档案馆。总馆由老馆和新馆组成，此外在全国还设有12个地区分馆。馆藏总量超过200万立方英尺。美国国家档案馆以其宏大的规模和丰富的馆藏闻名于世，堪称世界上最大的档案馆之一。

2. 总统图书馆：是收藏美国总统在任职期间形成的档案、图书及个人物品的专门机构。受国家档案与文件署管辖。第一个总统图书馆——罗斯福图书馆始建于1934年，1955年国会通过《总统图书馆法案》，使这种做法合法化，此后历届总统都建立自己的图书馆，目前已建立了13个。

第十三章 欧洲、美洲代表性国家档案事业的现实特色

（四）问答题

1. 美国三大历史档案的名称叫什么？形成于何时？现存何处？

（《独立宣言》(1776年)、《美利坚合众国宪法》(1789年)、《权利法案》(1791年，美国宪法修正案)，现存美国国家档案馆圆形展览大厅内永久展出。)

2. 美国档案体制的最大特点是什么？

（三类档案部门构成了美国档案系统的体系框架）

3. 美国档案机构主要有哪三种类型？

（联邦档案机构、非联邦档案机构、商业性档案机构）

4. 美国联邦政府的档案事业系统由哪些机构组成？

（国家档案与文件署、国家档案馆及其地方分馆、联邦文件中心、总统图书馆等）

5. 美国国家档案馆一、二馆分别建成于何时何地？

（老馆：1935年，华盛顿国家广场宪法大街北侧；新馆：1994年5月，马里兰州大学公园区内）

6. 美国第一个总统图书馆成立于何时何地？馆名叫什么？

（1938年，纽约海德公园，罗斯福总统图书馆）

7. 克林顿总统图书馆是美国第几个总统图书馆？位于何处？何时开馆？

（第12个，阿肯色州首府小石城，2004年11月18日）

8. 小布什总统图书馆何时落成？位于何处？内设哪三个机构？

（2013年4月25日，得克萨斯州东部城市达拉斯的南方卫理公会大学内，档案馆、仿制品陈列展厅、政策研究所）

9. 美国第一个大学档案馆成立于何时？馆名叫什么？

（1939年，哈佛大学档案馆）

10. 美国第一个私人企业档案馆叫什么？出现于何时？

（费尔斯通轮胎与橡胶公司档案馆，1943年）

11. 美国现代音乐档案馆成立于何时何地？

（1985年，纽约）

12. 美国电影图书馆成立于何时何地？

（1935年，设在纽约市近代美术馆内）

13. 美国国会图书馆目前保存的电影档案有多少部？

(575 部)

14. 美国最早的电视档案馆建立于何时？创始人是谁？

(1968 年，保罗·辛普森)

15. 南亚裔美国人数字档案馆创建于何时？其目的是什么？

(2008 年，保存南亚裔美国人这个族群的记忆，并将这些珍贵记忆提供利用。)

16. "9·11"数字档案馆有哪些功能和服务？

(功能：通过数字媒体收集、保存所有相关档案，介绍 2001 年 9 月 11 日的历史事件及其影响。服务：一方面是搭建一个数字平台和公共空间，鼓励公众上传档案；同时也主动收集特定群体的资料以及对"9·11"的经历和感受，为用户了解那段历史提供新颖多样的视角。)

17. 美国《纽约时报》被称为什么？

"档案记录报"（足见它在时事报道上的客观和权威）

18. 加拿大最早的档案馆成立于何时？馆名叫什么？

(1865 年，加拿大新斯科舍省档案保管所)

19. 世界上唯一一家开放时间无限制的档案馆是什么？

(加拿大公共档案馆)

（五）简述题

简述美国档案事业模式及其特点。

美国实行中央与地方分权治理的联邦制。这就决定了美国的档案事业从一开始就是按中央与地方分权治理的原则进行建设。这种特点决定了美国的档案事业实际上仅指联邦档案事业，即以国家档案与文件署为联邦政府的档案事业行政管理中心（业务指导中心），以国家档案馆及其分馆、文件中心、总统图书馆为主体。

（六）论述题

综述美国档案事业的总体特点。

1. 档案事业管理体制的特色

美国档案事业管理体制从全国范围来讲是分散型的，联邦政府档案机构只负责管理联邦政府各机关的档案与档案工作，对地方档案机构及事务没有指导、监督和管理权。各类档案馆既无纵向的隶属关系，也无横向的业务联系。

美国档案事业管理体制的总体特点是，它借鉴了集中式管理体制的一些优点，在联邦政府系统内对档案工作实行高度集中统一管理，这种总体特色体现为全局分散而中央集中。

2. 档案机构设置的特色

作为联邦制国家，美国的档案机构主要有三种类型：一是联邦档案机构；二是非联邦档案机构；三是商业性档案机构。

3. 档案管理活动的特色

尽管实行分散式档案事业管理体制，美国非联邦档案机构和商业性档案机构的档案管理活动缺乏统一规划和组织，带有很大的随意性，联邦政府机构的档案事业却实行高度集中统一管理，这就使得联邦政府的文件和档案管理活动具有鲜明的代表性，可看成是当前美国档案管理活动的典范和未来发展模式，这不仅反映在具体的工作方法和技术细节上，而且能体现美国档案工作的理论与实践发展水平。

4. 企业档案工作的特色

美国企业采用多种方式、多种渠道来进行企业档案文件的管理。

5. 档案教育的特色

美国档案教育与培训的一个突出特点是偏重实用性和经验性，大体来看，美国的档案教育可分为三大块，即由大学提供的正规教育、主要由档案工作者协会提供的继续教育和由大型档案馆提供的馆内岗位培训。

6. 美国档案工作者协会

成立于1936年，一直肩负促进美国档案工作理论与实践发展、协调全国档案工作的重任，并做出了突出贡献。

第六节　拉美诸国档案事业的现实特色

拉美诸国从15世纪至19世纪一直受到欧洲列强的殖民统治，因此，各国的档案事业深受殖民者的影响。19世纪以来，拉美诸国纷纷设置国家档案馆，并沿袭了宗主国的传统，大多隶属于教育文化部。绝大多数拉美国家档案馆都依法负责保管中央政府机关具有永久保存价值的档案，而且通常对全国的档案事务具有领导权。

由于政局不稳定、经济不发达等多种原因，拉美诸国档案工作的发展受到很大限制。

一 本节内容要点
（一）档案事业管理体制和档案机构设置的特色
（二）档案管理活动的特色
（三）档案教育的特色

二 要点内容分析
（一）档案事业管理体制和档案机构设置的特色

拉美诸国除少数国家外，大多采用分散式的档案事业管理体制。

拉美诸国档案机构设置的特色：首先，拉美诸国大多设有国家档案馆，它们大多隶属于教育部或文化部；其次，档案馆的类型较多；最后，拉美诸国大多把国家档案馆作为全国档案机构的核心。

（二）档案管理活动的特色

拉美诸国的档案管理活动主要受两方面的影响，一是西班牙档案工作传统至今仍留有较深的烙印，二是美国档案管理方法也为拉美诸国提供了借鉴，致使拉美诸国的档案管理活动与西班牙和美国有很多相似之处。

（三）档案教育的特色

拉美诸国档案教育的历史可以追溯到20世纪初，虽然这些国家档案事业的总体发展水平与发达国家相比有较大的差距，但它们对档案教育的重视与发达国家相比毫不逊色。

三 练习题及参考答案
（一）填空题

1. 拉丁美洲档案培训中心成立于_____年，名叫_____，设在_____。

（1974，美洲档案发展中心，阿根廷国立科尔多瓦大学）

2. 阿根廷档案学者曼努埃尔·巴斯克斯的两部专著_____和_____可算是全面系统论述文件生命周期理论的代表作。

《文件的选择》（1982年），《文件生命周期研究》（1987年）

（二）判断题（正确的在题后括号内画"√"，错误的画"×"）

1. 美洲档案发展中心设在塞内加尔。（×）

正确答案：阿根廷。

2. 拉丁美洲地区的档案培训中心于 1974 年在阿根廷国立科尔多瓦大学成立。（√）

3. "哥伦比亚百年建筑掠影"收藏的档案包括幻灯片、干片、明信片等约一千一百万种。（√）

（三）名词解释

曼努埃尔·巴斯克斯：阿根廷著名档案学者，阿根廷国立科尔多瓦大学档案学院教授。其代表作有《文件的选择》（1982 年）和《文件生命周期研究》（1987 年），这两部专著是全面系统论述文件生命周期理论的代表作，他本人也被誉为"文件生命周期理论成熟与完善阶段的代表人物"。

（四）问答题

1. 拉美诸国档案管理主要受哪两方面的影响？

一是西班牙档案工作传统至今仍留有较深的烙印；二是美国档案管理方法也为拉美诸国提供了借鉴，致使拉美诸国的档案管理活动与西班牙和美国有很多相似之处。

2. 拉丁美洲档案培训中心成立于何时何地？名称叫什么？

（1974 年，阿根廷国立科尔多瓦大学，美洲档案发展中心）

3. 路易斯·费尔南多·比阿萨利的代表作是什么？出版于何时何地？

（《档案管理技术实用手册》，1982 年，布宜诺斯艾利斯）

4. 文件生命周期理论成熟与完善阶段的代表人物是谁？其代表作是什么？出版于何时？

阿根廷档案学者曼努埃尔·巴斯克斯，《文件的选择》（1982 年）、《文件生命周期研究》（1987 年）

5. 阿根廷档案学家比阿萨利把档案鉴定称为什么？

（档案的剔除与净化）

（五）简述题

简述拉美诸国档案事业的现实特色。

1. 档案事业管理体制和档案机构设置的特色

拉美诸国除少数国家外，大多采用分散式的档案事业管理体制。

档案机构设置的特色：首先，拉美诸国大多设有国家档案馆，它们大多隶属于教育部或文化部；其次，档案馆的类型较多；最后，拉美诸国大多把国家档案馆作为全国档案机构的核心。

2. 档案管理活动的特色

拉美诸国的档案管理活动主要受两方面的影响：一是西班牙档案工作传统至今仍留有较深的烙印；二是美国档案管理方法也为拉美诸国提供了借鉴，致使拉美诸国的档案管理活动与西班牙和美国有很多相似之处。

3. 档案教育的特色

拉美诸国档案教育的历史可以追溯到20世纪初，虽然这些国家档案事业的总体发展水平与发达国家相比有较大的差距，但它们对档案教育的重视程度与发达国家相比毫不逊色。

第十四章

亚洲、非洲、大洋洲代表性国家档案事业的现实特色

第二次世界大战后，亚非的许多国家摆脱了殖民统治，开始建设本国的档案事业。但由于资金、技术、政局等诸多因素，亚非各国档案工作的发展很不平衡，地区之间、国家之间存在着较大差距。亚非档案工作的总体水平与欧美发达国家相比，还存在较明显的差距。在亚非内部，各国档案工作的发展也很不平衡。但从总的方面看，20世纪60年代以来在档案机构和法制建设上，在档案人员培训、参与国际档案活动和向原殖民者、宗主国索还档案等方面取得了重大进展。

教学目标和要求：讲授亚洲主要国家档案事业的现实特色；讲授非洲与大洋洲代表性国家档案事业的现实特色。帮助学生了解和掌握现当代亚洲、非洲和大洋洲各国档案事业的一般概况和现实特色。

教学重点：日本、韩国、印度、新加坡等国档案事业的现实特色；澳大利亚档案机构设置的特色，尤其是电子文件管理的特色。

教学难点：现当代亚洲、非洲档案工作发展的若干特点和现实特色。

基本概念：日本国立公文书馆、韩国国家记录院、《档案材料的保护与修复》、口述历史中心、南非国家档案馆

复习与思考题：

1. 简述日本档案事业的现实特色。
2. 综述非洲国家档案事业的现实特色。
3. 简述澳大利亚档案事业的现实特色。

参考书目：

李凤楼、张恩庆、韩玉梅、黄坤坊：《世界档案史简编》第十二章第三节，第十六章第一、二、四节，档案出版社，1983年。

［日］安泽秀一：《史料馆、公文书馆学初探》，日本，1985年。

［日］大藤修、安藤正人：《史料保存与公文书馆学》，日本吉川弘文馆株式会社，1986年。

陈兆祦主编：《六十国档案工作概况》，中国档案出版社，1995年。

陈兆祦、沈正乐主编：《最新档案工作实务》第六篇第三章，中国档案出版社，1996年。

黄霄羽主编：《外国档案事业史》现实特色篇第十五、十六章，中国人民大学出版社，2004年。

第一节　东亚国家档案事业的现实特色

一　本节内容要点

（一）日本档案事业的特色

（二）韩国档案事业的现实特色

二　要点内容分析

（一）日本档案事业的特色

1. 档案事业的总体特征及其原因

日本档案事业一度处于滞后状态，原因有三：一是历史发展传统制约了档案事业的发展；二是学界不太重视档案学理论与实践研究；三是二战及其后果延缓了日本档案事业的发展进程。但是日本档案事业的发展速度也很快，尤其是日本企业档案管理的水平较为突出。

2. 档案事业管理体制和档案机构设置的特色

日本实行分散式管理体制，政府不起统一领导作用，也没有建立全国性档案行政管理机关。国内各种类型、各种级别的档案馆均各自为政，大多数档案馆既无隶属关系，也无业务指导关系。各企业自行管理各自的档案资料，行业内成立史料协会进行协调。

日本档案机构设置的特色是公文书馆、文书馆与文化机构相邻，档案、图书、情报三位一体管理。

第十四章 亚洲、非洲、大洋洲代表性国家档案事业的现实特色　　327

3. 档案管理活动的特色

由于日本实行的是分散式管理体制，档案管理活动不是很一致，但是总体而言，国立公文书馆的档案管理活动最具有代表性，其档案管理活动的一系列环节如收集、整理、保管、利用和现代化建设都具有一定的特色。

4. 档案教育的特色

目前，日本对图书馆、博物馆专业人才的教育均在大学设有专业课程，却没有建立起系统的、学术性的档案研究，很少有大学和其他教育机构开设正规的档案课程，不过，日本国立公文书馆开办了档案人员的在职培训。

（二）韩国档案事业的现实特色

1. 主要档案机构

韩国官方最主要的档案与文件管理机构是国家记录院（原名"政府记录保存所"），位于大田市。

2. 档案管理活动的特色

韩国国家记录院根据其职责，开展档案接收、整理、保管、保护和提供利用等管理活动。

三　练习题及参考答案

（一）填空题

1. 日本最早的档案机构是_____，成立于_____年。
（宪政资料室，1949）

2. 日本第一个地方档案馆叫_____，出现于_____年。
（山口县公文书馆，1959）

3. 日本各企业的_____水平较高，特别是应用计算机_____、_____、_____，使用_____以及_____等比较普遍。日本企业档案工作的协调机构叫_____，成立于_____年。
（档案管理现代化，编目，检索，存贮，光盘，缩微复制，日本企业史料协议会，1981）

4. 到_____年为止，日本形成了以_____为制约手段，以_____和_____为主体的_____和_____的档案专业系统。
（1987，档案馆法，国立公文书馆，国立史料馆，都道府县市档案馆，

档案学术团体）

5. 韩国于_____年在_____设立_____，又名_____，受_____领导，最初只设_____和_____，直到 15 年后（1984 年）才在_____设立分馆，下设_____、_____两个处，实际上是档案馆的_____。2004 年改称_____，1998 年迁至_____，由_____、_____、_____三部分组成，原址设_____，1999 年颁布_____。

（1969，汉城，政府记录保存所，政府档案文件局，内阁总务处，记录行政课，记录管理课，釜山，保管处，利用处，后库，国家记录院，大田市，大田市总院，釜山分院，首尔办事处，汉城办事处，国家档案法）

6. 2005 年韩国国家档案馆将首尔总部和釜山分部更名为_____和_____。

（首尔档案信息中心，釜山档案信息中心）

（二）名词解释

韩国国家记录院：是韩国官方最主要的档案和文件管理机构，也是韩国唯一的中央级国家档案馆，直属于韩国政府总务署。1969 年在汉城设立，1998 年迁到大田市，由大田市本部（大田档案馆）、那拉档案馆、总统档案馆、1984 年设立的釜山分部（历史档案馆）和首尔办事处（首尔档案信息中心）五个部分组成。

（三）问答题

1. 日本最早的档案机构是什么？成立于何时？

（宪政资料室，1949 年）

2. 日本第一个地方档案馆叫什么？出现于何时？

（山口县公文书馆，1959 年）

3. 日本的档案专业系统包括哪些机构？

（国立史料馆、国立公文书馆、都道府县市公文书馆、档案学术团体）

4. 日本全国性档案机构有哪三个？

（国立公文书馆、防卫厅防卫研修战史部、外务省外交史料馆）

5. 被称为"亚洲第一馆"的档案馆是什么？

（冲绳县公文书馆）

6. 韩国国家记录院下辖哪几个档案馆？

（国家档案馆、总统档案馆、历史档案馆）

7. 韩国档案工作有什么特点？

（一是起步晚，发展快；二是工作起点高；三是敬业精神强。）

（四）论述题

综述日本档案事业的现实特色。

1. 档案事业的总体特征及其原因。日本档案事业一度处于滞后状态，原因有三：一是历史发展传统制约了档案事业的发展；二是学界不太重视档案学理论与实践研究；三是第二次世界大战及其后果延缓了日本档案事业的发展进程。但是日本档案事业的发展速度也很快，尤其是日本企业档案管理的水平较为突出。

2. 档案事业管理体制和档案机构设置。日本实行分散式管理体制，政府不起统一领导作用，也没有建立全国性档案行政管理机关。国内各种类型、各种级别的档案馆均各自为政，大多数档案馆既无隶属关系，也无业务指导关系。各企业自行管理各自的档案资料，行业内成立史料协会进行协调。日本档案机构设置的特色是公文书馆、文书馆与文化机构相邻，档案、图书、情报三位一体管理。

3. 档案管理活动。由于日本实行的是分散式管理体制，档案管理活动不是很一致，但是总体而言，国立公文书馆的档案管理活动最具有代表性，其档案管理活动的一系列环节如收集、整理、保管、利用和现代化建设都具有一定的特色。

4. 档案教育。目前，日本对图书馆、博物馆专业人才的教育均在大学设有专业课程，却没有建立起系统的、学术性的档案研究，很少有大学和其他教育机构开设正规的档案课程。不过，日本国立公文书馆开办了档案人员的在职培训。

第二节 南亚国家档案事业的现实特色

一 本节内容要点

（一）印度档案事业的现实特色

（二）巴基斯坦档案事业的现实特色

二 要点内容分析

（一）印度档案事业的现实特色

1. 档案事业管理体制和档案机构设置的现实特色

印度是联邦制国家，实行分散式档案事业管理体制，全国没有统一的档案事业领导中心，国家档案馆和各邦档案馆相互独立，彼此无隶属关系。

2. 档案管理活动的特色

集中体现在接收、整理和编目、保管和保护、鉴定和利用、宣传以及现代化建设等档案管理活动的各个环节上。

3. 档案教育的特色

建立档案研究学院，开设档案培训课程。

（二）巴基斯坦档案事业的现实特色

巴基斯坦的档案事业管理体制属于分散式，全国没有集中领导档案事务的行政机关，只有各级档案馆和文件中心。国家档案馆与各省档案馆之间保持密切的业务指导关系和技术联系，但没有行政监督和领导权。档案馆、文件中心与各机关之间完全依靠国家立法来解决档案问题。

巴基斯坦的档案机构主要是各级档案馆和文件中心。

巴基斯坦的档案管理从档案移交、保管和保护、利用和开放以及现代化建设方面得到体现。

三 练习题及参考答案

（一）填空题

1. 第二次世界大战前印度只有_____和_____两个主要的档案机构。

（帝国档案馆，印度历史档案委员会）

2. 印度的档案文件含多种_____，有些学者主张按_____划分档案，但行不通，仍按_____分类管理，编有_____和_____。

（文字，文种，来源原则，档案目录，档案馆指南）

（二）判断题（正确的在题后括号内画"√"，错误的画"×"）

印度的两个泰戈尔专题档案馆分别位于加尔各答和詹谢普尔。（√）

第十四章 亚洲、非洲、大洋洲代表性国家档案事业的现实特色

（三）名词解释

《档案材料的保护和修复》：此书是印度国家档案馆专家雅·帕·凯思帕利亚应国际档案理事会的要求写成的，1973年在巴黎出版。书中首先介绍了档案文件的构成材料（包括纸张、墨水、胶黏剂等），然后分析了引起档案变质的各种因素，包括生物因素（真菌、虫害、鼠害）、物理因素（光、热、水气）和化学因素（大气污染、有害化学药剂、各种杂质），以及有效控制这些变质因素的办法，如熏蒸消毒、去污、去酸和修复处理等，最后还简略介绍了缩微胶片和录音档案的保存方法。这是一本系统而通俗的档案保护学著作。1985年档案出版社出版了中译本。该书不仅总结了印度在档案保护方面的宝贵经验，而且也介绍了欧美一些国家档案保护的最新研究成果。到目前为止，这本书仍有很高的参考价值。

（四）问答题

1. 英国东印度公司在印度设有哪两个文档机构？
（公务部、机密部）

2. 第二次世界大战前印度只有哪两个主要的档案机构？
（帝国档案馆和印度历史档案委员会）

3. 印度的档案专业系统包括哪些机构？
（国家档案馆、邦档案馆、印度历史档案委员会、档案学校）

4. 印度的两个泰戈尔档案馆分别位于何处？
（加尔各答、詹谢普尔）

5. 印度在档案保护方面的代表作是什么？作者是谁？出版于何时何地？
（《档案材料的保护与修复》，雅·帕·凯思帕利亚，1973年巴黎）

6. 印度对纸质档案的保管采用什么方法？
（不折叠存放，而是夹在木板中间捆绑起来保管，使之伸展平放。）

（五）简述题

简述印度档案事业的现实特色。

1. 档案事业管理体制：实行分散式档案事业管理体制，全国没有统一的档案事业领导中心，国家档案馆和各联邦档案馆相互独立，彼此无隶属关系。但中央政府机关档案实行集中统一管理，国家档案馆负责指导和监督中央机关的文件和档案管理工作。

2. 档案机构设置：印度档案机构有国家档案馆、各邦档案馆和印度历

史档案委员会。

3. 档案管理活动：印度在档案接收、整理和编目、保管和保护、鉴定和利用、宣传和现代化建设、文件管理与电子文件管理等方面都具有一定特色。

4. 档案教育：印度于1976年设立了专门的档案培训学校，1980年改名为档案研究学院，并开办一年制档案与文件管理课程、档案管理中短期课程、复印技术中短期课程等培训班，1980年还设立了由多位资深专家学者组成的教学研究组。

第三节 东南亚国家档案事业的现实特色

一 本节内容要点

（一）马来西亚档案事业的现实特色

（二）新加坡档案事业的现实特色

二 要点内容分析

（一）马来西亚档案事业的现实特色

1. 档案事业管理体制和档案机构设置的特色

马来西亚档案事业管理体制属于集中式，没有设立全国档案事业行政管理机关，政府把档案事业的领导权授予国家档案馆。

1957年马来西亚独立后，政府立即着手设置档案机构。经过近半个世纪的建设，马来西亚已建成一个由国家档案馆、地方档案馆、文件服务中心和档案咨询委员会组成的档案机构体系。

2. 档案管理活动的特色

马来西亚档案管理活动严格按照《国家档案法》执行，档案管理工作有一套严格的程序，档案的利用与开放也必须遵守较严格的规定。

（二）新加坡档案事业的现实特色

1. 档案机构设置的特色

新加坡国家档案馆始建于1968年，成立之初隶属于文化部，全称为国家档案与记录中心。为了开展口述历史档案工作，新加坡国家档案馆还专门成立了一个口述历史中心。

第十四章 亚洲、非洲、大洋洲代表性国家档案事业的现实特色

2. 档案管理活动的特色

新加坡的档案工作很有特点，首先是在征集上很下功夫，其次是大量采用缩微技术，第三是比较重视档案工作者的再教育，第四是口述历史档案管理积累了许多成功的经验和做法，第五是档案现代化建设成效突出。

三 练习题及参考答案

（一）填空题

1. 2017 年印度尼西亚的_____、_____和_____入选《世界记忆名录》。

（婆罗浮屠保护档案，印度洋海啸档案，潘吉故事手稿）

2. 新加坡国家档案馆始建于_____年，当时隶属于_____，名为_____，1993 年并入_____，馆内设_____、_____和_____3 个处，现有_____个内部机构，为收集_____还专门成立了一个_____。

（1968，文化部，国家档案与记录中心，国家文物局，档案管理处，记录管理处，行政管理处，9，口述历史资料，口述历史中心）

3. 新加坡国家档案馆的馆藏包括 7000 多米长的_____，10 多万张_____，七八十万卷_____，以及数量可观的_____、_____、_____、_____等。

（政府公共文件，照片，缩微胶片，地图，建筑图纸，音像磁带，电子文件）

4. 口述历史中心成立于_____年，当时名为_____，1985 年改组为_____，1998 年与_____一起并入_____，改称现名。这是新加坡为弥补早期_____的不足而在_____内设立的一个专门机构。此外还建立了一个_____。

（1979，口述历史组，口述历史馆，国家博物馆，国家遗产委员会，历史档案，新加坡国家档案馆，档案与口述历史咨询委员会）

5. 泰国国家档案馆成立于_____年，现归_____领导，馆内设_____、_____、_____和_____4 个部门，馆藏量为_____件。

（1952，教育部，现代历史文件处，档案文件部，电影档案馆，办公室，180 万）

6. 缅甸国家档案馆建于_____年，馆址在_____，直属_____，馆内设_____、_____、_____、_____、_____5个处。

（1972，仰光，计划和财政部，文件，档案，行政，技术，曼德勒分馆）

7. 越南第一中央档案馆设在_____，第二中央档案馆设在_____。

（河内，胡志明市）

（二）问答题

1. 新加坡国家档案馆的一大特色是什么？

（新加坡国家档案馆为收集口述历史资料而专门成立了一个口述历史中心）

2. 新加坡档案工作有什么特点？

（一是注重收集口述历史；二是大量采用缩微技术；三是比较重视档案工作者的再教育。）

3. 泰国中央级档案馆主要有哪几个？

（国家档案馆、国王档案馆、军事档案馆、外交档案馆等）

4. 泰国国家档案馆在什么方面取得成功？

（在文件的去酸处理方面）

（三）简述题

简述新加坡口述历史中心。

口述历史中心是新加坡国家档案馆的内部机构之一，成立于1979年。最初名为口述历史组，1985年改组为口述历史馆，1998年改称现名。其主要任务是通过收集公民记忆中的人或事，记录、整理、保存和传播新加坡历史上的有关信息，以弥补早期历史档案的不足。这是新加坡为了开展口述历史档案工作而成立的一个专门机构，也是新加坡国家档案馆区别于其他国家档案馆的一大特色。

第四节 非洲诸国档案事业的现实特色

长期以来，非洲主要是英、法两国的殖民地。非洲法语国家继承了法

第十四章　亚洲、非洲、大洋洲代表性国家档案事业的现实特色

国的传统，采用集中式档案管理体制，如阿尔及利亚和塞内加尔等；非洲英语国家则继承了英国传统，采用分散式档案管理体制，如尼日利亚、加纳、津巴布韦和坦桑尼亚等。非洲各国档案工作的发展很不平衡，但大多数国家都建立了国家档案机构。

非洲由于大多数国家独立时间较晚，经济和文化发展水平落后，殖民地化色彩较浓厚等多种社会历史原因，其档案工作的建设和发展受到很大制约。

一　本节内容要点

（一）档案事业管理体制的特色
（二）档案机构设置的特色
（三）档案管理活动的特色
（四）档案法规建设的特色
（五）档案教育的特色

二　要点内容分析

（一）档案事业管理体制的特色

非洲诸国的档案事业管理体制主要有两种类型：由于受英法殖民统治的影响，法语国家继承了法国传统，采用的是集中式管理体制；英语国家沿袭英国模式，大多建立了分散式管理体制。

（二）档案机构设置的特色

非洲诸国档案机构的设置和发展，严格来讲是从挣脱殖民枷锁、获得国家独立之后开始的。它们在档案事业建设过程中采取了以档案机构建设为重点的方式。尽管各国存在发展不平衡的特点，但到目前为止，大多数非洲国家都相继建立了国家档案馆和地方档案馆。

（三）档案管理活动的特色

非洲诸国档案事业发展因受两种因素影响而表现出两方面的特色：首先，殖民统治的"痕迹"给非洲诸国档案工作打下了深深的烙印；其次，非洲一些国家独立后在接受苏联援助或发展与苏联的关系时，又受到了苏联档案工作原则与方法的影响，从而在管理方法上表现出类似苏联的特征。

（四）档案法规建设的特色

从整体情况看，非洲诸国比较重视档案法规建设，档案法规建设的主要内容包括以下几个方面：对文件和档案定义的规定、保管档案的规定、对国家档案机构职能和工作权限的规定、对提供利用的限制性规定。

（五）档案教育的特色

非洲诸国的档案教育建设大致经历了三个发展阶段：一是非洲档案人员到欧洲和北美接受培训；二是建立地区性培训中心；三是建立国家培训机构。

三　练习题及参考答案

（一）填空题

1. 加纳中央档案馆的前身是＿＿＿＿年成立的＿＿＿＿，馆址在＿＿＿＿，这是非洲唯一从一开始就由＿＿＿＿任馆长的档案馆，馆长是＿＿＿＿。

1946，黄金海岸档案馆，阿克拉，黑人（本地人），M.阿库塔

2. 罗得西亚档案馆的历史可追溯到 1935 年成立的＿＿＿＿，二战后改名＿＿＿＿，1958 年再次改名＿＿＿＿，1963 年后称＿＿＿＿，1980 年改称＿＿＿＿。

（南罗得西亚公共档案馆，中非档案馆，罗得西亚—尼亚萨兰联邦档案馆，罗得西亚国家档案馆，津巴布韦国家档案馆）

3. 坦桑尼亚国家档案馆成立于＿＿＿＿年，馆址在＿＿＿＿。另在＿＿＿＿单设一个国立档案馆。

（1965，达累斯萨拉姆，桑给巴尔）

4. 南非国家档案馆位于＿＿＿＿，隶属于南非＿＿＿＿。

（比勒陀利亚，艺术文化部）

5. 1971 年，＿＿＿＿在塞内加尔的＿＿＿＿建立，培训＿＿＿＿、＿＿＿＿、＿＿＿＿专业人员，学制＿＿＿＿年。

（非洲法语国家档案培训中心，达喀尔大学，图书，档案，文献，2）

6. 阿拉伯地区档案培训中心成立于＿＿＿＿年，名称叫＿＿＿＿，设在＿＿＿＿。

（1980，修复与复制培训中心，苏丹中央档案馆）

7. ＿＿＿＿年，在尼日利亚召开了＿＿＿＿，有来自＿＿＿＿个国家

第十四章 亚洲、非洲、大洋洲代表性国家档案事业的现实特色　　337

的_____名代表参加，会议的主题是_____。

（1994，第一次泛非档案大会，34，120，非洲的档案政策与计划）

（二）名词解释

南非国家档案馆：简称 NARS，成立于 1996 年，馆址位于比勒陀利亚，隶属于南非艺术文化部。馆藏档案有 140 千米排架长度，包含纸质、声像、电子、照片和地图等多种载体的档案，主要是产生于政府机构的业务档案文件，内容反映了 17 世纪中期以来南非政府的各种活动及其对普通民众生活的影响。

（三）判断题（正确的在题后括号内画"√"，错误的画"×"）

1. 非洲的两个档案培训中心是指设在加纳的非洲法语国家档案培训中心和设在塞内加尔的非洲英语国家档案培训中心。（×）

正确答案：设在加纳的非洲英语国家档案培训中心和设在塞内加尔的非洲法语国家档案培训中心。

2. 1980 年成立的阿拉伯地区档案培训中心名为修复与复制培训中心，设在苏丹中央档案馆。（√）

3. 埃及国家档案馆成立于 1970 年，馆址在开罗。（√）

（四）问答题

1. 非洲第一个由黑人任馆长的档案馆是什么？馆长是谁？

（黄金海岸档案馆，M.阿库塔）

2. 南非国家档案馆位于何处？隶属于哪个部门？

（比勒陀利亚，南非政府艺术文化部）

3. 南非共有几个省级档案馆？其中最有代表性的是哪一个？

（9，南非西开普档案馆）

4. 世界上最大的数字化档案库建立于何时何地？名称叫什么？

（2009 年，开罗，埃及国家数字化档案库）

5. 阿拉伯地区档案培训中心成立于何时何地？名称叫什么？

（1980 年，苏丹中央档案馆，修复与复制培训中心）

6. 非洲的两个档案培训中心分别设于何处？名称叫什么？

非洲英语国家档案培训中心（加纳）、非洲法语国家档案培训中心（塞内加尔）

7. 非洲诸国档案事业受到哪两种因素的影响？

（首先，殖民统治的"痕迹"给非洲诸国档案工作打下了深深的烙印；

其次，非洲一些国家独立后在接受苏联援助或发展与苏联的关系时，又受到了苏联档案工作原则与方法的影响，从而在管理方法上表现出类似苏联的特征。）

8. 非洲国家档案工作的近期特点是什么？

（尽管档案工作整体落后并危机频现，但档案工作的创新举措值得肯定。）

（五）论述题

综述非洲国家档案事业的现实特色。

1. 档案事业管理体制的特色

非洲诸国的档案事业管理体制主要有两种类型：由于受英法殖民统治的影响，法语国家继承法国传统，采用集中式管理体制；英语国家沿袭英国模式，大多建立分散式管理体制。

2. 档案机构设置的特色

非洲诸国档案机构的设置和发展，严格来讲是从挣脱殖民枷锁、获得国家独立之后开始的。它们在档案事业建设过程中采取了以档案机构建设为重点的方式。尽管各国存在发展不平衡的特点，但到目前为止，大多数非洲国家都相继建立了国家档案馆和地方档案馆。

3. 档案管理活动的特色

非洲诸国档案事业发展因受两种因素影响表现出两方面的特色：首先，殖民统治的"痕迹"给非洲诸国档案工作打下了深深的烙印；其次，非洲一些国家独立后在接受苏联援助或发展与苏联的关系时，又受到了苏联档案工作原则与方法的影响，从而在管理方法上表现出类似苏联的特征。

4. 档案法规建设的特色

从整体情况看，非洲诸国比较重视档案法规建设，主要内容包括以下几个方面：对文件和档案定义的规定、对保管档案的规定、对国家档案机构职能和工作权限的规定、对提供利用的限制性规定。

5. 档案教育的特色

非洲诸国的档案教育建设大致经历了三个发展阶段：一是非洲档案人员到欧洲和北美接受培训；二是建立地区性培训中心；三是建立国家培训机构。

第五节 澳大利亚档案事业的现实特色

澳大利亚档案工作继承了英国的传统，并受到美国的影响。1954年美国著名档案学家谢伦伯格应邀赴澳大利亚和新西兰讲学，引起了很大反响。不仅激发了澳大利亚档案人员的工作热情，而且引发了一场关于档案工作与图书馆工作分与合的争论，最终促使澳大利亚的档案工作与图书馆工作开始分离。1961年，澳大利亚档案机构从国立图书馆中分离出来，成为总理府的一个部门，即联邦档案馆，后隶属于艺术部，总馆在堪培拉，另有5个分馆，地方有6个州档案馆。

一 本节内容要点
（一）档案事业的演变及其特色
（二）档案事业管理体制的特色
（三）档案机构设置的特色
（四）档案管理活动的特色

二 要点内容分析
（一）档案事业的演变及其特色

澳大利亚的档案事业经历了较曲折的发展过程，这一过程主要有两个特点：一是各个州政权建立的时间早于澳大利亚联邦建立的时间，这就使得澳大利亚各州档案事业的历史要早于联邦政府；二是澳大利亚的档案工作是从图书馆工作中分离出来的，后者对其影响较大。

（二）档案事业管理体制的特色

从档案机构的设置来看，澳大利亚没有全国统一的、纵向的、上下具有指导协调关系的档案行政机构，档案事业管理体制处于分散的状态。但从档案实体的管理来看，又是高度集中的。

（三）档案机构设置的特色

澳大利亚是联邦制国家，其档案机构主要分为联邦和州两级。

（四）档案管理活动的特色

澳大利亚各州均重视档案立法的建设，以档案法来规定档案管理工作的原则和方法。依法建立档案管理制度，是澳大利亚档案管理活动的一大特色。因此，澳大利亚联邦和各州档案馆的档案管理活动具有很多共性，这些共性在档案接收、整理、保管和保护、利用和开放等诸多环节上均有所体现。

三　练习题及参考答案

（一）填空题

1. _____年，澳大利亚档案机构从_____中分离出来，成为_____的一个部门，即_____，现隶属于_____，总馆在_____，另有_____个分馆。地方有_____个州档案馆。1975年成立了_____。

（1961，国立图书馆，总理府，澳大利亚联邦档案馆，政府艺术部，堪培拉，5，6，澳大利亚档案工作者协会）

2. 除总馆外，澳大利亚国家档案馆在_____和_____都设有办事处。

（六个州的首府，达尔文市）

3. 澳大利亚国家声像档案馆又称_____，隶属于_____。

（国家电影与录音档案馆，文艺体育部）

4. 澳大利亚档案学者_____于20世纪90年代提出了一种全新的"_____"，试图取代文件生命周期理论。

（弗兰克·阿普沃德，文件连续体理论）

（二）判断题（正确的在题后括号内画"√"，错误的画"×"）

澳大利亚档案学者伊恩·迈克莱恩于20世纪90年代提出了一种全新的"文件连续体理论"，试图取代文件生命周期理论。（×）

正确答案：弗兰克·阿普沃德

（三）问答题

1. 澳大利亚档案工作的先驱是谁？

（伊恩·迈克莱恩）

2. 澳大利亚档案事业系统的主体有哪些机构？

联邦档案馆、州档案馆（6个）、澳大利亚档案工作者协会（1975年）

3. 澳大利亚的档案事业管理体制有什么特点？

（与英国和日本一样，澳大利亚也没有设立档案行政管理机关，国家档案事业系统的组成以档案馆为主体,档案事业管理属于"主体模式"。)

4. 澳大利亚联邦档案馆成立于何时何地？现更名为什么？隶属于什么部门？

（1961年，堪培拉，澳大利亚国家档案馆，文艺体育部）

5. 新西兰国家档案馆成立于何时何地？

（1952年，惠灵顿）

6. 新西兰电影资料馆成立于何时何地？

（1981年，惠灵顿）

（四）论述题

概述澳大利亚档案事业的现实特色。

1. 档案事业的演变及其特色

澳大利亚的档案事业经历了较曲折的发展过程，这一过程主要有两个特点：一是各个州政权建立的时间早于澳大利亚联邦建立的时间，这就使得澳大利亚各州档案事业的历史要早于联邦政府；二是澳大利亚的档案工作是从图书馆工作中分离出来的，后者对其影响较大。

2. 档案事业管理体制的特色

从档案机构的设置来看，澳大利亚没有全国统一的、纵向的、上下具有指导协调关系的档案行政机构，档案事业管理体制处于分散的状态。但从档案实体的管理来看，又是高度集中的。

3. 档案机构设置的特色

澳大利亚是联邦制国家，其档案机构主要分联邦和州两级。

4. 档案管理活动的特色

澳大利亚各州都重视档案立法的建设，以档案法来规定档案管理工作的原则和方法。依法建立档案管理制度，是澳大利亚档案管理活动的一大特色。因此，澳大利亚联邦和各州档案馆的档案管理活动具有很多共性，这些共性在档案接收和征集、整理和编目、保管和保护、开放与利用、交流与合作、电子文件管理等诸多环节上均有体现。

第十五章

国际档案合作的成熟与完善

教学目标和要求：介绍国际档案合作的进程和国际档案组织的发展历程，介绍国际档案合作取得的巨大成就。帮助学生了解和掌握国际档案组织和国际档案活动的情况，概括和总结国际档案合作的主要成就。

教学重点：国际档案合作的进程与国际档案组织的发展历程，国际档案大会以及国际档案合作取得的巨大成就，国际档案理事会的理论贡献。

教学难点：国际档案组织、国际档案会议、国际档案项目

基本概念：国际档案理事会、国际档案大会、世界记忆遗产工程、国际档案日

复习与思考题：

1. 综述国际档案理事会发展和完善的表现。
2. 综述国际档案理事会的工作成就和理论贡献。

参考书目：

李凤楼、张恩庆、韩玉梅、黄坤坊：《世界档案史简编》第四编第十八章，档案出版社，1983年。

陈兆祦、沈正乐主编：《最新档案工作实务》第六篇第五章，中国档案出版社，1996年。

黄霄羽主编：《外国档案事业史》成熟与完善篇第十二章，中国人民大学出版社，2004年。

黄霄羽主编：《外国档案管理学》国际档案合作篇第十六章，中国人民大学出版社，2008年。

苏州市工商档案管理中心、世界记忆项目苏州学术中心编：《传承人类记忆遗产——联合国教科文组织世界记忆项目研究》，苏州大学出版社，2021年。

第十五章 国际档案合作的成熟与完善

第一节 国际档案合作的起步

一 本节内容要点

（一）国际档案合作的萌生
（二）布鲁塞尔国际大会（1910 年）
（三）第一届国际档案大会（1950 年）
（四）国际档案理事会的产生

二 要点内容分析

（一）国际档案合作的萌生

1. 1910 年在比利时首都布鲁塞尔召开的图书与档案人员国际大会是档案领域开始国际合作的真正起点，大会取得了两项重要成果：一是各国档案代表第一次在国际会议上肯定了来源原则对事由原则的取代，并且公认来源原则在档案专业中的核心地位，为以后来源原则的广泛传播、运用和发展拉开了序幕，创造了有利的国际环境；二是促使各国档案人员开始认识到国际合作的重要意义，从而"奏响了持续至今的和谐之音"。

2. 1930 年决定成立档案专家委员会，英国的詹金逊受命负责筹备工作，1931 年 7 月，档案专家委员会正式成立，意大利的卡萨诺瓦当选为主席。

（二）国际档案合作的新纪元——国际档案理事会的产生

1950 年 8 月 21—26 日在巴黎联合国教科文组织总部举行的第一届国际档案大会上，国际档案理事会正式宣告成立。来自 35 个国家的 360 名代表出席了大会，大会通过了美国起草的会章，确定了以古罗马神话中的具有双面头像的"护门神"作为会徽，并讨论了对形成中的档案如何实施监督、档案与缩微复制照相的关系、私人档案、经济档案、档案出版物等一系列专业问题。

三 练习题及参考答案

（一）判断题（正确的在题后括号内画"√"，错误的画"×"）

1. 档案领域开始国际合作的真正起点是 1905 年在意大利首都罗马举

行的国际历史科学会议。(×)

正确答案：1910年在比利时首都布鲁塞尔召开的图书与档案人员国际大会。

2. 国际档案理事会于1954年成立。(×)

正确答案：1950年

3. 国际档案理事会是非政府间的国际档案专业组织。(√)

(二) 名词解释

国际档案理事会：英文简称ICA，成立于1950年8月，总部设在法国巴黎。是一个由档案机构和档案人员组成的具有广泛代表性的、中立的、非政府间的国际档案专业组织，也是档案事业发展领域内唯一的国际性咨询机构。作为联合国教科文组织的甲类咨询会员，它与其他非政府组织保持着密切的联系，目前已有195个国家和地区参加了这个组织。

(三) 问答题

1. 国际档案合作萌生的标志是什么？

(1901年在比利时首都布鲁塞尔召开的图书与档案人员国际大会)

2. 国际档案讲习班创办于何时何地？主办方是谁？

(1951年巴黎，法国国家档案馆)

第二节 国际档案合作的发展与成熟

一 本节内容要点

(一) 国际档案理事会的发展阶段

(二) 国际档案理事会的性质和宗旨

(三) 国际档案理事会的会章、会员和会徽

(四) 国际档案理事会的机构设置

二 内容要点分析

(一) 国际档案理事会的发展阶段

主要分为四个阶段：第一阶段为打基础阶段，即指国际档案理事会成立的最初10年；第二阶段为初步发展阶段，即指20世纪整个60年代；第三阶段为蓬勃发展阶段，即指20世纪70年代至90年代初；第四阶段为成

熟和完善阶段，即指 20 世纪 90 年代至今。

（二）国际档案理事会的性质和宗旨

性质：国际档案理事会是一个由档案机构和档案人员组成的具有广泛代表性的非政府间的国际专业组织，也是档案发展方面唯一的国际性咨询机构。

宗旨：通过国际合作，促进档案事业的发展，保护人类的档案遗产不受损害，鼓励人们利用和研究档案并协调档案管理的国际活动。

（三）国际档案理事会的会章、会员和会徽

1. 会章：目前的最新会章于 2007 年修改生效，分为 30 节 90 个条款，主要内容包括四大部分：总则，关于机构和会议的介绍，关于工作语言、津贴补助、出版物、报告、版权等规定，关于会章的补充规定。

2. 会员：国际档案理事会的会员分为五类，即 A 类会员——国家档案馆、B 类会员——档案工作者专业协会、C 类会员——机构会员、D 类会员——个人会员、E 类会员——名誉会员。

3. 会徽：老会徽是古罗马神话中护门神雅努斯的双面头像，取一面注视过去、一面展望未来之意，象征万物之灵的开端。新会徽整体上显示的是东西两半的地球，以及一个没有闭合的圆形，由作呼唤状的两人头像构成，图案边缘是人类社会使用过的各种记录方式和手段，从最初的象形符号到后来的拉丁字母，以及现代高科技社会中出现的数字化集成电路块。

（四）国际档案理事会的机构设置

机构分为两类：1. 直属机构 23 个，包括会员代表大会、执委会、执行局、总部秘书处、档案工作者协会专业处、国际档案组织档案工作者处、主要委员会、政策性委员会、专业委员会和工作小组、特别委员会；2. 附属机构：国际档案圆桌会议以及 9 个地区分会。

三　练习题及参考答案

（一）填空题

1. 国际档案理事会的目标包含三个层次：_____、_____和_____。

（使命，宗旨，目标）

2. 国际档案理事会原有_____种刊物，现在的唯一刊物名叫_____。

(三,《逗号》)

(二) 判断题（正确的在题后括号内画"√"，错误的画"×"）

1. 国际档案大会是 ICA 的最高权力机关，每三年召开一次。（×）

正确答案：会员代表大会，四年

2. 国际档案大会会前研讨会是从第五届国际档案大会开始创立的，主要面向第三世界国家初级档案人员。（×）

正确答案：是从 1972 年在莫斯科召开的第七届国际档案大会开始创立。

(三) 问答题

1. ICA 的最高权力机关是什么？

（会员代表大会）

2. ICA 原有的三大刊物是什么？

（《档案》、《护门神》、国际档案圆桌会议的《记录》）

3. ICA 现在的唯一刊物是什么？

（《逗号》）

4. 与 ICA 关系密切的国际组织有哪些？

（联合国教科文组织、国际图书馆联合会、国际信息与文献联合会、国际电影档案馆联合会、国际博物馆理事会、国际古迹遗址理事会等）

5. 国际声音和音视频档案馆联合会成立于何时何地？

（1969 年，荷兰首都阿姆斯特丹）

第三节　国际档案合作的主要活动和项目

一　本节内容要点

（一）国际档案大会

（二）国际档案圆桌会议

（三）国际档案项目

二　要点内容分析

（一）国际档案大会

国际档案理事会组织开展的最主要活动是召开各种专业会议来进行业

务交流和学术研究。其中，国际档案大会是规模最大、带有标志性的集学术研究、业务交流和会务决策于一体的综合性会议，每四年召开一次。

（二）国际档案圆桌会议

国际档案圆桌会议是各国最高档案机构领导人定期会晤的一种会议形式和国际档案组织，始于1954年，主要讨论各国档案界共同关心的重大业务问题。

（三）国际档案项目

国际档案理事会在联合国教科文组织的支持和协作下，开展了一系列的档案项目，主要有：文件与档案管理项目（RAMP）、世界记忆工程、发展中国家国际缩微计划、国际互联网和电子记录、蓝盾计划、气候史档案调查项目。

三　练习题及参考答案

（一）填空题

1. 第十三届国际档案大会于＿＿＿＿年9月在＿＿＿＿召开，中心议题是＿＿＿＿，开创了国际档案大会史上的两个"第一"：第一次＿＿＿＿，第一次＿＿＿＿。

（1996，北京，"本世纪末的档案工作——历史的回顾与展望"，在亚洲国家举行，由发展中国家担任主办国）

2. 2012年国际档案大会的主题是＿＿＿＿，分主题是＿＿＿＿。

（变化的环境，可持续性、信任、身份认同）

3. 第18次国际档案大会召开于＿＿＿＿年，地点在＿＿＿＿。

（2016，韩国首尔）

4. 国际档案理事会将每年的6月＿＿＿＿日定为"＿＿＿＿"。

（9，国际档案日）

5. 2017年第＿＿＿＿届"国际档案日"的主题是"＿＿＿＿"。

十，档案——我们共同的记忆（档案、公民权利、跨文化交流）

6. 2019年第＿＿＿＿届"国际档案日"的中国主题是＿＿＿＿。

（十二，新中国的记忆）

7. 2019年6月＿＿＿＿日至＿＿＿＿日是首个国际档案周。

（3，9）

8. "世界音像遗产日"定于每年的＿＿＿＿月＿＿＿＿日。

(10，27)

9. 世界记忆工程又称"_____"，是_____项目的延伸。

（世界档案遗产工程，世界文化遗产）

10. 世界记忆遗产是_____于_____年启动的一个文献保护项目。

（联合国教科文组织，1992）

11. 世界记忆工程的四个目标是_____、_____、_____、_____。

（保护，利用，产品的销售，认识）

（二）判断题（正确的在题后括号内画"√"，错误的画"×"）

1. 世界记忆遗产是联合国教科文组织于1992年启动的一个文献保护项目。（√）

2. 世界记忆工程的目标和任务是"保护、利用、认识"。（√）

（三）名词解释

世界记忆遗产（Memory of the World）：又称世界记忆工程或世界档案遗产，是联合国教科文组织于1992年启动的一个文献保护项目，其目的是通过国际合作与使用最佳技术手段，对世界范围内正在逐渐老化、损毁、消失的文献记录进行抢救，从而使人类的记忆更加完整。

（四）问答题

1. 第十三届国际档案大会开创了哪两个第一？

（第一次在亚洲国家举行、第一次由发展中国家担任主办国）

2. 第17次国际档案大会召开于何时何地？大会主题是什么？

（2012年8月20日至24日，澳大利亚布里斯班，主题是：变化的环境，分主题是：可持续性、信任、身份认同）

3. 第十八届国际档案大会召开于何时何地？大会主题是什么？

（2016年9月5日至10日，韩国首尔，"档案、和谐、友谊"）

4. "国际档案日"定于何时？设立的意义是什么？

（每年的6月9日，能让公众了解档案的重要性，让决策者知道文件妥善保存的价值，让平时珍藏在档案馆里的珍品档案走近更多的普通民众。）

5. 2014年"国际档案日"的主题是什么？

（互联网的一个伟大时刻）

6. 2019年"国际档案日"活动的中国主题是什么？

第十五章 国际档案合作的成熟与完善　　　349

（新中国的记忆）

7. "世界音像遗产日"定于何时？

（每年的 10 月 27 日）

8. 2019 年"世界音像遗产日"的主题是什么？

（用声音和图像连接过去）

9. 世界记忆工程又称为什么？

（"世界记忆遗产"或"世界档案遗产"）

10. 世界记忆工程启动于何时何地？有哪四个目标？

（1992 年 6 月 22 日，巴黎，保护、利用、产品的销售、认识）

11. 目前世界记忆项目国家级学术中心共有哪五家？

（世界记忆项目澳门学术中心、世界记忆项目北京学术中心、世界记忆项目韩国学术中心、世界记忆项目福建学术中心、世界记忆项目苏州学术中心）

第四节　国际档案合作的主要成就

一　本节内容要点

（一）工作成就

（二）理论贡献

二　要点内容分析

（一）工作成就

主要表现在四个方面：1. 促进了各国档案机构和档案人员之间的交流与合作；2. 促进了档案理论与技术的传播与应用；3. 促进了档案教育和培训的发展；4. 促进了档案机构与图书馆、博物馆、文献部门以及其他国际组织的合作。

（二）理论贡献

国际档案界对文件管理、档案术语、私人档案、档案管理活动、档案馆、档案库房和设备、档案现代化建设、档案教育与人员培训、电子文件、国际档案合作等问题展开的学术研究取得了突出的理论成果，具有广泛而深远的影响，其中文件管理、档案利用与开放、档案现代化建设、档案教育、电子文件是国际档案大会理论研讨中的"重中之重",理论贡献最为突出。

三 练习题及参考答案

(一) 填空题

1. "档案休闲利用观"形成的起点是_____年9月在_____召开的第_____届国际档案大会。

(2000,西班牙塞维利亚,十四)

2. 第十四届国际档案大会主报告_____将档案的_____提升到理论高度。

(《档案在休闲社会中的作用》,休闲利用)

3. 联合国教科文组织于_____年颁布了重要文献_____(又称《保护数字遗产宪章》或《数字遗产保护章程》)。

(2003,《数字化遗产宪章》)

(二) 问答题

1. 国际档案界形成休闲利用观的起点是什么?

2000年第十四届国际档案大会召开(2000年9月在西班牙塞维利亚举行的第十四届国际档案大会)

2. 联合国教科文组织在2002年、2003年分别制定了哪两个数字遗产的重要文献?

《数字文化遗产保护指导方针》和《数字文化遗产保护纲领》(《数字遗产保护宪章》)

3. 联合国教科文组织于2011年发布了什么重要文献?

《档案共同宣言》(*Universal Declaration on Archives*)

(三) 简述题

简述国际档案合作的工作成就。

主要表现在四个方面:1. 促进了各国档案机构和档案人员之间的交流与合作;2. 促进了档案理论与技术的传播与应用;3. 促进了档案教育和培训的发展;4. 促进了档案机构与图书馆、博物馆、文献部门以及其他国际组织的合作。

(四) 论述题

综述国际档案界在文件管理、档案利用与开放、档案现代化建设、档案教育、电子文件上的理论贡献。

国际档案界对文件管理、档案术语、私人档案、档案管理活动、档案馆、档案库房和设备、档案现代化建设、档案教育、国际档案合作等问题展开的学术研究取得了突出的理论成果,具有广泛而深远的影响,其中文件管理、档案利用与开放、档案现代化建设、档案教育、电子文件是国际档案大会理论研讨的"重中之重",理论贡献最为突出。

1. 文件管理。准确揭示了文件生命周期理论的基本内容;深化了文件中心的理论解释;使文件生命周期理论日趋完善;使各国文件管理理论与实践进一步发展和深化。

2. 档案利用与开放。促进档案开放原则的深化;促进"信息权"概念的被接受和写入档案法规;促进各国档案利用和开放政策与制度的完善和统一;促进各国档案利用服务的丰富和发展。

3. 档案现代化建设。推动各国走上档案工作现代化的必由之路;为各国档案工作现代化提供理论和实践指导;促进档案工作现代化研究的专门化和深化;推动各国档案工作现代化的进程。

4. 档案教育。促进各国档案教育的协调和发展;促进档案教育的国际合作和共同发展;促进各国档案人员素质的提高。

5. 电子文件。明确全球范围内关注电子文件的重要性和迫切性;统一各国对电子文件称谓的认定;强调电子文件的档案属性。

附　录

"中外档案事业史"课程方案

一　课程基本信息

课程代码	YN3025180023
课程中文名称	中外档案事业史
课程英文名称	Chinese-foreign Archives History
课程性质	☑专业必修课　□专业选修课
课程类别	□通识必修课　□通识选修课　□学科（大类）基础课　☑专业核心课 □专业选修课

学分	总学分	讲授	实验	实训	实习
	3	3	0	0	0

课内学时	总学时	讲授	实验	实训	实习
	54	54	0	0	0

课外学时	20
适用专业	档案学
先修课程	档案学概论
课程负责人	陈子丹
选用教材	1.《中国档案事业史》，周雪恒主编，1994年，中国人民大学出版社。 2.《外国档案事业史》，黄霄羽主编，2004年，中国人民大学出版社。

二　课程简介

（一）中文课程简介

中外档案事业史是全国高等院校档案学专业的核心课程之一，也是中外档案学的一门分支学科和专业史。其研究范围是中外档案事业的历史发展及其规律性。它以历史时期为序，以中外史料为依据，阐述从古至今数千年中外档案、档案工作和档案事业的形成和发展过程，探索档案事业的运动和发展规律。目的在于了解和借鉴中外档案管理工作的历史经验和教训，开阔档案专业学生的视野。

中外档案事业史的主要内容可分为上下两篇。

上篇《中国档案事业史》通过对中国古代、近代、现当代档案、档案机构、档案官吏、档案管理制度、档案编纂和利用、档案工作整顿和改革、档案遭受的掠夺和破坏、档案理论研究和档案教育的系统讲授，使学生全面了解中国各个历史时期档案和档案工作的历史发展进程，掌握中国档案事业发展变化的规律和特征。

下篇《外国档案事业史》通过对外国文件管理、档案管理、档案事业管理等理论和方法的系统阐释，使学生全面掌握外国来源原则、文件生命周期理论、文件连续体理论、档案鉴定理论、档案利用理论的内容和相关技术，了解外国文件管理机构、档案管理机构、档案法规、档案教育以及档案学的新发展、新成就、新水平。

该课程专为云南大学历史与档案学院档案与信息管理系档案学专业本科生开设，是10门专业核心课程之一，没有相应的实践环节。

（二）英文课程简介

The Chinse-foreign archives history is one of the core and main courses of archival science specialty in Colleges and universities, and it is also a branch and history of Chinese archival science. Its research scope is the historical development and its regularity of the archival undertaking in China and abroad. It is in the order of historical period, based on the historical materials of Chinese and foreign countries, describes the formation and development process of thousands of years about archives, archive work and archival undertaking in Chinese and foreign countries, explore the motion and development law of archival undertaking. The purpose is to understand and learn the historical experience and lessons from foreign archival management, to broaden the vision of the students of archival profession.

The main contents of the Chinese-foreign archives history can be divided into two chapters.

The Chinese archival undertaking history, through the teaching on archives, archival institutions, file officials, file management system, archives compilation and utilization, rectify and reform to archival works, files suffered from the plunder and destruction, archives theory research and archival education in ancient, modern and contemporary of China, enable the students to fully understand the historical development process of archives and archive work in China's each historical period, master the characteristics and rules of development and changes of Chinese archival undertaking.

The foreign archives undertaking history, through the explaining on the theories and methods of the foreign document management, records management and archival undertaking management, enable students to fully understand the content and related technology of foreign source principle, the theory of records life cycle, archives appraisal theory, file using theory, understand the new development, new achievement, new levels of the foreign document management system, records management agency, archival laws and regulations, archival education and archival science.

There is no practical link in the course.

三 课程目标

	课程目标	所支撑的培养要求
课程目标1	总结中外档案、档案工作、档案事业发展的历史经验和教训	要求学生系统地掌握中外各个历史时期档案和档案工作的特点，了解和借鉴中外档案管理的历史经验
课程目标2	探索中外档案学的发展规律和特点	要求学生系统地掌握中外档案学发展史，包括西方档案学（欧美档案学）、苏联档案学、中国近代档案学、现当代有中国特色的社会主义档案学
课程目标3	为当前建设有中国特色的社会主义档案事业和发展档案学理论服务	要求学生提高专业水平和政治素质，增强敬业精神和对祖国、对人民、对档案事业的热爱

注：1. 工程教育类、师范类认证专业可根据认证要求自行设计本表；2. 须包含课程思政目标。

四　课程思政

（课程学分为 1 学分的，须提炼出 1 个课程内容切入点；2 学分以上课程，须提炼出不少于 2 个课程内容切入点。）

思政融合点 1	
选取章节	第六章第一节
知识切入点	《文件处置办法》制定的历史条件、内容及意义
思政结合点	□社会主义核心价值观 ☑理想信念 ☑家国情怀 □法治观念 ☑社会责任 □劳动教育 □心理健康 ☑文化传承 ☑职业道德 □科学思维 □其他_____（可多选）
思政育人策略	在课堂教学中阐明《文件处置办法》是目前发现的我党最早的关于档案工作的指导性文件。它充分体现出老一辈无产阶级革命家对在革命斗争中形成的档案文件的珍惜之情。尤其是"总注"中的提法，表明革命先辈对革命抱有必胜信念，从而激励档案保管人员充分意识到自己的历史责任，在极其艰苦的情况下把记载中国革命斗争历程的档案文件保存下来。所以《文件处置办法》不仅是指导当时档案工作的重要文件，也是今天进行革命传统教育、研究党的档案事业史的宝贵材料。 　　通过对该文件的学习，对学生进行革命传统教育，使之更加珍惜今天来之不易的幸福生活，继承和发扬革命前辈的遗志，树立正确的世界观、人生观、价值观，坚定崇高的理想信念。

思政融合点 2	
选取章节	第十四章第一节、第三节
知识切入点	日本、韩国、新加坡档案工作的特点
思政结合点	□社会主义核心价值观 □理想信念 □家国情怀 □法治观念 ☑社会责任 ☑劳动教育 □心理健康 ☑文化传承 ☑职业道德 □科学思维 □其他_____（可多选）
思政育人策略	在课堂教学中阐明日本、韩国、新加坡档案工作的一大特点是档案人员的敬业精神都较强。日本、韩国、新加坡的档案工作人员都有很强的敬业精神，他们专业素质较高、工作积极主动、态度认真负责、兢兢业业、勤勤恳恳，表现出强烈的事业心和高度的社会责任感。他们都有一个共同特点，就是很尊重职业和责任，自身也很勤奋努力，这种敬业奉献精神也就是当今大力倡导的工匠精神。 　　通过学习日本、韩国、新加坡档案工作的特点，特别是档案人员的敬业精神和良好的职业道德，培养学生的职业道德素养和爱岗敬业精神，提高专业水平和政治素质，增强档案专业意识和对档案事业的热爱之情。

五 平时考核的非标准答案试题设计

非标准答案试题 1

选取章节	第一章第一节
知识点	档案的起源问题一直是档案学界和历史学界争论的焦点问题,传统观念认为档案起源于阶级社会(奴隶社会),文字的发明和阶级、国家的出现是档案产生必不可少的三个条件。但也有学者提出"原始社会说""历史过程说"等五种观点。
考核方式	☑作业 □小测验 □小策划 □小设计 □小调查 ☑小论文 □成果展示 □案例分析 □实验 □其他_____
非标准答案试题	档案起源于原始社会还是阶级社会?
设计思路	(1) 设计理念:通过对档案定义的分析和对档案本质属性的探讨,结合文书学界、档案学界及史学界关于档案起源产生问题的争论,提出自己对档案是起源于原始社会末期、阶级社会(奴隶社会)还是一个逐渐发展成熟过程的看法。 (2) 检测学生哪方面的能力:检测学生对档案概念的界定、分析和理解能力,对档案本质属性的探讨以及各种不同观点和结论的辨析、判断、综合的能力,以及分析问题、解决问题的能力。 (3) 实施方法:通过作业、小测验、小论文等的方法实施。 (4) 预期成效:培养和提高学生关注学术疑点、难点、热点问题的意识,以及提出问题、分析问题和解决问题的能力。

非标准答案试题 2

选取章节	第一章第三节
知识点	20世纪以来,"天府"一直被视为西周王朝的中央档案机构,然而进入21世纪后,档案学界、图书馆学界及秘书学界对天府的"档案机构说"产生了争论,提出了质疑,出现了三种不同的观点,分别是"天府"是藏书库的观点、是史官的观点、是一种制度的观点。
考核方式	☑作业 □小测验 □小策划 □小设计 □小调查 ☑小论文 □成果展示 □案例分析 □实验 □其他_____
非标准答案试题	西周"天府"是职官、职能机构还是一种管理制度?
设计思路	(1) 设计理念:通过对现有史料(《周礼·天府》)的考证,结合档案学界、图书馆学界及秘书学界关于"天府"问题的争论,提出自己对"天府"是职官、职能机构还是一种图书档案管理制度的看法。 (2) 检测学生哪方面的能力:检测学生对史料文献的分析、理解和考释能力,对各种不同观点和结论的分析、判断能力,以及分析问题、解决问题的能力。 (3) 实施方法:通过作业、小测验、小论文的方法实施。 (4) 预期成效:培养和提高学生关注学术疑点、难点、热点问题的意识,以及提出问题、分析问题和解决问题的能力。

续表

	非标准答案试题3
选取章节	第五章第一节、第十章第一节
知识点	辛亥革命与法国大革命，是近代亚洲和欧洲资产阶级革命的典型代表，中法社会发展进程中这一历史性巨变在档案工作中也得到了具体反映和体现。辛亥革命与法国大革命时期的档案工作在改革内容、改革推动力、改革影响和意义等方面都有许多共同之处，但也存在着较大的差别，呈现出不同的时代特点与风貌。从上述几个方面对中法档案工作改革进行比较分析，可以在一个更为宏大的视野下客观理性地评价辛亥革命与法国大革命时期档案工作改革的深远影响与历史功绩。
考核方式	☑作业 ☑小测验 □小策划 □小设计 □小调查 ☑小论文 □成果展示 □案例分析 □实验 □其他_____
非标准答案试题	辛亥革命与法国大革命时期的档案工作改革相比较有哪些异同点？
设计思路	（1）设计理念：从改革的主要内容和措施、改革的重要推动力、改革的影响和意义等几个方面，对中法档案工作改革进行比较分析，从而在一个更为宏大、宽泛的视野下客观、理性地评价辛亥革命与法国大革命时期档案工作改革的深远影响与历史功绩。 （2）检测学生哪方面的能力：检测学生对中外档案工作进行比较、分析和研究的能力，对中外档案、档案工作、档案事业和档案学进行客观、理性地看待、权衡、评价的能力，以及对比较研究法的掌握程度。 （3）实施方法：通过作业、小测验、小论文的方法实施。 （4）预期成效：培养和提高学生关注学术疑点、难点、热点问题的意识，以及独立思考问题、分析问题和解决问题的能力。

六 考核方式

	考核点1	考核点2	考核点3
平时考核	课外作业 （成绩占比不低于10%）	课堂提问、课堂讨论 （成绩占比不低于10%）	平时测验 （成绩占比不低于10%）
期末考核	闭卷考试		

备注：

1. 平时考核，考核点包含但不限于课堂提问、课堂讨论、作业、小测验等方式，至少规定三个点，每部分成绩占比不低于10%。

2. 过程性考核，通过增加过程性考核（出勤率、平时作业、课堂提问、小组讨论、课堂随机测验等）的方式对学生进行考核。

3. 期末考核，可分为开卷考试、闭卷考试、考查等方式。

七　成绩评定

成绩构成	占比
过程性考核成绩（平时成绩）	不低于40%
期末考试成绩	不超过60%
总成绩100%	过程性考核成绩（平时成绩）40% + 期末考试成绩60%

备注：1. 过程性考核成绩（平时成绩）≥40%；2. 期末考试成绩≤60%。

后　　记

"中外档案事业史"是全国高等院校档案学专业的核心课程之一，也是中外档案学的一门分支学科和专业史。档案学专业之所以要开设这门课程，是因为今天的档案事业是由昨天的档案事业发展而来的，因此，我们必须回顾中外档案事业形成与发展的历史，从中外档案事业形成与发展的历史演变过程中探究理论、寻求方法，用于指导今天的档案事业。通过这门课程的学习，不仅可以总结中外档案事业发展的历史经验和教训，探索中外档案学的发展规律和特点，而且可以理解中外档案事业之间的差异及其历史原因，增强学生对中国特色档案事业的制度自信和文化自信。

本书是专门为"中外档案事业史"课程编写的学习指导，分为上篇"中国档案事业史"和下篇"外国档案事业史"两部分。该书以周雪恒主编的《中国档案事业史》（中国人民大学出版社1994年版）和黄霄羽主编的《外国档案事业史》（中国人民大学出版社2004年版）两部教材为依据，在此基础上加入了各章节的知识点和练习题。本书的编写目的是帮助在校大学生、参加研究生入学考试的档案管理学科的考生以及广大档案工作者等更好地学习和建设"中外档案事业史"这门课程。

鉴于"助学"的性质，本书对应教材各章节突出了以下三个方面的内容：一、本节内容要点；二、要点内容分析；三、练习题及参考答案。练习题分为填空题、判断题、名词解释、问答题、简述题、论述题六种题型，并对所有练习题都给出了参考答案，附录中还收编了"中外档案事业史"课程方案，以便进一步帮助老师、同学和档案人员讲授和学习中外档案事业史。这本书的编写工作是由云南大学历史与档案学院教授陈子丹完成的，但由于本人能力和水平有限，书中还存在诸多不足和错漏之处，敬请读者不吝赐教。

陈子丹
2021年10月于云南大学